教員

採用試験対策

参考書

一般教養Ⅲ

［自然科学］

幅広い分野から頻出事項をピックアップ！
一般教養科目の対策はこれで OK!
教員採用試験必携の参考書

東京アカデミー｜編

東京アカデミー七賢出版

はじめに

教員採用試験は，自治体ごとに実施され，その出題傾向は多種多様です。そのため，受験生にとっては対策を立てる上で大変困難を極めます。また，近年の試験では，人物試験を重視する傾向にあり，その対策にも多くの時間が必要となります。これらの状況を考えると，筆記試験においては，限られた時間の中でより的確かつ効率よく学習を進めていくことが求められます。

このオープンセサミシリーズは，全国に拠点をもつ東京アカデミーのネットワークを最大限に活かして過去の教員採用試験を徹底的に分析し，より効率よく，かつ合理的に，合格に必要な知識を身に付けることができるよう編集されたものです。

多くの受験生が見事合格を勝ちとり，晴れて教師としてご活躍されますよう，ご健闘を心からお祈り申し上げます。

本書が，受験生の皆さまの合格の一助となりましたら幸いです。

東京アカデミー編集部スタッフ一同

この本の構成や内容は，オープンセサミシリーズの問題集，セサミノート（サブノート）に準拠しています。参考書，セサミノートで知識の定着をはかり，問題集で実践力をつけることでより効果的な学習ができます。併用して利用されることをおすすめします。

一般教養Ⅲ　[自然科学]

Contents

1　数学

2　物理

3　化学

4　生物

1
数学

Open Sesame

1 数と式

●ポイント

単純な計算問題，式の値，平方根，集合の要素の個数といった項目が頻出である。ほとんどが容易に解ける問題であり，また，数学を学習していく上で最も基本的な内容でもあるため，確実に理解しておくようにしよう。

1 式の計算

Point Check

1 分配法則

$(a+b)c = ac + bc$　　例　$3(3a-b)=3\times 3a+3\times(-b)=9a-3b$

2 同類項をまとめる。

例　$(3x-1)-(x+7)=3x-1-x-7$

（$3x$ と $-x$ が同類項，-1 と -7 が同類項）

$=3x-x-1-7$

$=(3-1)x-1-7$

$=2x-8$

3 指数法則

整数 m，n に対し，

① $a^m \times a^n = a^{m+n}$　　例　$a^2\times a^3 = a^{2+3} = a^5$

② $(a^m)^n = a^{mn}$　　例　$(a^2)^3 = a^{2\times 3} = a^6$

③ $(ab)^m = a^m b^m$　　例　$(a^2b)^3 = (a^2)^3 b^3 = a^6 b^3$

④ $a^m \div a^n = a^{m-n}$　　例　$a^3b^4 \div a^2 b = a^{3-2} b^{4-1} = ab^3$

4 分数の入った文字式の計算

⇨通分してから計算する。

例 $$\frac{3x+y}{2}-\frac{5x-y}{3}=\frac{3(3x+y)}{6}-\frac{2(5x-y)}{6}$$
$$=\frac{9x+3y-10x+2y}{6}$$
$$=\frac{-x+5y}{6}$$

例題1 〈多項式の計算〉

次の計算をせよ。

(1) $2(a+b)-(a-3b)$　　(2) $(-2xy^2)^3 \div 4x^4y^2$

(3) $4a^2b^3 \div (-2a)^3 \times a^2b$　　(4) $\dfrac{3x-5y}{2}-\dfrac{4x-y}{3}-\dfrac{x-5y}{6}$

ヒント (1) 分配法則を用いる。

(2)(3) 指数法則を用いる。

(4) 通分してから計算する。

解き方 (1) $2(a+b)-(a-3b)=2a+2b-a+3b$
$$=a+5b$$

(2) $$(-2xy^2)^3 \div 4x^4y^2=-8x^3y^6 \div 4x^4y^2$$
$$=(-8 \div 4)x^{3-4}y^{6-2}$$
$$=-2x^{-1}y^4$$
$$=-\frac{2y^4}{x}$$

(3) $$4a^2b^3 \div (-2a)^3 \times a^2b=4a^2b^3 \div (-8a^3) \times a^2b$$
$$=\{4 \div (-8)\}a^{2-3+2}b^{3+1}$$
$$=-\frac{1}{2}ab^4$$

(4) $$\frac{3x-5y}{2}-\frac{4x-y}{3}-\frac{x-5y}{6}=\frac{3(3x-5y)-2(4x-y)-(x-5y)}{6}$$
$$=\frac{9x-15y-8x+2y-x+5y}{6}$$
$$=-\frac{8}{6}y$$
$$=-\frac{4}{3}y$$

例題2 〈式の値〉

$a=4$，$b=-2$のとき，$(-3a-10b)-(5b-4a)$の値を求めよ。

ヒント 文字式をまず簡単にし，最後に値を代入する。

解き方 $(-3a-10b)-(5b-4a)=-3a-10b-5b+4a$

$$=a-15b$$

これに，$a=4$，$b=-2$を代入すると，

$$a-15b=4-15\times(-2)$$
$$=4+30$$
$$=34$$

2 式の展開と因数分解

Point Check

1 乗法公式（展開公式）

$(x+a)(x+b)=x^2+(a+b)x+ab$　**例** $(x+2)(x+3)=x^2+5x+6$

$(a+b)^2=a^2+2ab+b^2$　**例** $(x+3)^2=x^2+6x+9$

$(a-b)^2=a^2-2ab+b^2$　**例** $(x-1)^2=x^2-2x+1$

$(a+b)(a-b)=a^2-b^2$　**例** $(x+2)(x-2)=x^2-4$

$(ax+b)(cx+d)=acx^2+(ad+bc)x+bd$　**例** $(2x+3)(4x+5)=8x^2+22x+15$

$(a+b)^3=a^3+3a^2b+3ab^2+b^3$　**例** $(2x+1)^3=8x^3+12x^2+6x+1$

$(a-b)^3=a^3-3a^2b+3ab^2-b^3$　**例** $(3x-2)^3=27x^3-54x^2+36x-8$

$(a+b)(a^2-ab+b^2)=a^3+b^3$　**例** $(x+1)(x^2-x+1)=x^3+1$

$(a-b)(a^2+ab+b^2)=a^3-b^3$　**例** $(x-2)(x^2+2x+4)=x^3-8$

$(a+b+c)^2=a^2+b^2+c^2+2ab+2bc+2ca$　**例** $(2a-b+3c)^2=4a^2+b^2+9c^2-4ab-6bc+12ca$

2 因数分解

① 共通因数でくくる。　**例** $2x^2y+6xy^2=2xy(x+3y)$

② 最低次数の1文字について整理する。

③ 公式の利用（乗法公式を逆にみると，因数分解の公式となる）。

3 約数の個数

2以上の整数nが，$n = a^k \times b^l \times c^m$（$a$，$b$，$c$は素数）と素因数分解されるとき，$n$の正の約数の個教は，

$(k+1)(l+1)(m+1)$個

例　$60 = 2^2 \times 3 \times 5$の正の約数の個数は，

$(2+1)(1+1)(1+1) = 3 \times 2 \times 2 = 12$〔個〕

例題3 〈式の展開〉

次の式を展開せよ。

(1)　$(2x+3y)^2$　　(2)　$(x-2y)^2$

(3)　$(x+y+3)(x+y-1)$　　(4)　$(x+2)(x+3)(x+4)(x+5)$

ヒント (1)(2)　乗法公式による展開では，どの公式を用いるかを考える。

乗法公式　$(a+b)^2 = a^2 + 2ab + b^2$において，

$a \to 2x$，$b \to 3y$と考えればよいから，

$(2x+3y)^2 = (2x)^2 + 2(2x)(3y) + (3y)^2$

のように（　）を使って計算する。慣れたら暗算で。

(3)　式をよく眺めて，共通になる部分はどこか探り，それを1つの文字でおきかえるか，（　）でくくると，使える乗法公式がわかる。

(4)　順に計算してもよいが，公式が利用できるように，かける組み合わせを工夫する。

解き方 (1)　$(2x+3y)^2 = (2x)^2 + 2(2x)(3y) + (3y)^2$

$= 4x^2 + 12xy + 9y^2$

(2)　$(x-2y)^2 = x^2 - 2x(2y) + (2y)^2$

$= x^2 - 4xy + 4y^2$

(3)　$x + y = \mathrm{A}$とおくと，

$(x+y+3)(x+y-1) = (\mathrm{A}+3)(\mathrm{A}-1)$

$= \mathrm{A}^2 + 2\mathrm{A} - 3$

$= (x+y)^2 + 2(x+y) - 3$

$= x^2 + 2xy + y^2 + 2x + 2y - 3$

(4)　$(x+2)(x+3)(x+4)(x+5) = (x+2)(x+5) \times (x+3)(x+4)$

$= (x^2+7x+10)(x^2+7x+12)$

$$
\begin{aligned}
&=\{(x^2+7x)+10\}\{(x^2+7x)+12\}\\
&=(x^2+7x)^2+22(x^2+7x)+120\\
&=x^4+14x^3+49x^2+22x^2+154x+120\\
&=x^4+14x^3+71x^2+154x+120
\end{aligned}
$$

例題4 〈因数分解〉

次の式を因数分解せよ。

(1) $3x^2y+6xy+9xy^2$　　(2) $ax-x-a+1$

(3) $(x-2)^2+4x^2-8x$　　(4) $x^2-xy-2y^2-5x+y+6$

ヒント (1) 共通因数を見つけ，(　)でくくる。

(2) 組み合わせを考えて共通因数をさがす。

(3) 展開しても因数分解できるが，因数分解は整式を積の形にすることが目的なので，まずは展開せずに考える。

(4) xについてもyについても2次式であるから，x，yのどちらについて整理してもよいが，この場合，x^2の係数が1であるのでxについて整理してみる。次に和がxの係数，積が定数項となる2式を見つける。

解き方 (1)

$$
\begin{aligned}
3x^2y+6xy+9xy^2&=3xy(x+2+3y)\\
&=3xy(x+3y+2)
\end{aligned}
$$

(2)

$$
\begin{aligned}
ax-x-a+1&=(a-1)x-(a-1)\\
&=(a-1)(x-1)
\end{aligned}
$$

(3)

$$
\begin{aligned}
(x-2)^2+4x^2-8x&=(x-2)^2+4x(x-2)\\
&=(x-2)\{(x-2)+4x\}\\
&=(x-2)(5x-2)
\end{aligned}
$$

(4)

$$
\begin{aligned}
x^2-xy-2y^2-5x+y+6&=x^2-(y+5)x-(2y^2-y-6)\\
&=x^2-(y+5)x-(y-2)(2y+3)\\
&=\{x-(2y+3)\}\{x+(y-2)\}\\
&=(x-2y-3)(x+y-2)
\end{aligned}
$$

例題5 〈約数の個数〉

504の正の約数の個数を求めよ。

ヒント Point Check 3 の公式を使う以外に，次のような方法もある。

① 素因数分解して$a^m b^n$の形にする。

② a^m，b^nそれぞれの約数を求める。

③ $a^m b^n$の正の約数の個数を求める。

解き方 Point Check **3** の公式を使って，

$504 = 2^3 \times 3^2 \times 7$より，

約数の個数は，

$$(3+1)\times(2+1)\times(1+1) = 4\times 3\times 2 = 24〔個〕$$

別解 504を素因数分解すると，

$504 = 2^3 \times 3^2 \times 7$

$$\begin{array}{rr} 2) & \underline{504} \\ 2) & \underline{252} \\ 2) & \underline{126} \\ 3) & \underline{\ 63} \\ 3) & \underline{\ 21} \\ & 7 \end{array}$$

2^3の正の約数は，

1，2，2^2，2^3の4個

3^2の正の約数は，

1，3，3^2の3個

7の正の約数は，

1，7の2個

よって，$4\times 3\times 2 = 24$〔個〕

3 平方根

Point Check

1 根号を含む式の計算

① 乗法 $\sqrt{a}\times\sqrt{b}=\sqrt{ab}$ 　　**例** $\sqrt{5}\times\sqrt{3}=\sqrt{5\times 3}=\sqrt{15}$

② 除法 $\sqrt{a}\div\sqrt{b}=\sqrt{\dfrac{a}{b}}$ 　　**例** $\sqrt{18}\div\sqrt{3}=\sqrt{\dfrac{18}{3}}=\sqrt{6}$

2 根号がついた数の変形

$\sqrt{a^2 b} = a\sqrt{b}$ 　　**例** $\sqrt{18}=\sqrt{3^2\times 2}=3\sqrt{2}$

3 分母の有理化

① 分母・分子に分母の根号のついた数をかける。

$$\frac{a}{\sqrt{b}}=\frac{a\times\sqrt{b}}{\sqrt{b}\times\sqrt{b}}=\frac{a\sqrt{b}}{b}\qquad \text{例}\ \frac{3}{\sqrt{5}}=\frac{3\times\sqrt{5}}{\sqrt{5}\times\sqrt{5}}=\frac{3\sqrt{5}}{5}$$

② 分母が$\sqrt{a}+\sqrt{b}$ ⇒ 分母，分子に$\sqrt{a}-\sqrt{b}$をかける。
分母が$\sqrt{a}-\sqrt{b}$ ⇒ 分母，分子に$\sqrt{a}+\sqrt{b}$をかける。

$$\frac{c}{\sqrt{a}\pm\sqrt{b}}=\frac{c}{\sqrt{a}\pm\sqrt{b}}\times\frac{\sqrt{a}\mp\sqrt{b}}{\sqrt{a}\mp\sqrt{b}}=\frac{c(\sqrt{a}\mp\sqrt{b})}{a-b}$$

$$\text{例}\ \frac{1}{2+\sqrt{3}}=\frac{2-\sqrt{3}}{(2+\sqrt{3})(2-\sqrt{3})}=\frac{2-\sqrt{3}}{4-3}=2-\sqrt{3}$$

例題6 〈平方根の計算〉

次の計算をせよ。

(1) $\sqrt{32}+\sqrt{2}(4-\sqrt{8})$　　(2) $(\sqrt{5}-3)\div\dfrac{1}{\sqrt{5}}+\dfrac{10}{\sqrt{5}}$

(3) $(2+\sqrt{3})^2-\sqrt{2}(2\sqrt{6}-\sqrt{2})$

ヒント (1) 分配法則$a(b+c)=ab+ac$を利用してカッコをはずす。

(2) 割り算の場合，割る数の逆数をかける形になおしてから，分配法則を使う。

(3) 根号がついた数の四則混合計算も，数や文字と同様に次の順に計算。
累乗⇨乗法・除法⇨加法・減法

解き方 (1)
$$\sqrt{32}+\sqrt{2}(4-\sqrt{8})=\sqrt{4^2\cdot2}+4\sqrt{2}-\sqrt{4^2}$$
$$=4\sqrt{2}+4\sqrt{2}-4$$
$$=8\sqrt{2}-4$$

(2)
$$(\sqrt{5}-3)\div\frac{1}{\sqrt{5}}+\frac{10}{\sqrt{5}}=(\sqrt{5}-3)\times\sqrt{5}+\frac{10\sqrt{5}}{5}$$
$$=5-3\sqrt{5}+2\sqrt{5}$$
$$=5-\sqrt{5}$$

(3)
$$(2+\sqrt{3})^2-\sqrt{2}(2\sqrt{6}-\sqrt{2})=4+4\sqrt{3}+3-4\sqrt{3}+2$$
$$=9$$

例題7 〈分母の有理化〉

次の計算をせよ。

(1) $\dfrac{\sqrt{5}+\sqrt{2}}{\sqrt{5}-\sqrt{2}}$　　(2) $\dfrac{1}{\sqrt{3}-1}-\dfrac{1}{\sqrt{3}+1}$

ヒント 分母の有理化には，$(a+b)(a-b)=a^2-b^2$を利用する。

(1) 分母，分子に$\sqrt{5}+\sqrt{2}$をかける。

(2) 各項について，分母の有理化をしてから計算する。

解き方 (1)

$$\frac{\sqrt{5}+\sqrt{2}}{\sqrt{5}-\sqrt{2}}=\frac{(\sqrt{5}+\sqrt{2})^2}{(\sqrt{5}-\sqrt{2})(\sqrt{5}+\sqrt{2})}$$

$$=\frac{(\sqrt{5})^2+2\cdot\sqrt{5}\cdot\sqrt{2}+(\sqrt{2})^2}{(\sqrt{5})^2-(\sqrt{2})^2}$$

$$=\frac{7+2\sqrt{10}}{3}$$

(2)

$$\frac{1}{\sqrt{3}-1}-\frac{1}{\sqrt{3}+1}=\frac{\sqrt{3}+1}{(\sqrt{3}-1)(\sqrt{3}+1)}-\frac{\sqrt{3}-1}{(\sqrt{3}+1)(\sqrt{3}-1)}$$

$$=\frac{\sqrt{3}+1}{2}-\frac{\sqrt{3}-1}{2}$$

$$=1$$

例題8 〈平方根の計算の応用〉

次の各問いに答えよ。

(1) $x=\dfrac{\sqrt{5}-\sqrt{2}}{\sqrt{2}}$，$y=\dfrac{\sqrt{5}+\sqrt{2}}{\sqrt{2}}$のとき，$x^2+y^2$の値を求めよ。

(2) $\sqrt{10}$ の小数部分をaとするとき，a^2+6aの値を求めよ。

ヒント (1) まず分母の有理化を行い，x，yの和と積を求める。式を和と積で表し，その値を代入する。

(2) 実数αの小数部分は，$\alpha-$(整数部分)で表すことができる。

解き方 (1)

$$x=\frac{\sqrt{5}-\sqrt{2}}{\sqrt{2}}=\frac{\sqrt{2}(\sqrt{5}-\sqrt{2})}{\sqrt{2}\times\sqrt{2}}=\frac{\sqrt{10}-2}{2}$$

$$y=\frac{\sqrt{5}+\sqrt{2}}{\sqrt{2}}=\frac{\sqrt{2}(\sqrt{5}+\sqrt{2})}{\sqrt{2}\times\sqrt{2}}=\frac{\sqrt{10}+2}{2}$$

であるから，

$$x+y=\frac{\sqrt{10}-2+\sqrt{10}+2}{2}=\sqrt{10} \quad \cdots ①$$

$$xy=\frac{(\sqrt{10}-2)(\sqrt{10}+2)}{4}=\frac{10-4}{4}=\frac{3}{2} \quad \cdots ②$$

次に，$x^2+y^2=(x+y)^2-2xy$であるから，①，②を代入して，

$$\begin{aligned}(x+y)^2-2xy&=(\sqrt{10})^2-2\times\frac{3}{2}\\&=10-3\\&=7\end{aligned}$$

(2)　$3<\sqrt{10}<4$より，整数部分は3である。よって，

$$a=\sqrt{10}-3$$

これを，a^2+6aに代入する。

$$\begin{aligned}a^2+6a&=a(a+6)\\&=(\sqrt{10}-3)(\sqrt{10}-3+6)\\&=(\sqrt{10}-3)(\sqrt{10}+3)\\&=10-9\\&=1\end{aligned}$$

4　集合と要素の個数

Point Check

1　共通部分・和集合

①　集合A，Bにおいて，

(i)　AとBの共通部分

$A\cap B$

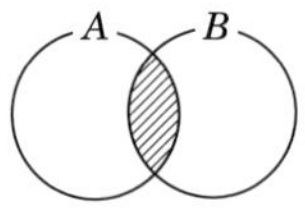

(ii)　AとBの和集合

$A\cup B$

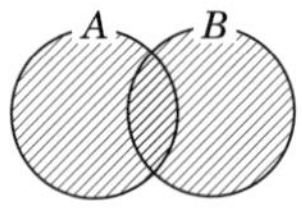

②　3つの集合A，B，Cにおいて，

(i)　AとBとCの共通部分

$A\cap B\cap C$

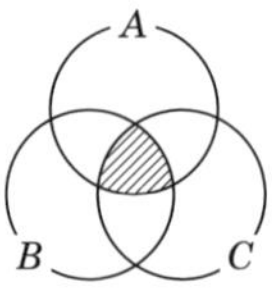

(ii)　AとBとCの和集合

$A\cup B\cup C$

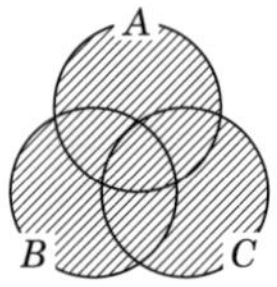

2 集合の要素の個数

集合 A の要素の個数を $n(A)$ と表す。

$$n(A \cup B) = n(A) + n(B) - n(A \cap B)$$

例題9 〈集合の要素の個数①〉

100人の生徒の中で，数学が得意であると答えた生徒が55人，英語が得意であると答えた生徒が63人，数学も英語も得意でないと答えた生徒が25人であった。このとき，数学も英語も得意であると答えた生徒は何人か。

ヒント 100人の生徒を全体集合 U，数学が得意であると答えた生徒の集合を A，英語が得意であると答えた生徒の集合を B とおいて，ベン図にかいて考える。

解き方 ベン図で表すと，右の図のようになる。

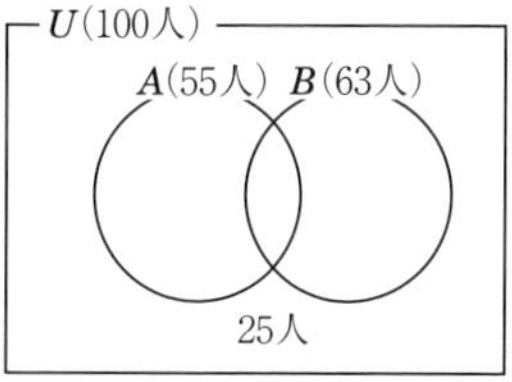

$n(A)=55$，$n(B)=63$

であり，また，数学も英語も得意でないと答えた生徒が25人であるから，ベン図より，

$n(A \cup B)=100-25=75$

数学も英語も得意であると答えた生徒の人数は，$n(A \cap B)$ であるから，

$n(A \cup B) = n(A)+n(B)-n(A \cap B)$ より，

$75 = 55+63-n(A \cap B)$

したがって，$n(A \cap B)=43$〔人〕

よって，求める人数は43人

例題10 〈集合の要素の個数②〉

1から200までの整数のうち，次のような数の個数を求めよ。

(1) 5で割り切れる数

(2) 5でも7でも割り切れる数

(3) 5または7で割り切れる数

ヒント 5で割り切れる数の集合を A，7で割り切れる数の集合を B として，集合の要素の個数の問題として考える。

解き方　1から200までの整数のうち，5，7で割り切れる数の集合をそれぞれA，Bとする。

(1)　$A=\{5\times1,\ 5\times2,\ \cdots,\ 5\times40\}$

であるから，

$n(A)=40$〔個〕

(2)　5でも7でも割り切れる数の集合，すなわち35で割り切れる数の集合は，$A\cap B$

$A\cap B=\{35\times1,\ 35\times2,\ \cdots,\ 35\times5\}$

であるから，

$n(A\cap B)=5$〔個〕

(3)　$B=\{7\times1,\ 7\times2,\ \cdots,\ 7\times28\}$

であるから，

$n(B)=28$

5または7で割り切れる数の集合は，$A\cup B$であり，

$$
\begin{aligned}
n(A\cup B)&=n(A)+n(B)-n(A\cap B)\\
&=40+28-5\\
&=63\text{〔個〕}
\end{aligned}
$$

確認問題

1 次の計算をせよ。

(1) $\frac{5}{2}xy \div \left(-\frac{3}{4}x^2y\right) \div \frac{1}{2}xy^2$

(2) $4(2a-b)-3(3a+2b)$

(3) $\frac{2(3a+5b)}{3}-\frac{3(a-2b)}{4}$

2 次の式を計算せよ。

(1) $4x(x+3)+(2x-1)(x-3)$

(2) $(x-7)^2-(x-6)(x+8)$

3 次の式を因数分解せよ。

(1) $9x^2y^2-12x^3y+4x^4$

(2) $x(x-2y)+(x+y)(x-2y)$

4 **108**の正の約数は全部で何個あるか。

5 $x=\frac{1}{2+\sqrt{3}}$，$y=\frac{1}{2-\sqrt{3}}$のとき，x^2+y^2の値を求めよ。

6 **1**から**100**までの整数のうち，次のような数の個数を求めよ。

(1) 2または3で割り切れる数

(2) 2で割り切れるが，3では割り切れない数

2 方程式と不等式

●ポイント

数学のうち最も出題率の高い分野である。特に，方程式を利用した文章問題が圧倒的に多い。速さ，食塩水の濃度，過不足に関する問題というように出題のパターンが決まっているため，その解法をマスターした上で，類題をこなしておくようにしよう。

1 1次方程式

Point Check

1 1次方程式の解法

① 分数や小数を含んだ式では，両辺を何倍かして係数を整数にする。

② かっこがあればはずす。

③ 文字の項は左辺に，定数項は右辺に移項する。

④ 両辺を整理し，$ax=b$の形にする。

⑤ 両辺をxの係数aで割る。

例

$$\frac{4x-1}{3}+\frac{1}{2}=x$$

分母をはらう
（分母の最小公倍数を両辺にかける）

$$6\times\frac{4x-1}{3}+6\times\frac{1}{2}=6\times x$$

$$2(4x-1)+3=6x$$

$$8x-2+3=6x$$

xの項を左辺，
定数項を右辺に移項

$$8x-6x=-1$$

$$2x=-1$$

両辺をxの係数で割る

$$x=-\frac{1}{2}$$

2 1次方程式の応用

① 速さ

距離＝速度×時間

② 濃度

$$\textbf{濃度(\%)} = \frac{\textbf{溶けている物質の重さ}}{\textbf{(水の重さ)+(溶けている物質の重さ)}} \times 100$$

※x%の水溶液agに，y%の同水溶液bgを加えて，z%の水溶液にする場合，溶けている物質の量について次の方程式が成り立つ。

$$a \times \frac{x}{100} + b \times \frac{y}{100} = (a+b) \times \frac{z}{100}$$

例題1 〈方程式の解〉

次の方程式を解け。

(1) $2x-3(x-1)=-2$　　(2) $\frac{2x-1}{3}-\frac{3(x-2)}{2}=1$

ヒント (1) まず，分配法則$a(b+c)=ab+ac$を使って，かっこをはずす。次に移項して，$ax=b$の形に整理する。

(2) 係数が分数の方程式は，両辺に分母の最小公倍数をかけて，係数を整数になおしてから解く。

解き方 (1)

$$\begin{aligned} 2x-3(x-1) &= -2 \\ 2x-3x+3 &= -2 \\ 2x-3x &= -2-3 \\ -x &= -5 \\ x &= 5 \end{aligned}$$

(2)

$$\begin{aligned} \frac{2x-1}{3}-\frac{3(x-2)}{2} &= 1 \\ 2(2x-1)-9(x-2) &= 6 \\ 4x-2-9x+18 &= 6 \\ -5x &= -10 \\ x &= 2 \end{aligned}$$

例題2 〈方程式の解の利用〉

1次方程式$ax-3(a-1)x=7-6x$の解が$x=-1$のとき，aの値を求めよ。

ヒント 1次方程式に$x=-1$を代入し，aについて解く。

解き方 $x=-1$を与えられた方程式に代入して，

$$\begin{aligned} -a+3(a-1) &= 7+6 \\ -a+3a &= 13+3 \\ 2a &= 16 \\ a &= 8 \end{aligned}$$

例題3 〈速さに関する問題〉

A地からB地までを往復するのに，行きは毎時4km，帰りは毎時6kmの速さで歩き，往復で5時間かかった。A地からB地までの距離を求めよ。

ヒント (距離)＝(速さ)×(時間)の関係から，どれか1つの量について式をつくる。

解き方 A，B間の距離を$x$kmとおくと，

(行きの時間)＋(帰りの時間)＝5(時間)より，

$$\frac{x}{4}+\frac{x}{6}=5$$

$$3x+2x=60$$

$$5x=60$$

$$x=12$$

よって，求める距離は12km

例題4 〈濃度に関する問題〉

8%の食塩水500gに20%の食塩水を混ぜあわせて，10%の食塩水をつくりたい。20%の食塩水を何g混ぜたらよいか。

ヒント 食塩水の問題では，食塩の量に着目する。

解き方 20%の食塩水をxg混ぜるとする。8%の食塩水500g中の食塩の量は，

$$500\times\frac{8}{100}\text{〔g〕}$$

20%の食塩水xg中の食塩の量は，

$$x\times\frac{20}{100}\text{〔g〕}$$

10%の食塩水$(500+x)$g中の食塩の量は，

$$(500+x)\times\frac{10}{100}\text{〔g〕}$$

混ぜあわせる前と混ぜあわせた後の食塩の量が同じであることに着目して，方程式をたてる。

$$500\times\frac{8}{100}+x\times\frac{20}{100}=(500+x)\times\frac{10}{100}$$

$$400+2x=500+x$$

$$x=100$$

よって，求める食塩水の量は100g

例題5 〈過不足に関する問題〉

りんごを何人かの子どもに分けるのに，1人に3個ずつ分けると9個残り，1人に5個ずつ分けると1人の子どもだけは4個しかもらえなくなる。子どもの人数とりんごの個数を求めよ。

ヒント 子どもの人数をx人として，りんごの個数を2通りの式に表す。

解き方 子どもの人数をx人とする。

$$3x+9=5(x-1)+4$$
$$3x+9=5x-5+4$$
$$-2x=-10$$
$$x=5$$

このとき，りんごの個数は，

$$3\times5+9=24$$

よって，子どもは5人，りんごは24個

例題6 〈年齢に関する問題〉

父と母の年齢はそれぞれ33歳と31歳で，子ども2人の年齢は14歳と11歳である。何年後に父と母の年齢の和が，子ども2人の年齢の和の2倍になるか。

ヒント x年後には，父は$(33+x)$歳，母は$(31+x)$歳，2人の子どもはそれぞれ$(14+x)$歳，$(11+x)$歳になっていることから，方程式をたてる。

解き方 父と母の年齢の和が，子ども2人の年齢の和の2倍になるのは，今からx年後であるとする。

$$(33+x)+(31+x)=2\{(14+x)+(11+x)\}$$
$$2x+64=4x+50$$
$$-2x=-14$$
$$x=7$$

よって，7年後

2 連立方程式

Point Check

1 代入法

一方の式が，$y=(x$の式)，または$x=(y$の式)の形のとき，これを他方の式に代入し，1つの文字を消去する。

例 $\begin{cases} y=x+1 & \cdots① \\ x+2y=5 & \cdots② \end{cases}$

①を②に代入して，

$$x+2(x+1)=5$$
$$3x=3$$
$$x=1$$

①より，$y=2$

2 加減法

方程式の両辺を何倍かして，xかyの係数をそろえ，2式をたすか引くかして，1つの文字を消去する。

例 $\begin{cases} 2x+3y=1 & \cdots① \\ 3x-y=7 & \cdots② \end{cases}$

$$\begin{array}{lrl} ① & 2x+3y & =1 \\ ②\times 3 & +)\ 9x-3y & =21 \\ \hline & 11x & =22 \\ & x & =2 \end{array}$$

①より，$4+3y=1$

$$y=-1$$

例題7 〈連立方程式の解〉

次の連立方程式を解け。

(1) $\begin{cases} 3x+5y=2 \\ 2x+3y=2 \end{cases}$　(2) $\begin{cases} x+y=2 \\ y+z=4 \\ 2x+3y-z=-2 \end{cases}$

ヒント (1) このような連立方程式は，加減法で解くとよい。

(2)　1つずつ文字を減らしていく。例えば，まず，xを消去して，y，zの連立方程式をつくり，あとは同様にして解く。

解き方　(1)　$\begin{cases} 3x+5y=2 & \cdots① \\ 2x+3y=2 & \cdots② \end{cases}$

①×2より，$6x+10y=4$　…①′

②×3より，$6x+9y=6$　…②′

①′ −②′ より，　$y=-2$

これを②に代入して，$x=4$

よって，$(x,\ y)=(4,\ -2)$

(2)　$\begin{cases} x+y=2 & \cdots① \\ y+z=4 & \cdots② \\ 2x+3y-z=-2 & \cdots③ \end{cases}$

①より，$x=2-y$　…①′

①′ を③に代入して整理すると，$y-z=-6$　…③′

②+③′ より，$y=-1$

①′，②にそれぞれ代入して，$x=3$，$z=5$

よって，$(x,\ y,\ z)=(3,\ -1,\ 5)$

例題8　〈連立方程式の解と式の値〉

$x+2y=1$，$x-y=4$のとき，$2x^2+3xy+y^2$の値を求めよ。

ヒント　連立方程式の解を求めて，その値を代入する。

解き方　$\begin{cases} x+2y=1 & \cdots① \\ x-y=4 & \cdots② \end{cases}$

①−②より，　$3y=-3$

$y=-1$　…③

③を②に代入して，$x+1=4$

$x=3$　…④

③，④を$2x^2+3xy+y^2$に代入して，

$18-9+1=10$

例題9 〈混合に関する問題〉

7％の食塩水と4％の食塩水を混ぜて，5％の食塩水を150gつくりたい。7％の食塩水，4％の食塩水をそれぞれ何gずつ混ぜればよいか。

ヒント 食塩水の量についてと，食塩の量についての2つの等式をつくる。ここで，(食塩の量)＝(食塩水の量)×(濃度)の関係を使う。

解き方 7％の食塩水をxg，4％の食塩水をyg混ぜるとすると，次の連立方程式が成り立つ。

$$\begin{cases} x+y=150 & \cdots① \\ \dfrac{7}{100}x+\dfrac{4}{100}y=150\times\dfrac{5}{100} & \cdots② \end{cases}$$

②について整理すると，

$$7x+4y=750 \quad \cdots②'$$

①×4より，　$4x+4y=600 \quad \cdots①'$

②′－①′より，　$3x=150$

$$x=50 \quad \cdots③$$

③を①に代入すると，$y=100$

よって，7％の食塩水は50g，4％の食塩水は100g

3　2次方程式

Point Check

1　2次方程式の解法

① 完全平方式の利用

$x^2=k$の解は，$x=\pm\sqrt{k}$　　**例**　$x^2=8$の解は，$x=\pm\sqrt{8}=\pm 2\sqrt{2}$

② 因数分解の利用

$ax^2+bx+c=(px+q)(rx+k)=0$ の解は，

$x=-\dfrac{q}{p}$，または　$x=-\dfrac{k}{r}$　　**例**　$2x^2-x-3=0$の解は，

$(x+1)(2x-3)=0$より，

$x=-1,\ \dfrac{3}{2}$

③ **解の公式**の利用

$ax^2+bx+c=0$の解は,

$$x=\frac{-b\pm\sqrt{b^2-4ac}}{2a}$$

例 $3x^2+5x+1=0$の解は,

$$x=\frac{-5\pm\sqrt{5^2-4\cdot3\cdot1}}{2\cdot3}=\frac{-5\pm\sqrt{13}}{6}$$

例題10 〈2次方程式の解〉

次の2次方程式を解け。

(1) $(x-2)^2=9$　　(2) $4x^2+12x+9=0$

(3) $(x-1)(x-3)=3$　　(4) $x^2+3x+1=0$

ヒント (1) 完全平方式を利用する。

(2) 因数分解を利用する。

(3) まず展開してから,$ax^2+bx+c=0$の形に整理する。

(4) 解の公式を利用する。

解き方 (1) $(x-2)^2=9$より,$x-2=\pm3$

よって,$x=-1,\ 5$

(2) $4x^2+12x+9=(2x+3)^2=0$

よって,$x=-\frac{3}{2}$

(3) $x^2-4x+3=3$

$x^2-4x=0$

$x(x-4)=0$

よって,$x=0,\ 4$

(4) $x=\frac{-3\pm\sqrt{3^2-4\cdot1\cdot1}}{2\cdot1}=\frac{-3\pm\sqrt{5}}{2}$

例題11 〈方程式の解の意味〉

2次方程式$x^2+ax-6=0$の解の1つが2であるとき,aの値と,もう1つの解を求めよ。

ヒント 2次方程式$ax^2+bx+c=0$の解がαであるとき,$x=\alpha$を代入して,

$a\alpha^2+b\alpha+c=0$

が成り立つことを利用する。

解き方 $x=2$を与えられた方程式に代入して,

$$4+2a-6=0 \qquad \therefore a=1$$

このとき, $x^2+x-6=0$

$$(x+3)(x-2)=0$$

$$x=-3,\ 2$$

よって, 他の解は$x=-3$

例題12 〈方程式の図形への応用〉

縦と横の長さの比が1：2の長方形のブリキ板がある。この四隅から1辺が10cmの正方形を切り取って折り曲げ, ふたのない箱を作ったところ, 箱の容積が1500cm^{3}になった。このブリキ板の縦の長さを求めよ。ただし, 接着部分は考えないものとする。

ヒント 縦の長さを$x$cmとすると, 横の長さは$2x$cmになる。これらのことを図にかいて考える。このとき, xの値の範囲に注意する。

解き方 ブリキ板の縦の長さを$x$cmとすると, 横の長さは$2x$cmとなる。

図より, ふたのない箱について,

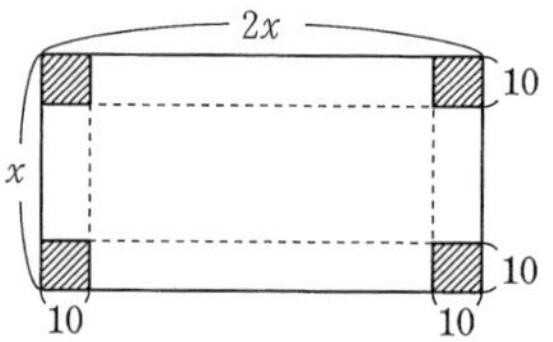

縦の長さ……$(x-20)$cm

横の長さ……$(2x-20)$cm

高さ　　……10cm

となる。ただし, $x>20$である。

ここで, 容積は1500cm^{3}であるから, 次の2次方程式が成り立つ。

$$10(x-20)(2x-20)=1500$$

$$(x-20)(x-10)=75$$

$$x^2-30x+200=75$$

$$x^2-30x+125=0$$

$$(x-5)(x-25)=0$$

これより, $x=5,\ 25$

$x>20$であるから, $x=25$

よって, 縦の長さは25cm

4 不等式

Point Check

1 1次不等式の解法

$ax > b$の解　(aの符号に注意)

$a>0$のとき，$x>\dfrac{b}{a}$

$a<0$のとき，$x<\dfrac{b}{a}$

例　$2x-3<4x+7$の解は，
移項して，$2x-4x<7+3$
$-2x<10$
$x>-5$

2 2次不等式の解法

① 因数分解の利用

α, βは実数で$\alpha<\beta$とすると，

$(\boldsymbol{x-\alpha})(\boldsymbol{x-\beta})>\boldsymbol{0}$の解は
$\boldsymbol{x<\alpha}$，$\boldsymbol{\beta<x}$

$(\boldsymbol{x-\alpha})(\boldsymbol{x-\beta})<\boldsymbol{0}$の解は
$\boldsymbol{\alpha<x<\beta}$

例 ①$x^2+5x+4>0$の解
$(x+1)(x+4)>0$
より，$x<-4$，$-1<x$

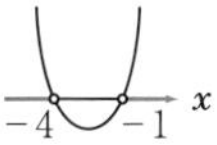

②$-x^2+3x-2>0$の解
両辺に-1をかけて，
$x^2-3x+2<0$
$(x-1)(x-2)<0$
より，$1<x<2$

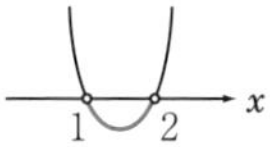

② 解の公式(判別式D)を利用した場合分け

$a>0$のとき，$ax^2+bx+c=0$の判別式を$\boldsymbol{D(=b^2-4ac)}$とし，
$D\geqq0$のときの2つの解をα，β($\alpha\leqq\beta$)とおくと，次のようになる。

判別式	$\boldsymbol{D>0}$	$D=0$	$D<0$
$y=ax^2+bx+c$ $(a>0)$ のグラフの位置	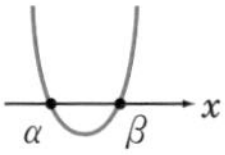	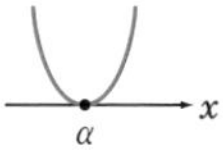	
$ax^2+bx+c>0$の解	$\boldsymbol{x<\alpha}$，$\boldsymbol{\beta<x}$	$x=\alpha$を除く すべての数	すべての数
$ax^2+bx+c<0$の解	$\boldsymbol{\alpha<x<\beta}$	解なし	解なし

例 $-x^2+4x+2 \geqq 0$の解

両辺に-1をかけて，$x^2-4x-2 \leqq 0$

ここで，$x^2-4x-2=0$としたときの

判別式をDとすると，

$$D=16+8=24>0$$

より，異なる2つの実数解をもち，

$$x=\frac{4\pm\sqrt{24}}{2}=2\pm\sqrt{6}$$

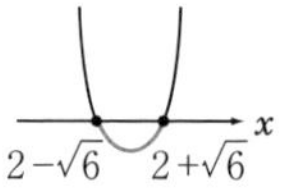

よって，$2-\sqrt{6} \leqq x \leqq 2+\sqrt{6}$

例題13 〈不等式の解〉

次の不等式を解け。

(1) $2(x-1) \geqq 3x-4$

(2) $\begin{cases} 3x-2<x+8 \\ 2x+3 \leqq 3x+7 \end{cases}$

(3) $x^2-4x+3>0$

(4) $-2x^2+4x+1<0$

ヒント (1) $ax \leqq b$の形に変形する。両辺を負の数で割ると，不等号の向きがかわることに注意。

(2) 連立不等式の解は，それぞれの不等式の解の共通部分になる。

(3) まずは，因数分解できるかどうか考える。$(x-\alpha)(x-\beta)>0$の解は，$x<\alpha$，$\beta<x$を利用する。

(4) 両辺に-1をかけると，不等号の向きがかわることに注意。

解き方 (1) $2x-2 \geqq 3x-4$

移項して，$2x-3x \geqq -4+2$

$$-x \geqq -2$$

よって，　$x \leqq 2$

(2) $3x-2<x+8$より，$2x<10$

これより，$x<5$　…①

$2x+3 \leqq 3x+7$より，$-x \leqq 4$

これより，$x \geqq -4$　…②

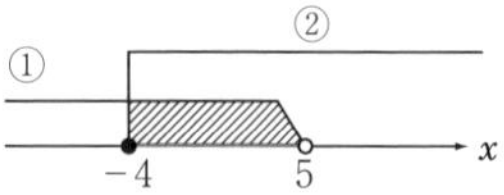

よって，①，②の共通部分を求めて，

$$-4 \leqq x<5$$

(3)　$x^2-4x+3>0$

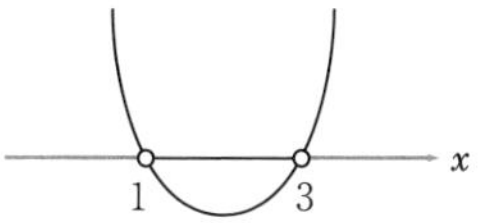

$x^2-4x+3=0$を解くと，

$(x-1)(x-3)=0$より，

$x=1,\ 3$

よって，$x<1,\ 3<x$

(4)　$-2x^2+4x+1<0$

両辺に-1をかけて，$2x^2-4x-1>0$

ここで，$2x^2-4x-1=0$の解は，

$D=16+8=24>0$

より，異なる2つの実数解をもち，

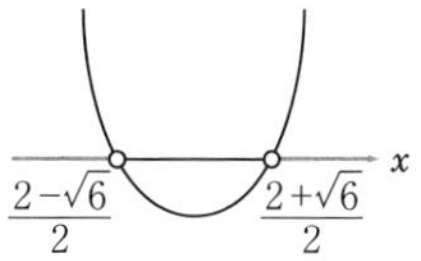

$$x=\frac{4\pm\sqrt{24}}{4}=\frac{2\pm\sqrt{6}}{2}$$

よって，$x<\dfrac{2-\sqrt{6}}{2}$，　$\dfrac{2+\sqrt{6}}{2}<x$

例題14 〈不等式の応用〉

1個130円のりんごと1個115円のなしを合わせて30個箱につめてもらい，代金は箱代300円を含めて4000円以下になるようにしたい。このとき，りんごは何個まで入れることができるか。

ヒント　(代金の合計)＝(りんごの代金)＋(なしの代金)＋(箱代)の式を利用して不等式をつくる。

解き方　りんごの個数をx個とすると，なしの個数は$(30-x)$個となる。

$$130x+(30-x)115+300\leqq 4000$$

これを解いて，

$$130x-115x\leqq 4000-3450-300$$

$$15x\leqq 250$$

$$x\leqq 16\frac{2}{3}$$

よって，りんごの個数は，16個まで

5　絶対値記号を含んだ方程式・不等式

Point Check

絶対値記号を含んだ方程式，不等式は，

$$|A| = \begin{cases} A & (A \geqq 0) \\ -A & (A < 0) \end{cases}$$

と，絶対値記号の中の式を0以上と負の場合に分けてそれぞれ計算する。

例題15〈絶対値と方程式・不等式〉

次の方程式，不等式を解け。

(1)　$|x-1|=3$　　(2)　$|x-2|<4$

解き方　(1) (i)　$x-1 \geqq 0$　つまり，$x \geqq 1$のとき

$x-1=3$より，$x=4$ ($x \geqq 1$を満たす)

(ii)　$x-1<0$　つまり，$x<1$のとき

$-(x-1)=3$より，$x=-2$ ($x<1$を満たす)

よって，(i)，(ii)より，$x=4,\ -2$

(2) (i)　$x-2 \geqq 0$　つまり，$x \geqq 2$のとき

$x-2<4$より，$x<6$

したがって，$x \geqq 2$より，$2 \leqq x < 6$

(ii)　$x-2<0$　つまり，$x<2$のとき

$-(x-2)<4$より，$x>-2$

したがって，$x<2$より，$-2<x<2$

よって，(i)，(ii)より，$-2<x<6$

確認問題

7 次の方程式・不等式を解け。

(1) $\frac{2}{3}(x-3)=1-\frac{3-x}{6}$　(2) $\begin{cases} 2x+3y=2 \\ 5x-2y=24 \end{cases}$

(3) $9x^2+9x-10=0$　(4) $2x^2-3x-4=0$

(5) $x^2-3x+2 \leqq 0$　(6) $|2x-4|<x+1$

8 A町から7km離れたB町へ行くのに，はじめ自転車で時速10kmで行ったが，途中C町で自転車が故障したので，時速4kmの速さで歩いた。全体で1時間かかったとすると，AC間の距離はいくらか。

9 2つの管A，Bを同時に開いて，水槽に水を入れると，7分間に210L入る。また，はじめにA管だけを開いて水を入れ，5分後にB管も開いて両方の管で水を入れることにすると，B管を開いてから4分後に水槽に入る水の量は190Lになる。

A管，B管で1分間に入れることのできる水の量をそれぞれ求めよ。

10 原価1500円の品物に，a%の利益を見込んで定価をつけたが，その品物が売れ残ったので，その定価のa%だけ引いて1440円で売った。aの値を求めよ。

11 2次方程式$x^2-kx+3k-5=0$が異なる2つの実数解をもつときの定数kの値の範囲を求めよ。

3 関数

●ポイント

数学全体からすると出題率は低く，高校レベルの内容も出題される分野である。ただし，基本的な事項をおさえておけば十分対応できるので，問題に応じた解法をしっかり身につけていくようにしよう。

1 比例・反比例

Point Check

1 比例　$y=ax$

① xとyの比が一定。$x:y=1:a$（aは比例定数）

② グラフは原点を通る直線。

$a>0$のとき，右上がり

$a<0$のとき，右下がり

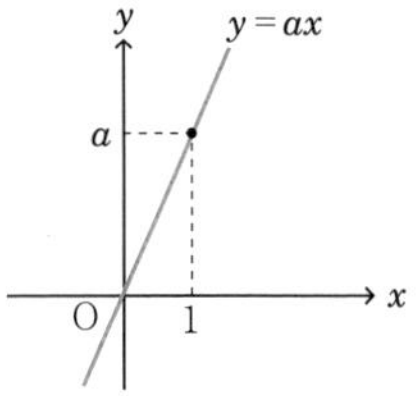

2 反比例　$y=\dfrac{a}{x}$

① xとyの積が一定。　$xy=a$（$a \neq 0$）

② グラフは原点に関して点対称な曲線。

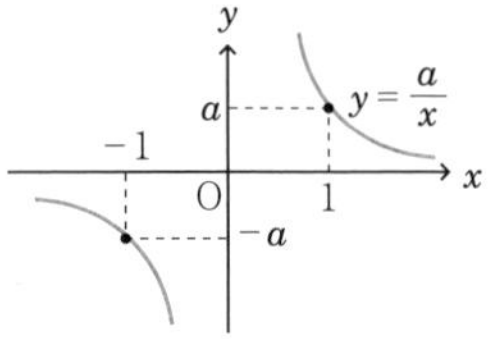

例題1 〈比例の式と対応〉

yがxに比例し，$x=2$のとき$y=-8$である。$x=-3$のとき，yの値を求めよ。

ヒント 「yがxに比例する」ならば，$y=ax$とおける。これにx，yの値を代入してaを求める。

解き方 $y=ax$とおいて，$x=2$，$y=-8$を代入する。

$-8=2a$

$a=-4$

よって，$y=-4x$

ここで，$x=-3$を代入すると，

$$y=-4\times(-3)$$
$$=12$$

2　1次関数

Point Check

a>0 のとき

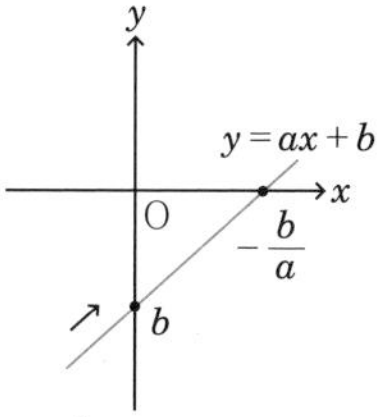

a<0 のとき

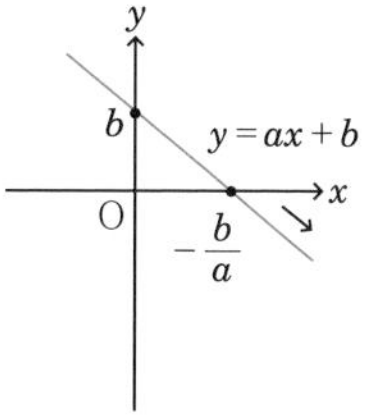

1　1次関数　$y=ax+b$のグラフ

①　a…傾き　b…y切片

②　$a>0$のとき，右上がりの直線

　　$a<0$のとき，右下がりの直線

③　x軸との交点のx座標（x切片）…$-\dfrac{b}{a}$

2　2点を通る直線の式

〈解法①〉　直線の式を$y=ax+b$とおいて，連立方程式により求める。

〈解法②〉　傾きを算出してから求める。

例　A$(-3,\ 1)$，B$(1,\ 9)$を通る直線の式を求めよ。

〈解法①〉　直線の式を$y=ax+b$とおき，x，yの値をそれぞれ代入する。

$$\begin{cases} 1=-3a+b \\ 9=a+b \end{cases}$$

これを解いて，$a=2$，$b=7$

よって，$y=2x+7$

〈解法②〉　1次関数の変化の割合は，傾きに等しいから，

$$(\text{傾き})=\frac{9-1}{1-(-3)}=2$$

直線の式を$y=2x+b$とおくと，

$$1=2\times(-3)+b$$
$$b=7$$

よって，$y=2x+7$

3 2直線の関係

$m \neq 0$, $m' \neq 0$である2直線　$y = mx + n$, $y = m'x + n'$ について,

① **平行** ⟶ $\boldsymbol{m = m'}$（傾きが同じ）

② **垂直** ⟶ $\boldsymbol{mm' = -1}$

例題2 〈直線の式〉

次の直線の式を求めよ。

(1) 2点(2, 4), (5, 7)を通る直線

(2) 点(2, 3)を通り, 直線$2x - 4y + 3 = 0$に垂直な直線

(3) 2点A(2, 2), B(4, 6)を結ぶ線分ABの垂直2等分線

ヒント (1) 傾きから先に求める方法もあるが, ここでは直線の式$y = ax + b$にx, yの値の組をそれぞれ代入して, a, bについての連立方程式を解く。

(2) 与えられた直線の式を, $y = ax + b$に変形して傾きを求める。垂直条件は, $mm' = -1$であることから考える。

(3) ABの垂直2等分線とは, ABに垂直でABの中点を通る直線をいう。

解き方 (1) 直線の式$y = ax + b$に, 2点(2, 4), (5, 7)の座標をそれぞれ代入して連立方程式をつくると,

$$\begin{cases} 4 = 2a + b \\ 7 = 5a + b \end{cases}$$

これを解いて, $a = 1$, $b = 2$

よって, $y = x + 2$

(2) 直線の式を$y = ax + b$の形に変形する。

$$-4y = -2x - 3$$

$$y = \frac{1}{2}x + \frac{3}{4}$$

傾きは$\frac{1}{2}$となり, 垂直条件は$mm' = -1$だから,

$$\frac{1}{2} \times m' = -1$$

$$m' = -2$$

よって, 求める直線の傾きは-2となる。

$y=-2x+b$に$(2,\ 3)$を代入して，

$3=-4+b$

$b=7$

したがって，$y=-2x+7$

(3)　2点A，Bを通る直線の傾きは，

$$\frac{6-2}{4-2}=2$$

これに垂直な直線の傾きは，垂直条件より，

$$2\times m'=-1$$

$$m'=-\frac{1}{2}$$

また，A，Bの中点は，

$$x=\frac{2+4}{2}=3,\qquad y=\frac{2+6}{2}=4$$

$y=-\frac{1}{2}x+b$に$(3,\ 4)$を代入して，

$$4=-\frac{3}{2}+b\qquad b=\frac{11}{2}$$

よって，$y=-\frac{1}{2}x+\frac{11}{2}$

例題3 〈直線に囲まれた三角形の面積〉

座標平面上で，$y=3x+1$，$y=-2$，$2x+3y=36$の3つの直線で囲まれた三角形の面積を求めよ。

ヒント　2直線のグラフの交点の座標は，連立方程式の解である。そのため2つの直線の交点を連立方程式を解いて求め，それぞれx座標，y座標の差より底辺の長さと高さを求める。

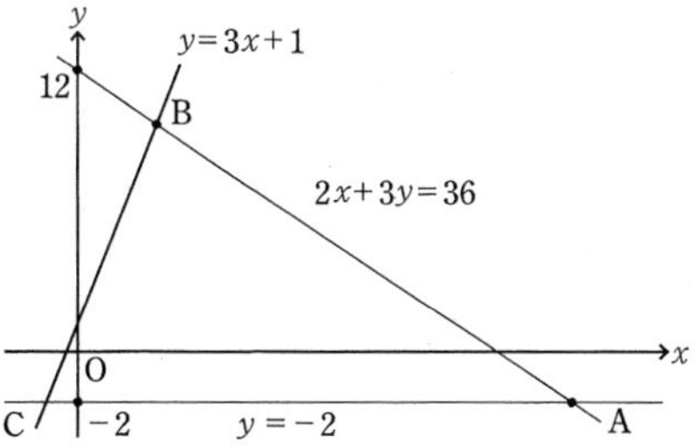

解き方　Aのx座標を求める。

$$\begin{cases} y=-2 & \cdots① \\ 2x+3y=36 & \cdots② \end{cases}$$

①に②を代入して，

$$2x+3\times(-2)=36$$

$$x=21$$

次にCのx座標を求める。

$$\begin{cases} y=-2 & \cdots① \\ y=3x+1 & \cdots③ \end{cases}$$

同様に，①に③を代入して，

$$-2=3x+1$$
$$x=-1$$

よって，$\mathrm{AC}=21-(-1)=22$

次にBのy座標を求める。

③を②に代入して，

$$2x+3(3x+1)=36$$
$$11x=33$$
$$x=3 \qquad \therefore y=10$$

よって，BとACの距離は，

$$10-(-2)=12$$

したがって，$\triangle\mathrm{ABC}=\dfrac{1}{2}\times22\times12=132$

3　2次関数$y=ax^2$

Point Check

1　$y=ax^2$のグラフ

① 原点を通る曲線（原点は頂点）

② y軸に関して対称

③ $a>0$のとき，下に凸
　$a<0$のとき，上に凸

$a>0$のとき

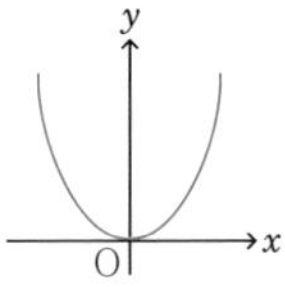

$a<0$のとき

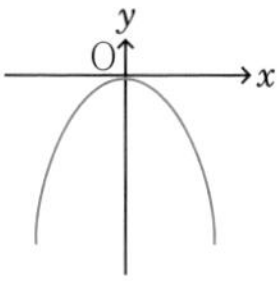

2　変化の割合

$y=ax^2$で，xの値が変化したときの変化の割合は，

$$(変化の割合)=\frac{(yの増加量)}{(xの増加量)}$$

例　関数$y=x^2$において，xが1から3まで増加するとき，

$$(変化の割合)=\frac{3^2-1^2}{3-1}=4$$

3 直線との交点

$y = ax^2$と$y = mx + n$の2つのグラフの交点は，
yを消去した$ax^2 = mx + n$を解くことで求まる。

例題4 〈変化の割合〉

関数$y = ax^2$において，xの値が1から3まで増加するときの変化の割合は2である。aの値を求めよ。

ヒント yの増加量をaを使って表し，変化の割合を求める公式を利用して，aの値を求める。

解き方 $x = 1$，$x = 3$のときのyの値を求める。

$x = 1$のとき，$y = a \times 1^2 = a$

$x = 3$のとき，$y = a \times 3^2 = 9a$

したがって，変化の割合は，

$$\frac{9a - a}{3 - 1} = \frac{8a}{2} = 4a$$

だから，$4a = 2$より，$a = \frac{1}{2}$

例題5 〈直線との交点〉

$y = x^2$と$y = 4x - 3$の2つのグラフの交点を求めよ。

ヒント それぞれの右辺を等号で結びyを消去して，xの2次方程式を導く。

解き方 $y = x^2$と$y = 4x - 3$のグラフの交点は，

$x^2 = 4x - 3$として，

$x^2 - 4x + 3 = 0$

$(x - 1)(x - 3) = 0$

$x = 1,\ 3$

これが交点のx座標である。

よって，$(x,\ y) = (1,\ 1)$，$(3,\ 9)$

4　2次関数とグラフ

Point Check

1　2次関数 $y=a(x-p)^2+q$（標準形）のグラフ

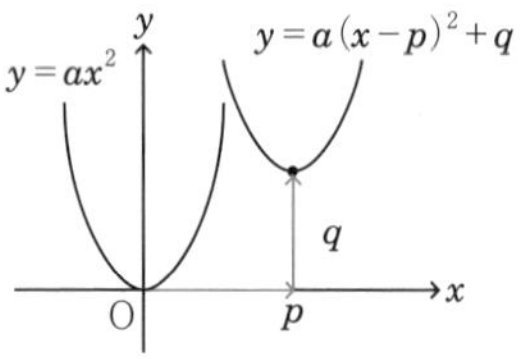

$y=ax^2$ のグラフを，x 軸方向に p，y 軸方向に q だけ平行移動した放物線。

軸…直線 $x=p$　　頂点…$(p,\ q)$

2　2次関数 $y=ax^2+bx+c$（一般形）のグラフ

$y=ax^2+bx+c$ を平方完成して，

$y=a\left(x+\dfrac{b}{2a}\right)^2-\dfrac{b^2-4ac}{4a}$ の形に変形する。

軸……$x=-\dfrac{b}{2a}$

頂点…$\left(-\dfrac{b}{2a},\ -\dfrac{b^2-4ac}{4a}\right)$

例　平方完成の方法

$$\begin{aligned} y &= 2x^2+12x+16 \\ &= 2(x^2+6x)+16 \\ &= 2\{(x^2+6x+3^2)-3^2\}+16 \\ &= 2\{(x+3)^2-9\}+16 \\ &= 2(x+3)^2-18+16 \\ &= 2(x+3)^2-2 \end{aligned}$$

3　グラフの移動

①　平行移動

関数 $y=f(x)$ のグラフを，$\begin{pmatrix} x\text{軸方向に}\boldsymbol{p} \\ y\text{軸方向に}\boldsymbol{q} \end{pmatrix}$ だけ平行移動したグラフの関数は，

$y=f(x)$ に $\begin{pmatrix} x\to\boldsymbol{x-p} \\ y\to\boldsymbol{y-q} \end{pmatrix}$ を代入して，

$y-q=f(x-p)$　　つまり，$y=f(x-p)+q$

②　対称移動

関数 $y=f(x)$ のグラフを対称移動したグラフを表す関数は，

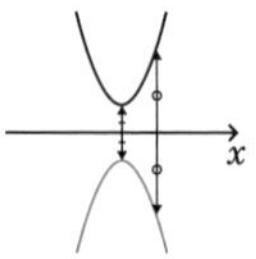

・**x 軸対称**…$y=f(x)$ に $(y\to\boldsymbol{-y})$ を代入

例　$y=ax^2+bx+c$ のグラフを x 軸に関して対称移動した放物線の式は，

$y=-(ax^2+bx+c)$　すなわち

$\boldsymbol{y=-ax^2-bx-c}$

・**$\boldsymbol{y}$軸対称**…$y=f(x)$に$(x\to -x)$を代入

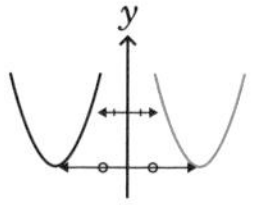

例　$y=ax^2+bx+c$のグラフのy軸対称は,

$y=a(-x)^2+b(-x)+c$　すなわち

$\boldsymbol{y=ax^2-bx+c}$

・**原点対称**…$y=f(x)$に$\begin{pmatrix} x\to -x \\ y\to -y \end{pmatrix}$を代入

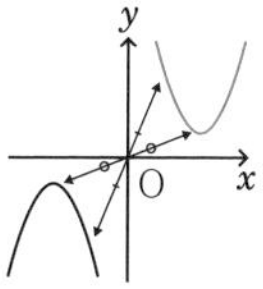

例　$y=ax^2+bx+c$のグラフの原点対称は,

$y=-\{a(-x)^2+b(-x)+c\}$　すなわち　$\boldsymbol{y=-ax^2+bx-c}$

例題6　〈2次関数の決定〉

グラフが次の条件に適するような2次関数を求めよ。

(1)　頂点が$(-2,\ -3)$で，点$(0,\ 1)$を通る。

(2)　3点$(-1,\ 4)$，$(0,\ -1)$，$(1,\ -4)$を通る。

ヒント　(1)　頂点が与えられているときは，$y=a(x-p)^2+q$(標準形)で考える。

(2)　3点が与えられているときは，$y=ax^2+bx+c$(一般形)で考える。

解き方　(1)　頂点が$(-2,\ -3)$であるから，求める2次関数は,

$$y=a(x+2)^2-3$$

この関数のグラフが点$(0,\ 1)$を通るから,

$1=a\cdot 2^2-3$　より，$a=1$

よって，求める2次関数は，$y=(x+2)^2-3$

$y=x^2+4x+1$

(2)　求める2次関数を$y=ax^2+bx+c\ (a\neq 0)$とすると,

点$(-1,\ 4)$を通るから，　$4=a-b+c$　…①

点$(0,\ -1)$を通るから，$-1=c$　…②

点$(1,\ -4)$を通るから，$-4=a+b+c$　…③

①−③より，$8=-2b$

$b=-4$

$c=-1$，$b=-4$を①に代入して,

$4=a+4-1$

$a=1$　($a\neq 0$より，適する)

よって，求める2次関数は，$y=x^2-4x-1$

例題7 〈平行移動〉

放物線$y = -x^2 + 2x + 4$をx軸方向に-1，y軸方向に3だけ平行移動した放物線の方程式を求めよ。

ヒント Point Check 3-①を参照して解く。

解き方 $\begin{pmatrix} x\text{軸方向に}-1 \\ y\text{軸方向に}3 \end{pmatrix}$だけ平行移動されるから，

$\begin{pmatrix} x \to x-(-1) \\ y \to y-3 \end{pmatrix}$とすればよい。

$$y-3 = -(x+1)^2 + 2(x+1) + 4$$

$$y = -x^2 - 2x - 1 + 2x + 2 + 4 + 3$$

よって，$y = -x^2 + 8$

例題8 〈対称移動〉

放物線 $y = 2x^2 - 3x + 5$を，次のものに関して対称移動した放物線の方程式を求めよ。

(1) x軸　(2) y軸　(3) 原点

ヒント Point Check 3-②を参照して解く。

解き方 (1) x軸に関して対称移動した放物線の方程式は，

yに$-y$を代入すればよいから，

$$-y = 2x^2 - 3x + 5$$

よって，$y = -2x^2 + 3x - 5$

(2) y軸に関して対称移動した放物線の方程式は，

xに$-x$を代入すればよいから，

$$y = 2(-x)^2 - 3(-x) + 5$$

よって，$y = 2x^2 + 3x + 5$

(3) 原点に関して対称移動した放物線の方程式は，

xに$-x$，yに$-y$を代入すればよいから，

$$-y = 2(-x)^2 - 3(-x) + 5$$

よって，$y = -2x^2 - 3x - 5$

5　2次関数の最大・最小

Point Check

1　2次関数$y=ax^2+bx+c$の最大・最小

$y=ax^2+bx+c$（一般形）

$\quad =a(x-p)^2+q$（標準形）

と変形すると，軸が直線$x=p$，頂点が点$(p,\ q)$

① $a>0$のとき

最大値…なし

最小値…q（$x=p$のとき）

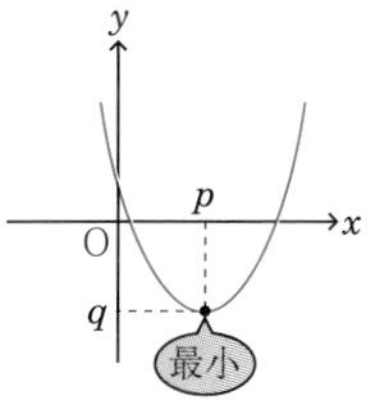

② $a<0$のとき

最大値…q（$x=p$のとき）

最小値…なし

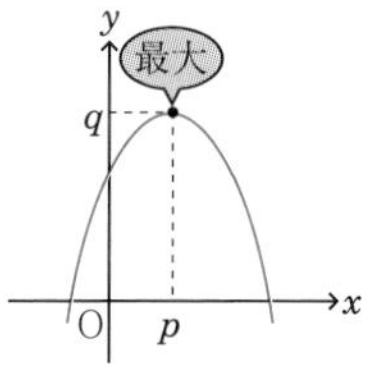

2　定義域が定められた2次関数の最大・最小

定義域内でグラフをかいて，次のことに着目する。

- x^2の係数の符号（上に凸か下に凸か）
- 軸と区間（定義域）の位置関係
- 頂点のy座標
- 定義域の両端でのy座標

例 ①　$y=2(x+1)^2-3\ (-2\leqq x\leqq 1)$の最大・最小

グラフは右の図のようになるから，

最大値　　5（$x=1$のとき）

最小値　-3（$x=-1$のとき）

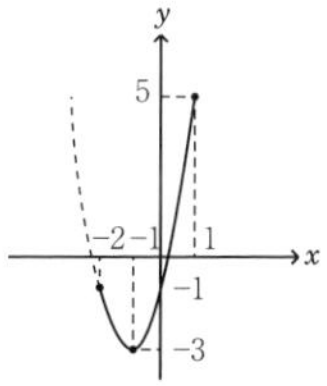

②　$y=-(x-1)^2+4\ (-1\leqq x\leqq 3)$の最大・最小

グラフは右の図のようになるから，

最大値　4（$x=1$のとき）

最小値　0（$x=-1,\ 3$のとき）

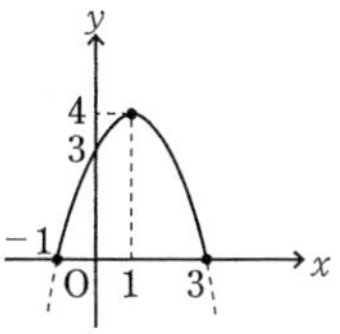

例題9 〈2次関数の最大・最小〉

次の2次関数の最大値または最小値を求めよ。

(1)　$y=2x^2+12x+4$

(2)　$y=-x^2+2x+2$

ヒント　定義域が制限されていない場合，平方完成によって$y=a(x-p)^2+q$（標準形）に変形する。x^2の係数の正・負により，頂点で最小または最大になる。

解き方　(1)　$y=2x^2+12x+4$

$=2(x^2+6x)+4$

$=2\{(x+3)^2-3^2\}+4$

$=2(x+3)^2-14$

グラフは下に凸だから，

$x=-3$のとき最小値-14，最大値はなし

(2)　$y=-x^2+2x+2$

$=-(x^2-2x)+2$

$=-\{(x-1)^2-1^2\}+2$

$=-(x-1)^2+3$

グラフは上に凸だから，

$x=1$のとき最大値3，最小値はなし

例題10 〈定義域が定められたときの最大・最小〉

次の定義域における関数$y=-x^2+2x+2$の最大値，最小値を求めよ。

(1)　$-1\leqq x\leqq 2$　　(2)　$2\leqq x\leqq 3$

ヒント　①　式を変形し，頂点，グラフの概形を求める。

②　両端での値を求め，区間内のグラフをかく。

③　グラフより，最大値・最小値を求める。

解き方　$y=-x^2+2x+2$を変形する。

$y=-(x^2-2x)+2$

$=-\{(x-1)^2-1\}+2$

$=-(x-1)^2+3$

よって，グラフは，頂点$(1,\ 3)$，軸$x=1$，上に凸の放物線である。

(1)　$x=-1$のとき　$y=-1$

$x=2$のとき　$y=2$　であるから，

$-1\leqq x\leqq 2$の範囲でグラフをかくと，

右図の実線部分となる。よって，グラフより，

最大値　　3 ($x=1$のとき)

最小値　-1 ($x=-1$のとき)

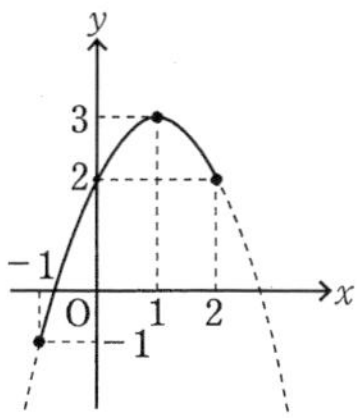

(2)　$x=2$のとき　$y=2$

$x=3$のとき　$y=-1$

$2\leqq x\leqq 3$の範囲でグラフをかくと，

右図の実線部分となる。よって，グラフより，

最大値　　2 ($x=2$のとき)

最小値　-1 ($x=3$のとき)

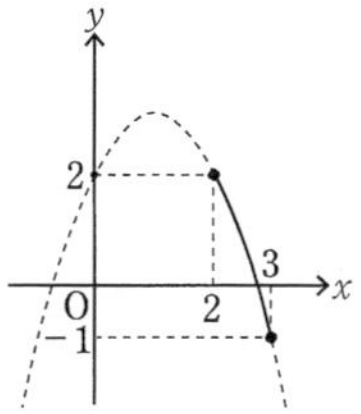

例題11　〈条件つき最大・最小〉

実数x，yの間に$3x+y=6$という関係があるとき，x^2+y^2の最小値を求めよ。

ヒント　①　条件式をxまたはyについて解く。

②　①の式を代入し，1変数の関数に変形する。

③　②の関数の最大値・最小値を求める。

解き方　$t=x^2+y^2$とおく。

$y=-3x+6$をtの式に代入すると，

$$t=x^2+(-3x+6)^2=10x^2-36x+36$$

$$=10\left(x^2-\frac{18}{5}x\right)+36$$

$$=10\left\{\left(x-\frac{9}{5}\right)^2-\frac{81}{25}\right\}+36$$

$$=10\left(x-\frac{9}{5}\right)^2+\frac{18}{5}$$

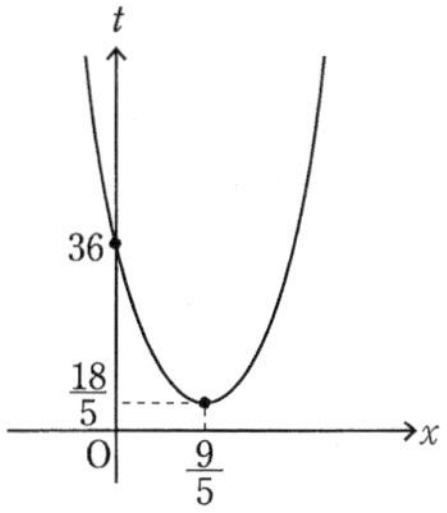

グラフは，上の図のようになり，tは$x=\dfrac{9}{5}$のとき，最小値$\dfrac{18}{5}$をとる。

$x=\dfrac{9}{5}$のとき，$y=-3\times\dfrac{9}{5}+6=\dfrac{3}{5}$

よって，x^2+y^2の最小値　$\dfrac{18}{5}$ $\left(x=\dfrac{9}{5}，y=\dfrac{3}{5}のとき\right)$

6　2次関数のグラフとx軸・直線の位置関係

Point Check

1　2次関数のグラフとx軸との共有点

2次関数$y = ax^2 + bx + c$のグラフとx軸との共有点のx座標は，2次方程式$ax^2 + bx + c = 0$の解である。

この方程式の判別式$D = b^2 - 4ac$より，

$y = ax^2 + bx + c$のグラフとx軸との位置関係は次のようになる。

$$\begin{cases} D>0 \Longleftrightarrow \text{異なる2点で交わる} \\ D=0 \Longleftrightarrow \text{1点で接する} \\ D<0 \Longleftrightarrow \text{共有点をもたない} \end{cases}$$

2　2次関数のグラフと直線の位置関係

放物線$y = ax^2 + bx + c$と直線$y = mx + n$との位置関係は，2式よりyを消去して，

$$ax^2 + bx + c = mx + n$$

つまり，$ax^2 + (b - m)x + c - n = 0$

における判別式$D = (b - m)^2 - 4a(c - n)$により，$x$軸との位置関係と同様に求められる。

例題12　〈x軸との共有点の個数〉

次の2次関数のグラフとx軸との共有点の個数を求めよ。

(1)　$y = x^2 + 2x - 3$　　　(2)　$y = x^2 + 2x + 3$

ヒント　①　$y = 0$とおく。

②　判別式$D = b^2 - 4ac$の値を計算する。

③　Dの符号から，実数解の個数を求める。

解き方　(1)　$x^2 + 2x - 3 = 0$の判別式をDとすると，

$$D = 2^2 - 4\cdot1\cdot(-3) = 16 > 0$$

よって，共有点の個数は2個

(2)　$x^2 + 2x + 3 = 0$の判別式をDとすると，

$$D = 2^2 - 4\cdot1\cdot3 = -8 < 0$$

よって，共有点はなし

確認問題

12 2点$(2,\ -1)$，$(5,\ -3)$を通る直線の式を求めよ。

13 $y=x^2$と$y=5x+14$の2つのグラフの交点を求めよ。

14 点$(1,\ -2)$を頂点とし，点$(3,\ 6)$を通る放物線をグラフとする2次関数を求めよ。

15 放物線$y=x^2-4x+5$を次のように移動した放物線の式を求めよ。

(1) x軸に関して対称に移動　　(2) 原点に関して対称に移動

16 定義域が次の区間のとき，2次関数$y=x^2-4x+2$の最大値と最小値，およびそのときのxの値を求めよ。

(1) $0 \leqq x \leqq 3$　　(2) $3 \leqq x \leqq 4$

17 放物線$y=x^2-6x+2k+1$と直線$y=-k+1$が接するときの定数kの値と，そのときの接点の座標を求めよ。

4 図形

●ポイント

全体的に出題率が高い分野であるが，円の性質，相似と比，三平方の定理を利用した平面図形や立体図形についての問題が多くみられる。問題を解く際，それらの基本的な事項のうち，どの項目をいかに利用するかというところがポイントとなる。そのため，基礎的知識を把握した上で類題をこなし，問題を見てすぐに解法がうかぶよう訓練しておく必要がある。

1 三角形と多角形

Point Check

1 三角形と角

① **内角の和は180°**

② 外角は，他の内角の和に等しい。

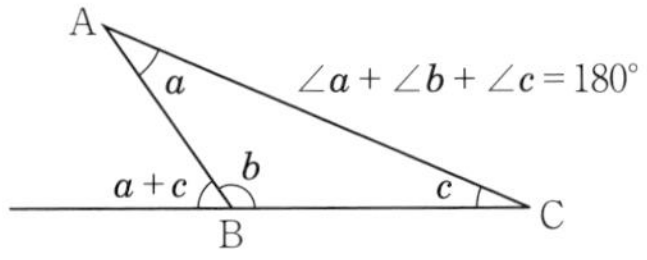

2 多角形

① ***n*角形の内角の和…180°×(*n*−2)**

例 五角形の内角の和は，180°×(5−2)＝540°

② ***n*角形の外角の和…360°**

③ n角形の対角線の総数…$\dfrac{n(n-3)}{2}$本

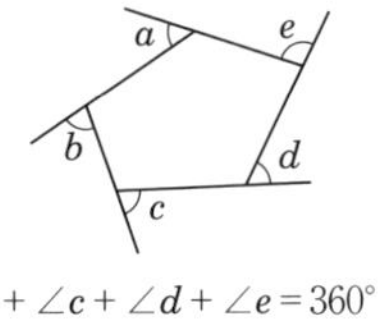

例題1 〈三角形の内角と外角〉

△ABCで，点Dは辺BC上にあり，BA＝BD，DA＝DC，∠ABD＝40°である。このとき，∠ACDの大きさを求めよ。

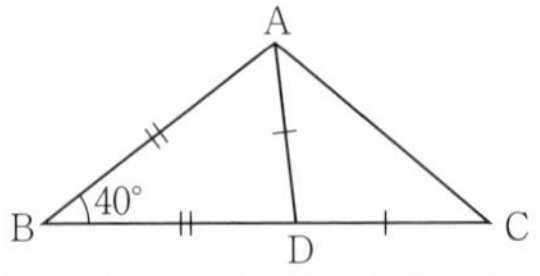

ヒント 三角形の外角は他の内角の和に等しいことと，三角形の内角の和は180°であることを利用する。

解き方 $\angle \mathrm{ACD} = x$とおくと，$\mathrm{DA} = \mathrm{DC}$より

$\angle \mathrm{DAC} = \angle \mathrm{ACD} = x$

$\triangle \mathrm{ADC}$で，$\angle \mathrm{ADB}$は$\angle \mathrm{ADC}$の外角だから，

$\angle \mathrm{ADB} = \angle \mathrm{DAC} + \angle \mathrm{ACD} = 2x$

$\triangle \mathrm{BAD}$で$\mathrm{BA} = \mathrm{BD}$より，

$\angle \mathrm{BAD} = \angle \mathrm{BDA} = 2x$

$\triangle \mathrm{BAD}$の内角を考えて，

$180^\circ = 40^\circ + 2x + 2x$

よって，$x = 35^\circ$

例題2	〈多角形の角〉

正六角形について，次の各問いに答えよ。

(1) 1つの内角の大きさを求めよ。

(2) 1つの外角の大きさを求めよ。

ヒント 六角形の内角の和を求め，次に正六角形の6つの内角は，大きさがすべて等しいことを利用する。

解き方 (1) n角形の内角の和は，$180^\circ \times (n-2)$であるから，

$180^\circ \times (6-2) = 720^\circ$

したがって，正六角形の1つの内角は，

$720^\circ \div 6 = 120^\circ$

(2) n角形の外角の和は，360°であるから，

$360^\circ \div 6 = 60^\circ$

2 円

Point Check

1 扇形の弧の長さと面積

半径r，中心角a°の扇形の弧の長さをl，面積をSとすると，

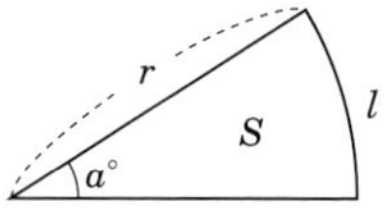

$$l = 2\pi r \times \frac{a}{360}$$

$$S = \pi r^2 \times \frac{a}{360} = \frac{1}{2} lr$$

例　半径4cm，中心角135°の扇形の弧の長さは，

$$l = 2\pi \times 4 \times \frac{135}{360} = 3\pi \text{〔cm〕}$$

2　円と接線

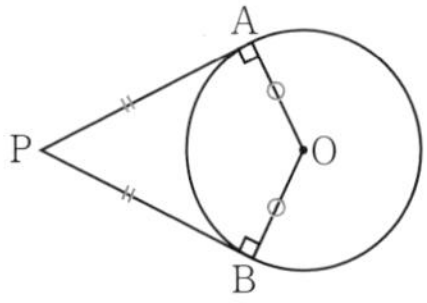

①　接線は，接点を通る半径に垂直。

OA ⊥ PA

②　円外の1点から引いた2本の接線の長さは等しい。

PA = PB

3　円周角

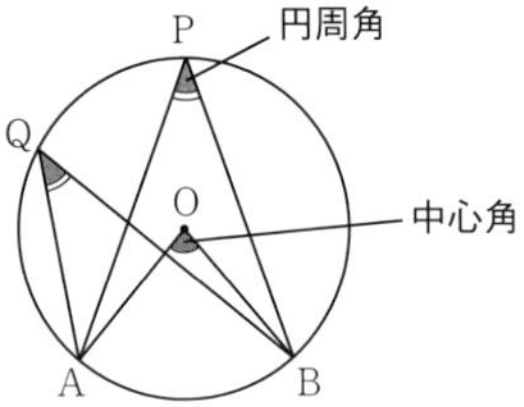

①　**円周角は中心角の大きさの半分**に等しい。

$\angle \mathrm{APB} = \frac{1}{2} \angle \mathrm{AOB}$

②　**同じ弧に対する円周角の大きさは等しい。**

$\angle \mathrm{AQB} = \angle \mathrm{APB}$

③　**弧の長さは中心角の大きさに比例**する。

④　**直径に対する円周角は90°**である。

4　接弦定理

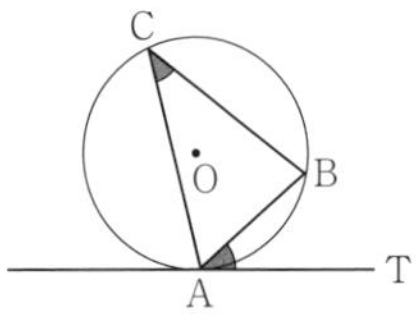

円周上の1点から引いた接線と弦のつくる角は，その角の内部にある弧に対する円周角に等しい。

$\angle \mathrm{BAT} = \angle \mathrm{ACB}$

5　円に内接する四角形

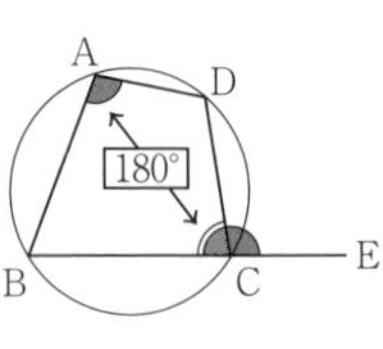

①　**向かい合う内角の和は180°**

$\angle \mathrm{A} + \angle \mathrm{C} = \angle \mathrm{B} + \angle \mathrm{D} = 180°$

②　1つの外角は，それにとなり合う内角の対角に等しい。

$\angle \mathrm{DCE} = \angle \mathrm{A}$

例題3 〈扇形の面積〉

右の図は，1辺の長さ10cmの正方形の内部に，1辺を直径とする半円を4つかいたものである。斜線部分の面積を求めよ。

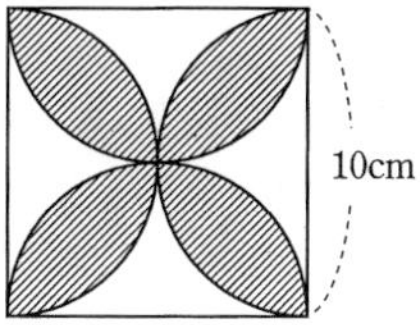

ヒント 斜線部分の4つの面積はいずれも等しいので，どれか1つの面積を求め，それを4倍する。

解き方 4つの斜線部分の1つの面積は，1辺5cmの正方形の面積から半径5cmの4分円の面積をひいたものを，半径5cmの4分円の面積からひいたものである。
求める面積をS，斜線部分の1つの面積をS'とすると，

$$S' = \frac{1}{4} \times 5^2 \times \pi - \left(5^2 - \frac{1}{4} \times 5^2 \times \pi\right) = \frac{25}{2}\pi - 25 \text{〔cm}^2\text{〕}$$

$$\therefore S = 4S' = 4 \times \left(\frac{25}{2}\pi - 25\right) = 50\pi - 100 \text{〔cm}^2\text{〕}$$

例題4 〈円と接線〉

右の図で，直線ATは円Oの周上の点Aにおける接線であり，CDは∠ACBの二等分線である。∠CAT＝30°，∠BCD＝38°のとき，次の角の大きさを求めよ。

(1) ∠ABD　(2) ∠ABC　(3) ∠BDC

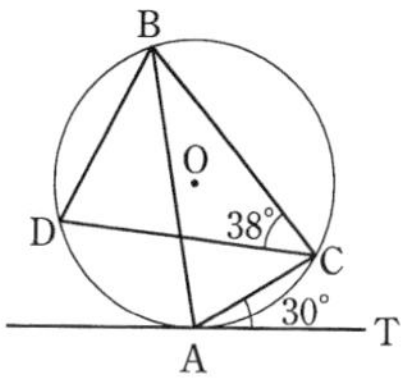

ヒント 同じ弧に対する円周角は等しいこと，接弦定理，三角形の内角の和は180°であることを利用する。

解き方 (1) CDは∠ACBの二等分線であることから，

∠DCA＝∠BCD＝38°

$\overset{\frown}{\mathrm{AD}}$に対する円周角は等しいから，

∠ABD＝∠DCA＝38°

(2) 接弦定理より，

∠ABC＝∠CAT＝30°

(3) △DBCにおいて，

∠BDC＝180°－(∠DBC＋∠BCD)
＝180°－(38°＋30°＋38°)＝74°

例題5 〈円に内接する四角形〉

右の図のように，円に内接する四角形ABCDがある。ABの延長とDCの延長との交点をE，ADの延長とBCの延長との交点をFとするとき，$\angle x$の大きさを求めよ。

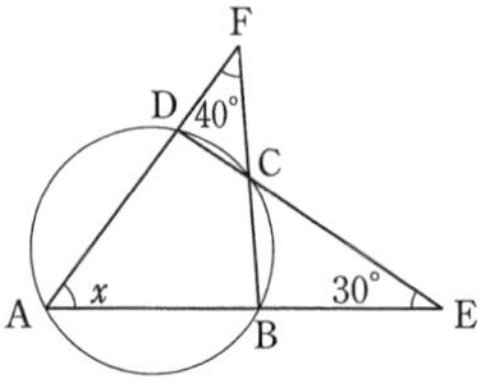

ヒント 「円に内接する四角形の1つの外角は，それにとなり合う内角の対角に等しい」という関係を利用する。

解き方 $\angle \mathrm{BCE} = \angle \mathrm{A} = \angle x$

また，$\triangle \mathrm{FAB}$において，$\angle \mathrm{CBE}$は他の内角の和に等しいから，

$$\angle \mathrm{CBE} = \angle x + 40^\circ$$

$\triangle \mathrm{CBE}$の内角の和は180°だから，

$$\angle x + (\angle x + 40^\circ) + 30^\circ = 180^\circ$$

$$2\angle x = 110^\circ$$

$$\angle x = 55^\circ$$

3 相似と比

Point Check

1 三角形と線分の比

$\triangle \mathrm{ABC}$において，点D，Eを辺AB，AC上，またはその延長上にとるとき，

$\mathrm{DE} /\!/ \mathrm{BC}$ならば，$\triangle \mathrm{ABC} \backsim \triangle \mathrm{ADE}$で，

$$\mathbf{\frac{AD}{AB} = \frac{AE}{AC} = \frac{DE}{BC}}$$

$$\frac{\mathrm{AD}}{\mathrm{DB}} = \frac{\mathrm{AE}}{\mathrm{EC}}$$

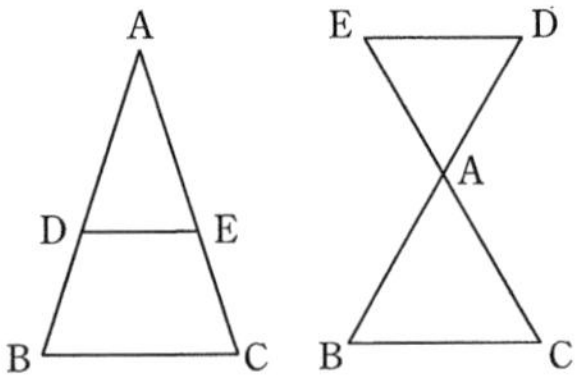

2 中点連結定理

△ABCの2辺AB，ACの中点をそれぞれM，Nとすると，

$$\mathbf{MN} /\!/ \mathbf{BC} \qquad \mathbf{MN} = \frac{1}{2}\mathbf{BC}$$

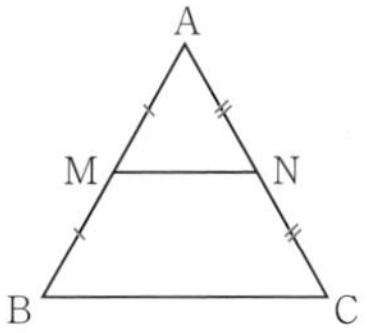

3 面積の比

相似な図形の面積の比は，相似比の2乗に等しい。

相似比が $\boldsymbol{m} : \boldsymbol{n}$ ならば，面積の比は $\boldsymbol{m}^2 : \boldsymbol{n}^2$

例題6 〈三角形と線分の比〉

右の図で，AB∥DC∥EFである。AB＝5cm，DC＝4cmのとき，EFの長さを求めよ。

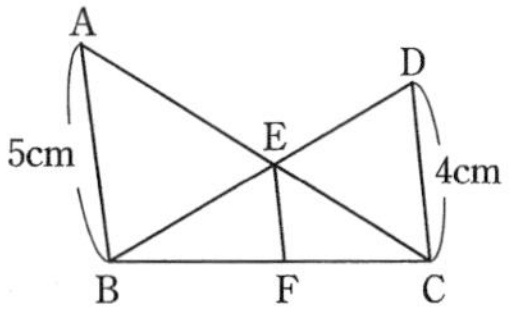

ヒント AB∥DCより，△EAB∽△ECDから，EB：EDの比を求め，次に，これを△BCDで利用する。

解き方 AB∥DCより，△EAB∽△ECDであるから，

EB：ED＝AB：CD＝5：4

BD＝BE＋EDだから，

BD：BE＝(5＋4)：5＝9：5

また，△BCDで，EF∥DCより，

BD：BE＝DC：EF

9：5＝4：EF

よって，$\mathrm{EF} = \dfrac{20}{9}$〔cm〕

例題7 〈中点連結定理〉

右の図で，点M，Nはそれぞれ線分AB，ACの中点，点Cは線分NDの中点である。BC＝10cmのとき，CEの長さを求めよ。

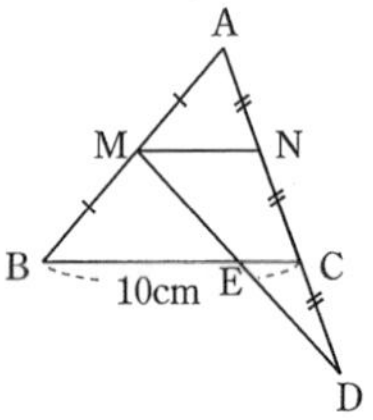

ヒント 中点が使われている三角形がある問題では，中点連結定理の利用を考える。

解き方 △ABCで，M，NはAB，ACの中点だから，中点連結定理を利用して，

$$MN=\frac{1}{2}BC=\frac{1}{2}\times 10=5\text{〔cm〕}$$

また，MN∥BCであり，CがNDの中点だから，EもMDの中点である。

△DMNで，同様に，

$$CE=\frac{1}{2}MN=\frac{1}{2}\times 5=\frac{5}{2}\text{〔cm〕}$$

例題8 〈相似な図形の面積比〉

AD∥BCの台形ABCDで，AD＝6cm，BC＝9cmとする。BAの延長とCDの延長との交点をOとするとき，△OADと台形ABCDの面積の比を求めよ。

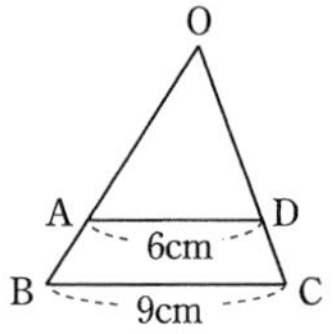

ヒント AD∥BCより，△OADと△OBCは相似だから，まず，この2つの三角形の面積の比を求める。また，(台形ABCD)＝△OBC－△OADと考える。

解き方 △OAD∽△OBCで，

相似比は，対応する辺の比であるから，

$$AD:BC=6:9=2:3$$

面積の比は相似比の2乗に等しいから，

$$\triangle OAD:\triangle OBC=2^2:3^2=4:9$$

また，台形ABCDの面積は△OBCから△OADをひいた面積であるから，

$$\triangle OAD:\text{台形}ABCD=\triangle OAD:(\triangle OBC-\triangle OAD)$$
$$=4:(9-4)$$
$$=4:5$$

例題9 〈平行四辺形と面積の比〉

右の図の△ABCにおいて，辺BCを2：3の比に分ける点をDとし，平行四辺形ABDEをつくり，ACとDEの交点をFとする。このとき，△AFEと△CFDと△FBDの面積の比を求めよ。

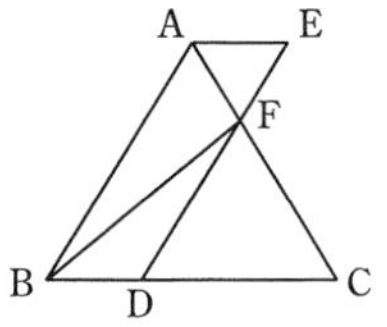

ヒント 高さの等しい2つの三角形の面積の比は，底辺の長さに等しい。これを利用して，△CFDと△FBDの面積を比較する。

解き方 △AFEと△CFDにおいて，AE∥CDより，△AFE∽△CFD

AE＝BDから，相似比は，

AE：CD＝BD：CD

＝2：3

したがって，相似比が2：3だから，面積の比は，

△AFE：△CFD＝2^2：3^2

＝4：9　…①

また，△CFDと△FBDは高さが等しいから，

面積の比は底辺の長さの比に等しく，

△CFD：△FBD＝CD：BD

＝3：2　…②

したがって，①，②より，

△AFE：△CFD：△FBD＝4：9：6

4 三平方の定理

Point Check

1 三平方の定理

直角三角形の直角をはさむ2辺の長さを a, b,
斜辺の長さを c とすれば,

$$a^2+b^2=c^2$$

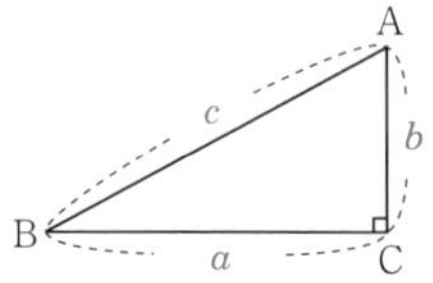

2 特別な直角三角形の3辺の比

① **直角二等辺三角形**

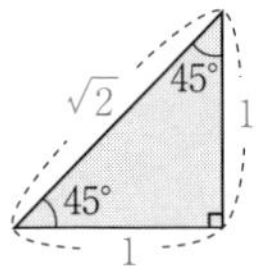

② **鋭角が30°, 60°の直角三角形**

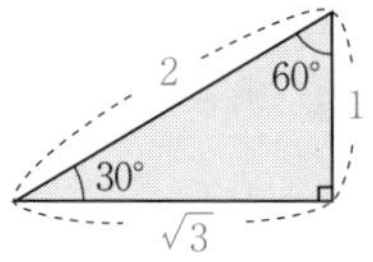

3 立体図形への応用

3辺の長さが, a, b, c である
直方体の対角線の長さは,

$$\sqrt{(\sqrt{a^2+b^2})^2+c^2}$$
$$=\sqrt{a^2+b^2+c^2}$$

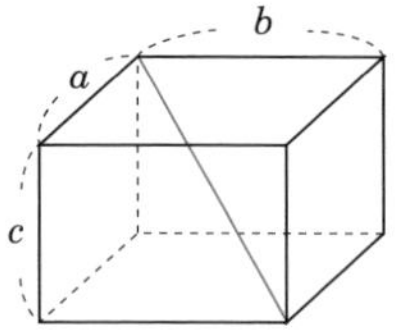

例題10 〈三角形の3辺〉

右の図において, 線分DCの長さを求めよ。

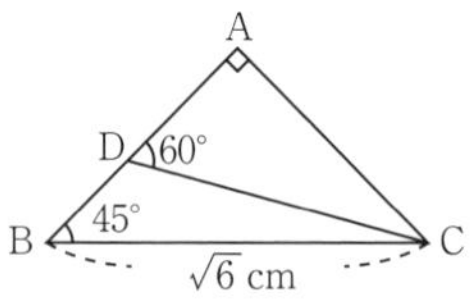

ヒント 三角定規の形の直角三角形の辺の比
$1:1:\sqrt{2}$, $1:2:\sqrt{3}$ を使う。

解き方 △ABCは直角二等辺三角形であるから,
$AB:AC:BC=1:1:\sqrt{2}$

よって，$AC = BC \times \dfrac{1}{\sqrt{2}} = \dfrac{\sqrt{6}}{\sqrt{2}} = \sqrt{3}$〔cm〕

また，△ACDは鋭角が30°，60°の直角三角形であるから，

$AD : DC : CA = 1 : 2 : \sqrt{3}$

よって，$DC = AC \times \dfrac{2}{\sqrt{3}} = \sqrt{3} \times \dfrac{2}{\sqrt{3}} = 2$〔cm〕

例題11 〈台形の面積〉

右の図のような等脚台形ABCDの面積を求めよ。

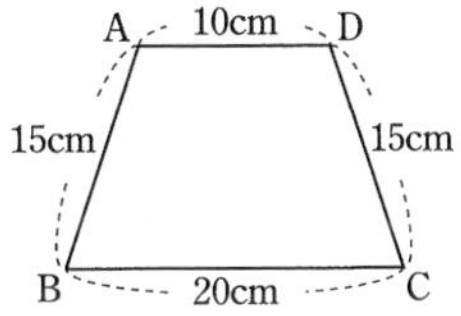

ヒント　AからBCに垂線AHを引くと，△ABHは直角三角形。三平方の定理によりAHを求める。台形の面積$= \dfrac{1}{2} \times$(上底＋下底)×高さ

解き方　AからBCに垂線を引くと，△ABHは直角三角形でABは斜辺となる。

BH＝5〔cm〕だから，

$AH^2 = 15^2 - 5^2 = 200$

AH＞0だから，$AH = \sqrt{200} = 10\sqrt{2}$〔cm〕

よって，台形の面積は，

$\dfrac{1}{2} \times (10 + 20) \times 10\sqrt{2} = 150\sqrt{2}$〔$cm^2$〕

例題12 〈接線の長さ〉

半径4cmの円Oに，Oから8cm離れた点Pから引いた接線をPAとする。このとき，PAの長さを求めよ。

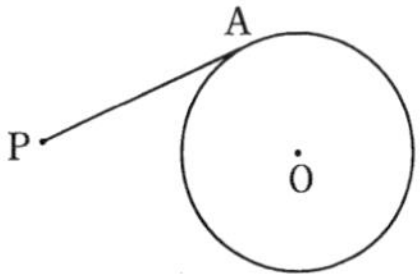

ヒント　OとA，OとPを結び，△OAPをつくる。PAは，円Oの接線であるから，∠PAO＝90°である。そこで，△OAPにおいて，$OP^2 = PA^2 + OA^2$が成り立つことを利用する。

解き方　$\angle OAP = 90°$ より，$\triangle OAP$ において，

$$OP^2 = PA^2 + OA^2$$

$OP = 8$cm，$OA = 4$cm であるから，

$$8^2 = PA^2 + 4^2$$

よって，$PA^2 = 8^2 - 4^2 = 48$

$PA > 0$ より，$PA = \sqrt{48} = 4\sqrt{3}$〔cm〕

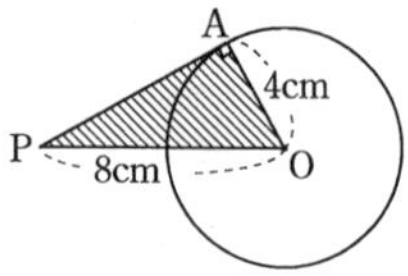

例題13 〈立体の表面上の長さ〉

右の図のような直方体で，$AB = 3$cm，$BC = 6$cm，$BF = 5$cm とし，A から辺 BC 上の点を通って，G まで最も短い線を引くとき，この折れ線の長さを求めよ。

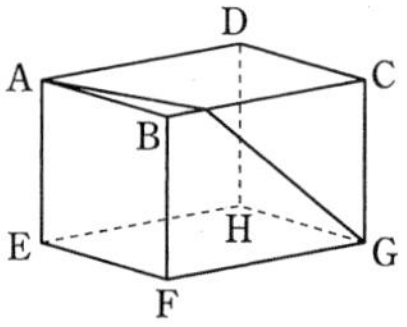

解き方　2つの長方形 ABCD，BFGC を同じ平面上にひろげ，長方形 AFGD をつくり，対角線 AG の長さを求める。線分 AG は，直角三角形 AFG の斜辺である。

$\triangle AFG$ は，$\angle AFG = 90°$ の直角三角形であるから，

$$AG^2 = AF^2 + FG^2$$

また，$AF = AB + BF = 3 + 5 = 8$〔cm〕

$$FG = BC = 6〔cm〕$$

よって，$AG^2 = 8^2 + 6^2 = 100$

$AG > 0$ より，$AG = 10$〔cm〕

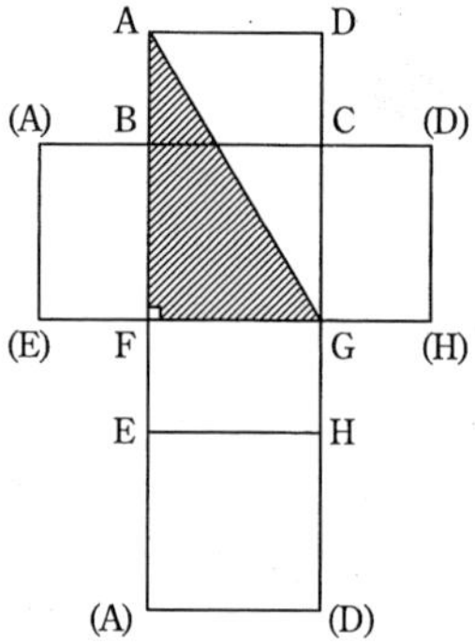

5 立体の表面積と体積

Point Check

1 図形の求積

体積をV，表面積をA，底面積をSとする。
（高さh，半径r，母線l）

① 直方体

$$\boldsymbol{V=Sh=abh}$$

$$A=2(ab+bh+ha)$$

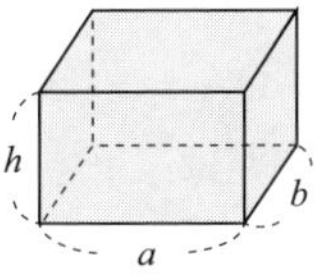

② 円柱

$$\boldsymbol{V=Sh=\pi r^2 h}$$

$$A=2\pi r^2+2\pi rh$$

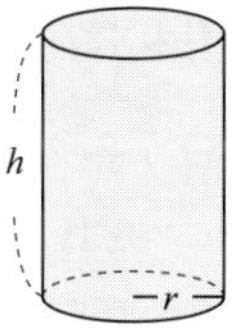

③ 角すい

$$\boldsymbol{V=\frac{1}{3}Sh=\frac{1}{3}abh}$$

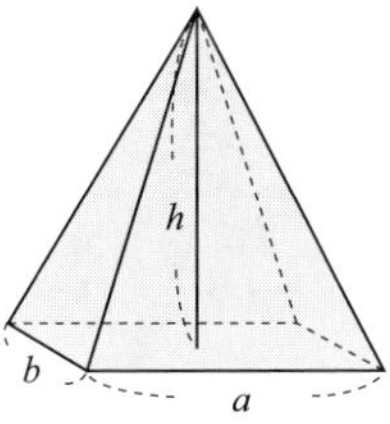

④ 円すい

$$\boldsymbol{V=\frac{1}{3}\pi r^2 h}$$

$$A=\pi r^2+\pi rl$$

側面積$\boldsymbol{=\pi l^2\times\frac{\text{中心角}(a^\circ)}{360^\circ}=\pi rl}$

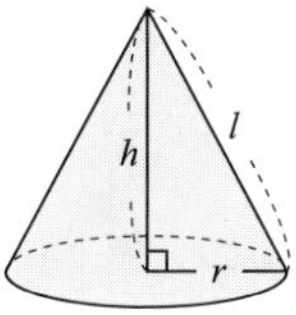

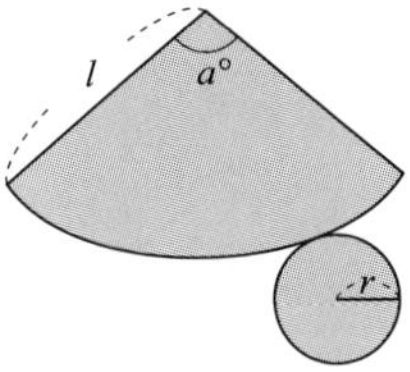

$l:r=360^\circ:a^\circ$（a°：中心角）

⑤ 球

$$\boldsymbol{V=\frac{4}{3}\pi r^3}$$

$$A=4\pi r^2$$

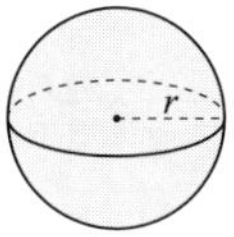

2 相似な図形

辺の比が$m:n$の相似な図形のとき，

面積比$\boldsymbol{=m^2:n^2}$

体積比$\boldsymbol{=m^3:n^3}$

例題14 〈四角すいの表面積と体積〉

底面の1辺の長さが8cm，高さが6cmの正四角すいO-ABCDの表面積と体積を求めよ。

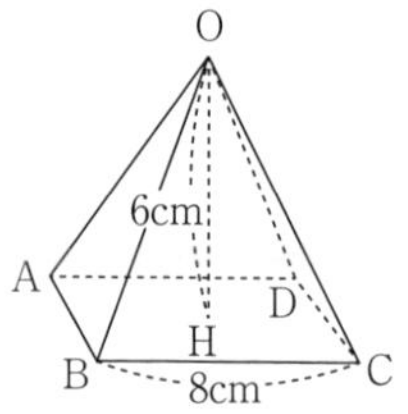

ヒント （表面積）＝4×△OAB＋（底面積）で，△OABの面積は，その高さがわかれば計算できる。高さは三平方の定理を利用する。

体積は，$V=\dfrac{1}{3}Sh=\dfrac{1}{3}abh$の公式を使う。

解き方 OからABに垂線OEを引く。

△OEHにおいて，HE＝4〔cm〕だから，三平方の定理より，

$OE^2=4^2+6^2=52$

$\therefore OE=2\sqrt{13}$〔cm〕

$\triangle OAB=\dfrac{1}{2}\times 8\times 2\sqrt{13}=8\sqrt{13}$〔$cm^2$〕

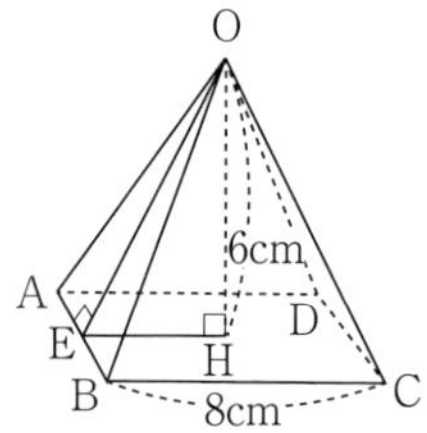

したがって，表面積は，

$4\times 8\sqrt{13}+8^2=32\sqrt{13}+64$〔$cm^2$〕

体積は，$V=\dfrac{1}{3}abh$の公式より，

$\dfrac{1}{3}\times 8^2\times 6=128$〔$cm^3$〕

例題15 〈円すいの体積〉

右の図は円すいの展開図である。ABの長さが7cm，円Oの半径が3cmであるとき，この円すいの体積を求めよ。

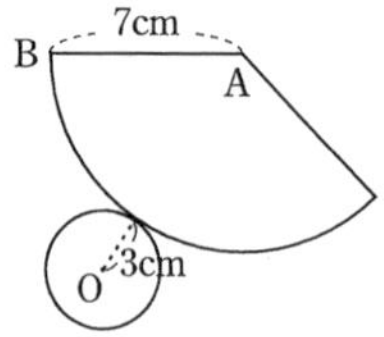

ヒント　円すいの高さは，母線の長さと底面の半径から三平方の定理を利用して求める。

解き方　△ABOにおいて，三平方の定理により，

$\mathrm{AO}=\sqrt{7^2-3^2}$

$=2\sqrt{10}$

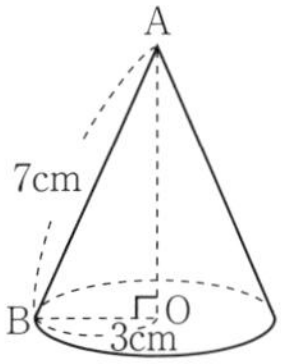

よって，体積は，$V=\dfrac{1}{3}\pi r^2 h$ の公式より，

$\dfrac{1}{3}\times\pi\times3^2\times2\sqrt{10}=6\sqrt{10}\pi$〔$\mathrm{cm}^3$〕

例題16 〈相似な図形の体積比〉

右の図のような円すいの容器に，200 cm^3 の水を入れたら，水面の高さが10cmになった。水面をさらに5cm高くするには，何 cm^3 追加すればよいか。

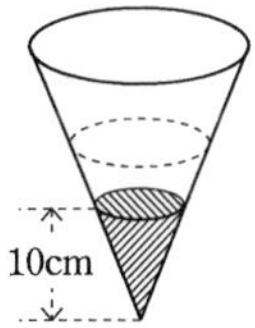

ヒント　相似な円すいの相似比は，高さの比に等しい。
高さが $m:n$ のとき，体積比は $m^3:n^3$ となる。

解き方　相似比は，

$10:(10+5)=2:3$

よって，体積比は，$2^3:3^3=8:27$

もとの水の量は200 cm^3 であるから，

5cm高くした水の量を $x\,\mathrm{cm}^3$ とすると，

$8:27=200:x$

$x=675$〔cm^3〕

したがって，追加分は，

$675-200=475$〔cm^3〕

確認問題

18 図の四角形**ABCD**は，**1**辺の長さがaの正方形，曲線**APQC**，**BPD**は，それぞれ**B**，**C**を中心とする半径aの円弧である。次の各問いに答えよ。

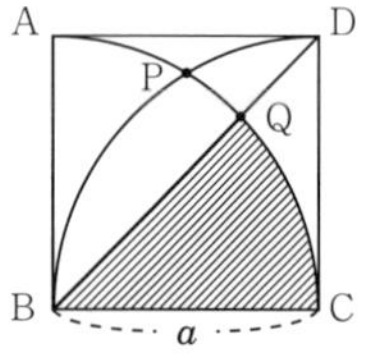

(1) 弧BPの長さを求めよ。

(2) 扇形BQCの面積を求めよ。

19 右の図のように，円**O**に内接する四角形**ABCD**がある。**AB**の延長と**DC**の延長との交点を**E**，**AD**の延長と**BC**の延長との交点を**F**とするとき，$\angle x$の大きさを求めよ。

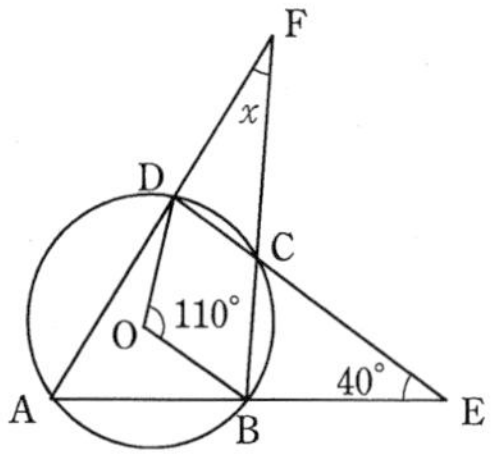

20 右の図の平行四辺形**ABCD**で，辺**AD**を**1**：**2**に分ける点を**E**，**BA**の延長と**CE**の延長との交点を**F**とする。このとき，平行四辺形**ABCD**の面積は，△**FAE**の面積の何倍か求めよ。

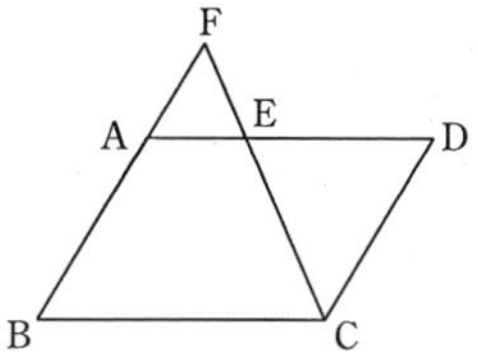

21 等しい二辺の長さが**7 cm**，底辺の長さが**10 cm**の二等辺三角形の高さを求めよ。

22 右の図は，円すいの展開図で，側面の部分は半径**5 cm**，中心角**216°**の扇形である。これを組み立ててできる円すいの体積を求めよ。

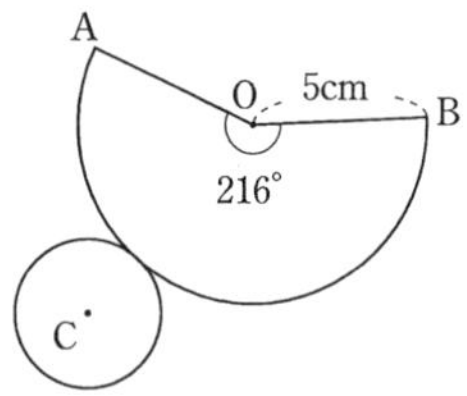

5 確率

●ポイント

出題頻度が高い分野ではあるが，難易度はそれほど高くなく，基本公式を正しく適用できれば解ける問題がほとんどである。サイコロを複数使った問題，数字やカードを並べる問題，袋から玉を取り出す問題というように出題パターンが決まっているため，それらの解法をマスターしておくようにしよう。

1 順列

Point Check

1 順列

異なるn個のものからr個取り出して1列に並べたものを，n個からr個取る順列といい，その総数は，

$${}_n\mathrm{P}_r = \underbrace{n(n-1)(n-2)\cdots(n-r+1)}_{r\text{個の積}}$$

特に，n個の異なるものすべてを並べる順列の総数は，

$${}_n\mathrm{P}_n = n! = n(n-1)(n-2)\cdots 3\cdot 2\cdot 1$$

例 ① ${}_6\mathrm{P}_3 = 6\times 5\times 4 = 120$

② 5個の文字a，b，c，d，eから3個の文字を取り出して1列に並べるとき，その総数は，${}_5\mathrm{P}_3 = 5\times 4\times 3 = 60$〔通り〕

③ $5! = 5\times 4\times 3\times 2\times 1 = 120$

2 重複順列

異なるn個のものを，同じものを何度使ってもよいものとして，r個取り出して1列に並べたものを，n個からr個取る重複順列といい，その総数は，

n^r〔通り〕

例 a，b，cの文字を，同じものを何度使ってもよいものとして4個並べるとき，その総数は，$3^4 = 81$〔通り〕

例題1 〈順列の基本的な計算〉

8人の生徒の中から，委員長，副委員長，書記を1名ずつ選出する方法は全部で何通りあるか。

ヒント 8人の中から3人選んで，左から委員長，副委員長，書記を一列に並べると考える。

解き方 8人の中から3人とった順列として考える。

よって，求める総数は，

$_8P_3 = 8 \times 7 \times 6 = 336$〔通り〕

例題2 〈整数の順列〉

1，2，3，4，5の番号の書かれたカードが1枚ずつ，合計5枚のカードがある。この中から3枚のカードを取り出して3桁の自然数をつくるとき，全部で何個の数ができるか。また，その中に偶数は全部で何個あるか。

ヒント 異なる5個のものの中から3個を取り出して1列に並べる順列として考える。偶数は，一の位が偶数のものを選ぶ。

解き方 3桁の自然数は，異なる5枚のカードから3枚とる順列だから，

$_5P_3 = 5 \times 4 \times 3 = 60$〔個〕

また，偶数になるのは，一の位が偶数のときである。

一の位が偶数であるのは2，4のときで，2通り。

百の位，十の位の数字は，一の位の数字以外の4個から2個選んで並べればよいから，

$_4P_2 = 4 \times 3 = 12$〔通り〕

よって，偶数になるのは，

$12 \times 2 = 24$〔個〕

例題3 〈0を含む整数の順列〉

0，1，2，3，4の5個の数字の中から，異なる3個の数字を用いて作られる3桁の偶数は全部で何個あるか。

ヒント 3桁の数なので，百の位が0にならないことに注意する。一の位には偶数，百の位には0以外の数を並べる。

解き方 偶数になるのは，一の位が0，2，4の場合である。0の場合と2·4の場合について分けて考える。

(ア) 一の位が0のとき

十の位と百の位は，残りの4個の数字から2個とって並べる。

よって，求める個数は，${}_4P_2=4\times3=12$〔個〕

(イ) 一の位が2または4のとき

十の位と百の位は，残りの4個の数字から2個とって並べることになるが，百の位に0は使わないので3通り，十の位は百と一の位以外の3個から1個選べばよいので3通り。これがそれぞれ2，4の場合の2通りある。

よって，求める個数は，$3\times3\times2=18$〔個〕

(ア)，(イ)より，求める個数は，

$12+18=30$〔個〕

例題4 〈条件のついた並び方〉

男子4人，女子3人の合計7人が1列に並ぶとき，次のような並び方は全部で何通りあるか。

(1) 男子が両端にくる

(2) 女子が隣り合わない

ヒント (1) まず，両端の●にくる男子の順列を考え，その後，残りの5人が○に並ぶ順列を考える。

●○○○○○●

(2) 次のように，●の男子4人を並べ，各々の間と両端の5ヵ所から女子3人が1人ずつ入る3ヵ所を決める順列と考える。

↑●↑●↑●↑●↑

○ ○ ○ ○ ○

解き方 (1) 両端にくる男子の並び方は，

${}_4P_2=4\times3=12$〔通り〕

残りの男子2人と女子3人の合計5人の並び方は，

$5!=5\times4\times3\times2\times1=120$〔通り〕

よって，$12\times120=1440$〔通り〕

(2) 男子の並び方は,

$4! = 4\times3\times2\times1 = 24$〔通り〕

男子の間と両端の5ヵ所のうち3ヵ所に,女子3人が1人ずつ入ればよいから,

入る方法は,5個から3個とる順列である。

${}_5P_3 = 5\times4\times3 = 60$〔通り〕

よって,$24\times60 = 1440$〔通り〕

例題5 〈重複順列〉

4人がじゃんけんを1回するとき,4人のグー,チョキ,パーの出し方は全部で何通りあるか。

ヒント まず,1人が取り得る場合の数nを求めた上で,並べる個数rを求める。重複順列の数n^rより,場合の数を求める。

解き方 1人について,グー,チョキ,パーの出し方はそのいずれでもよいから3通りある。

このとき,4人について,出し方はそれぞれ3通りずつあるから,

求める場合の数は,

$3^4 = 81$〔通り〕

2 組合せ

Point Check

1 組合せ

異なるn個のものからr個取り出して1組にしたものを,n個からr個とる組合せといい,その総数は,

$$ {}_nC_r = \frac{{}_nP_r}{r!} $$

$$ = \frac{n(n-1)(n-2)\cdots\cdots(n-r+1)}{r(r-1)(r-2)\cdots\cdots2\cdot1} = \frac{n!}{(n-r)!r!} $$

例 ① $_6C_3 = \dfrac{_6P_3}{3!} = \dfrac{6 \cdot 5 \cdot 4}{3 \cdot 2 \cdot 1} = 20$

② 8人から3人を選ぶ組合せ

$$_8C_3 = \frac{_8P_3}{3!} = \frac{8 \cdot 7 \cdot 6}{3 \cdot 2 \cdot 1} = 56 \text{〔通り〕}$$

2 同じものを含む順列

n個のもののうち，同じものがそれぞれ，p個，q個，r個，……あるとき，これらを一列に並べる総数は，

$$\frac{n!}{p!q!r!\cdots\cdots} \qquad \text{ただし，} p + q + r + \cdots = n$$

例 a，a，b，b，bの5文字を1列に並べるとき，その並べ方の総数は，

$$\frac{5!}{2!3!} = \frac{5 \cdot 4 \cdot 3 \cdot 2 \cdot 1}{2 \cdot 1 \cdot 3 \cdot 2 \cdot 1} = 10 \text{〔通り〕}$$

例題6 〈特定のものを含む組合せ〉

男子8人，女子7人の合計15人のグループから5人を選ぶとき，次の各問いに答えよ。

(1) 5人の選び方は全部で何通りあるか。

(2) 男子3人，女子2人となる選び方は何通りあるか。

ヒント (1) 15人から5人を選ぶ組合せを考える。

(2) 男子の中から3人，女子の中から2人を選び，その積を求める。

解き方 (1) 15人から5人を選ぶ組合せであるから，

$$_{15}C_5 = \frac{15 \cdot 14 \cdot 13 \cdot 12 \cdot 11}{5 \cdot 4 \cdot 3 \cdot 2 \cdot 1} = 3003 \text{〔通り〕}$$

(2) 男子8人から3人選ぶ組合せは，$_8C_3$通り

女子7人から2人選ぶ組合せは，$_7C_2$通り

よって，求める総数は，

$$_8C_3 \times {_7C_2} = \frac{8 \cdot 7 \cdot 6}{3 \cdot 2 \cdot 1} \times \frac{7 \cdot 6}{2 \cdot 1} = 1176 \text{〔通り〕}$$

例題7 〈同じものを含む順列〉

a，a，b，b，b，cの6文字をすべて用いて1列に並べる方法は全部で何通りあるか。

ヒント n個のうち，同じものをp個含む順列は，$n!$を$p!$で割ればよい。

解き方 aが2個，bが3個，cが1個の計6個を1列に並べる順列であるから，

$$\frac{6!}{2!3!1!}=\frac{6\cdot5\cdot4\cdot3\cdot2\cdot1}{2\cdot1\cdot3\cdot2\cdot1\cdot1}=60〔通り〕$$

例題8 〈最短経路〉

右図のような道路がある。このとき，次の最短経路は全部で何通りあるか。

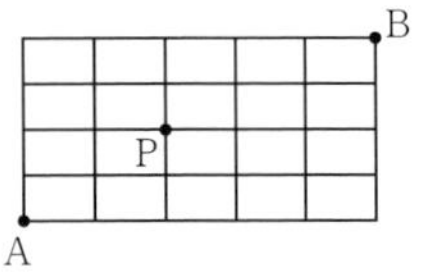

(1) AからBへ行く経路

(2) (1)のうち，Pを通る経路

ヒント 東へ1区画進むことを→，北へ1区画進むことを↑と表すとする。例えば，右の図のような道順であれば，

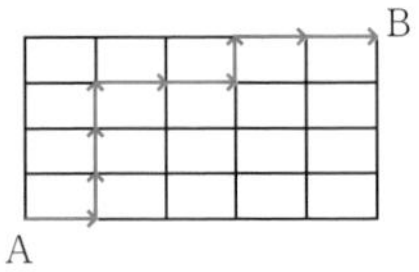

→ ↑ ↑ ↑ → → ↑ → →

と表される。

どの道順を通っても，上のように，→5個と↑4個で表されることから，5個の→と4個の↑を1列に並べる順列と考える。

解き方 (1) 5個の→と4個の↑の順列であるから，

$$\frac{9!}{5!4!}=\frac{9\cdot8\cdot7\cdot6}{4\cdot3\cdot2\cdot1}=126〔通り〕$$

(2) AからPまでの道順は，2個の→と2個の↑の順列であるから，

$$\frac{4!}{2!2!}=\frac{4\cdot3}{2\cdot1}=6〔通り〕$$

PからBまでの道順は，3個の→と2個の↑の順列であるから，

$$\frac{5!}{3!2!}=\frac{5\cdot4\cdot3}{3\cdot2\cdot1}=10〔通り〕$$

よって，AからPを通ってBに行く最短経路は，

$6\times10=60$〔通り〕

3　確率

Point Check

1　確率の定義

ある試行によって起こりうるすべての場合の数がNで，どの場合の起こることも同様に確からしいとする。そのうち，事象Aの起こる場合の数がaならば，Aの起こる確率は，

$$P(A)=\frac{a}{N}\ (0\leqq P(A)\leqq 1)$$

例　1個のサイコロを投げるとき，

① 3の目が出る確率は，$\frac{1}{6}$

② 奇数の目が出る確率は，$\frac{3}{6}=\frac{1}{2}$

2　余事象の確率

Aの余事象$\overline{A}$(事象Aの起こらない事象)の確率は，

$$\boldsymbol{P(\overline{A})=1-P(A)}$$

例　1個のサイコロを投げるとき，3以上の目が出る確率

$1-\{1$または2の目が出る確率$\}=1-\frac{2}{6}=\frac{2}{3}$

例題9　〈確率〉

2個のサイコロを同時に投げるとき，次の確率を求めよ。

(1) 出た目の和が5の倍数となる確率

(2) 出る目が連続している確率

ヒント　2個のサイコロとは，大と小のように区別して考える。出た目の和が5の倍数になる場合，連続する場合を考える。

解き方　2個のサイコロを同時に投げて，出る目の場合の数は，

$6\times 6=36$〔通り〕

(1) 出る目の和は，2以上12以下であるから，和が5の倍数になるのは，5，または10の場合である。

5の場合は，(1，4)，(2，3)，(3，2)，(4，1)の4通り。

10の場合は，(4，6)，(5，5)，(6，4)の3通り。

よって，求める確率は，$\frac{4+3}{36}=\frac{7}{36}$

(2) 連続した目となるのは，

(1，2)，(2，3)，(3，4)，(4，5)，(5，6)，
(6，5)，(5，4)，(4，3)，(3，2)，(2，1)の10通り。

よって，求める確率は，$\frac{10}{36}=\frac{5}{18}$

例題10 〈余事象の確率〉

2個のサイコロを同時に投げるとき，次の確率を求めよ。

(1) 出た目の積が偶数になる確率

(2) 1の目が少なくとも1つ出る確率

ヒント 数えるのが複雑な事象については，余事象を考える。

(1) 出た目の積が偶数であるという事象をAとすると，事象$\overline{A}$は「出た目の積が偶数ではない」，すなわち「出た目の積が奇数」ということになる。

(2) 1の目が少なくとも1つ出るという事象をAとすると，事象$\overline{A}$は「2個とも1以外の目が出る」ということになる。

解き方 2個のサイコロを同時に投げて，出る目の場合の数は，

$6\times6=36$〔通り〕

(1) 出た目の積が奇数になるのは，2個とも奇数の目が出るときであるから，その場合の数は，

$3\times3=9$〔通り〕

したがって，出た目の積が偶数である確率は，

$$P(A)=1-P(\overline{A})=1-\frac{9}{36}=\frac{3}{4}$$

(2) 2個とも1以外の目が出る場合の数は，2，3，4，5，6の5個から2個をとる重複順列の数となり，その場合の数は，

$5^2=25$〔通り〕

したがって，1の目が少なくとも1つ出る確率は，

$$P(A)=1-P(\overline{A})=1-\frac{25}{36}=\frac{11}{36}$$

例題11 〈組合せと確率〉

袋の中に赤球3個，白球2個が入っている。この袋から2個の球を同時に取り出すとき，次の確率を求めよ。

(1) 2個とも赤球の出る確率

(2) 赤球と白球が1個ずつ出る確率

ヒント 同じ色の球であっても区別があるとし，異なる5個の球から2個取り出すと考える。

解き方 2個の球を取り出す場合の数は，

$$ {}_5C_2=\frac{5\cdot 4}{2\cdot 1}=10 \text{〔通り〕} $$

(1) 赤球3個から2個を取り出す場合の数は，

$$ {}_3C_2=3 \text{〔通り〕} $$

したがって，2個とも赤球の出る確率は，$\frac{3}{10}$

(2) 赤球3個から1個を取り出す場合の数は，${}_3C_1$通り。

そのそれぞれに対して白球2個から1個を取り出す場合の数が${}_2C_1$通りであるから，赤球と白球が1個ずつ取り出される場合の数は，

$$ {}_3C_1\times{}_2C_1=3\times 2=6 \text{〔通り〕} $$

したがって，赤球と白球が1個ずつ出る確率は，$\frac{6}{10}=\frac{3}{5}$

例題12 〈複雑な事象の確率〉

3本の当たりくじが入った10本のくじがある。このくじをA，Bが順に1本ずつ引くとき，次の確率を求めよ。ただし，引いたくじは，もとに戻さないものとする。

(1) Aが当たりくじを引く確率

(2) Bが当たりくじを引く確率

(3) A，Bとも当たりくじを引く確率

ヒント 当たりくじもはずれくじも，すべて区別があると考える。Bが当たりくじを引く場合は，Aが当たりくじを引く場合と引かない場合に分け，残りの状態を把握して考える。

解き方 (1)　最初のくじの引き方は全部で10通りあり，当たりくじの引き方は3通りあると考える。

したがって，Aが当たりくじを引く確率は，$\dfrac{3}{10}$

(2)　A，Bがこの順で，くじを引く場合の数は，10本から2本とって，順番に並べると考える。

$_{10}P_2 = 10 \times 9 = 90$〔通り〕

Bが当たりくじを引く場合の数は，

(ア)　Aが当たりくじを引く場合

最初当たりくじは3本あるので，Aの当たりくじの引き方は3通り。

Bの当たりくじの引き方は，当たりくじは2本残っているので2通り。

よって，$3 \times 2 = 6$〔通り〕

(イ)　Aが当たりくじを引かない場合

Aは，はずれくじ7本のうち1本を引くことになるので，Aの引き方は7通り。

Bの当たりくじの引き方は，当たりくじは3本あるので3通り。

よって，$7 \times 3 = 21$〔通り〕

したがって，$(3 \times 2) + (7 \times 3) = 27$〔通り〕である。

よって，Bが当たりくじを引く確率は，$\dfrac{27}{90} = \dfrac{3}{10}$

(3)　A，B2人とも当たりくじを引く場合の数は，A，Bが順番に，3本の当たりくじから1本ずつ引く場合の数である。

$_{3}P_2 = 3 \times 2 = 6$〔通り〕

よって，A，Bとも当たりくじを引く確率は，$\dfrac{6}{90} = \dfrac{1}{15}$

別解　Aが当たりくじを引く確率は，$\dfrac{3}{10}$

Aが当たりくじを引いた後のくじの状態は，残り9本のうち2本が当たりであるから，

Bが当たりくじを引く確率は，$\dfrac{2}{9}$

よって，A，Bとも当たりくじを引く確率は，$\dfrac{3}{10} \times \dfrac{2}{9} = \dfrac{1}{15}$

確認問題

23 0，1，2，3，4，5の数字がかいてある6枚のカードの中から，異なる3枚のカードを用いてできる3桁の整数は全部で何個あるか。また，そのうち偶数は何個あるか。

24 男子3人，女子4人が横一列に並ぶとき，女子どうしが隣り合わない並び方は全部で何通りあるか。

25 右の図のような道路がある。このとき，次の最短経路は全部で何通りあるか。

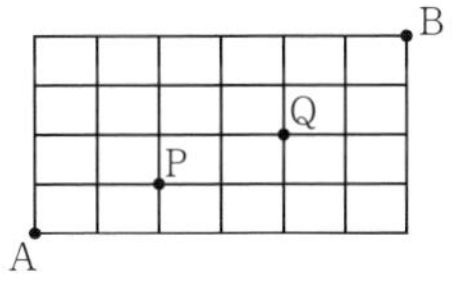

(1) AからBへ行く経路

(2) PとQの両方を通る経路

26 3つのサイコロを同時に投げるとき，次の確率を求めよ。

(1) 3つとも出る目が同じである確率

(2) 3つとも出る目が4以下である確率

27 袋の中に赤球4個，青球3個が入っている。この袋から2個の球を同時に取り出すとき，赤球，青球が1個ずつになる確率を求めよ。

28 3枚の硬貨を同時に投げるとき，少なくとも1枚は裏の出る確率を求めよ。

6 データの分析

●ポイント

平均値・中央値・最頻値といった代表値を求める問題や，ヒストグラムや箱ひげ図からの読み取り問題が多い。難易度はそれほど高くないため，基本的な内容をしっかりと理解しておこう。

1 データの整理

Point Check

1 度数分布表

ある変量の測定値や観測値の集まりを**データ**といい，データ全体の傾向をわかりやすくした表を**度数分布表**という。度数分布表において，区切られた各区間を**階級**，区間の幅を**階級の幅**，各階級に含まれる値の個数を**度数**，各階級の中央の値を**階級値**という。ある階級の全体に対する割合を**相対度数**という。

2 ヒストグラム

長方形の柱で度数分布を表すグラフの一つで，柱状グラフともいう。
（縦軸が度数，横軸が階級）

例題1 〈度数分布表〉

次の表は，ある中学校の生徒30人の通学時間をまとめたものである。

通学時間〔分〕	以上　未満 0 〜 5	5 〜 10	10 〜 15	15 〜 20	20 〜 25	25 〜 30	計
人数〔人〕	1	3	10	x	5	4	30

(1)　10分以上15分未満の階級の階級値を求めよ。
(2)　xの値を求めよ。
(2)　5分以上10分未満の階級の相対度数を求めよ。

ヒント (1) 階級値は階級の中央の値である。

(2) 人数の合計が30人になればよい。

(3) $(\text{相対度数})=\dfrac{(\text{その階級の度数})}{(\text{度数の合計})}$で求める。

解き方 (1) 10分以上15分未満の中央の値なので，

$$\frac{10+15}{2}=12.5〔分〕$$

(2) $1+3+10+x+5+4=30$

$$x=7$$

(3) $\dfrac{3}{30}=0.1$

例題2 〈ヒストグラム〉

次のヒストグラムは，あるクラスの5点満点の小テストの結果をまとめたものである。

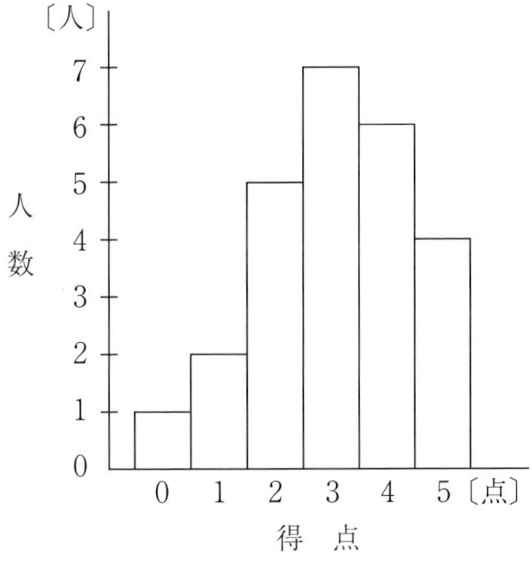

(1) このクラスの人数を求めよ。

(2) 3点以上の生徒の人数を求めよ。

(3) 2点未満の生徒の相対度数を求めよ。

ヒント (1) 各点数の人数を読み取る。

(2) 3点以上なので，3点・4点・5点の人数を読み取る。

(3) 2点未満なので，0点と1点の人数を読み取り，相対度数を求める。

解き方　(1)　各点数の人数の和は，

$1+2+5+7+6+4=25$〔人〕

(2)　3点～5点の人数の和は，

$7+6+4=17$〔人〕

(3)　0点と1点の人数の和は，

$1+2=3$〔人〕

よって，2点未満の相対度数は，

$$\frac{3}{25}=0.12$$

2　データの代表値

Point Check

1　代表値

データ全体の特徴を適当な1つの数値で表したり，それらを比べたりすることがある。そのような値をデータの代表値という。

①　**平均値**

すべてのデータの合計を度数の合計で割った値。

②　**中央値**（メジアン）

データの値を大きさの順に並べたときの中央にくる値。

③　**最頻値**（モード）

データにおいて最も度数の多い値。

例題3　〈代表値〉

次の表は，生徒Ａ～Ｉの身長をまとめたものである。

生徒	A	B	C	D	E	F	G	H	I
身長〔cm〕	178	162	182	146	157	163	173	169	155

(1)　平均値を求めよ。

(2)　中央値を求めよ。

ヒント

(1)　$(\text{平均値})=\dfrac{(\text{全員の身長の合計})}{(\text{人数})}$で求める。

(2)　データの値を小さい順に並べたときに中央にくる値。

解き方 (1) 平均値は,

$$\frac{178+162+182+146+157+163+173+169+155}{9}=\frac{1485}{9}$$

$$=165〔\text{cm}〕$$

(別解)仮の平均を使って平均値を求める。

仮の平均を160cmとする。9人の「(身長)－(仮の平均)」の値を求めると次のようになる。

生徒	A	B	C	D	E	F	G	H	I
値	+18	+2	+22	−14	−3	+3	+13	+9	−5

上の表の値の平均値は,

$$\frac{+18+2+22-14-3+3+13+9-5}{9}=\frac{45}{9}=5$$

これより，身長の平均値は,

$$160+5=165〔\text{cm}〕$$

※データの個数が多い場合や階級値が大きい場合，仮の平均を使って平均値を求めるとよい。

(2) データを小さい順に並べると,

146　155　157　162　163　169　173　178　182

↑

中央値

となり，データは9個あるから，中央値は5番目の値の163cmとなる。

例題4 〈度数分布表から求める代表値〉

次の表は，20人の50m走の記録をまとめたものである。

タイム〔秒〕	以上　未満 6.0 ～ 7.0	7.0 ～ 8.0	8.0 ～ 9.0	9.0 ～ 10.0	10.0 ～ 11.0	計
人数〔人〕	1	6	8	4	1	20

(1) 平均値を求めよ。

(2) 中央値はどの階級に含まれるか。

(3) 最頻値を求めよ。

ヒント (1) $\dfrac{\text{「(階級値)×(人数)」の総和}}{\text{(人数の合計)}}$で求める。

(2) 中央値は，データの度数の合計が偶数のとき，中央にくる2つの値の平均値となる。

(3) 最も人数の多い階級の階級値。

解き方 (1) 階級値は小さい方から順に6.5，7.5，8.5，9.5，10.5となる。

「(階級値)×(人数)」の総和は，

$$6.5\times1+7.5\times6+8.5\times8+9.5\times4+10.5\times1=168$$

よって，求める平均値は，

$$\frac{168}{20}=8.4〔秒〕$$

(別解)仮の平均を使って平均値を求める。

仮の平均を8.5秒とする。

階級値	仮の平均との差	人数	(仮の平均との差)×(人数)
6.5	−2	1	−2
7.5	−1	6	−6
8.5	0	8	0
9.5	+1	4	+4
10.5	+2	1	+2
計		20	−2

$$(平均値)=(仮の平均)+\frac{「(仮の平均との差)\times(人数)」の総和}{(人数の合計)}$$ より，

求める平均値は，

$$8.5+\frac{-2}{20}=8.5-0.1=8.4〔秒〕$$

(2) 20人なので中央値は10番目の値と11番目の値の平均値となる。10番目の値も11番目の値も8.0秒以上9.0秒未満にある。

よって，中央値は8.0秒以上9.0秒未満の階級に含まれる。

(3) 最も人数が多いのは，8.0秒以上9.0秒未満の階級である。

よって，最頻値は8.5秒。

3 データの散らばりと箱ひげ図

Point Check

1 範囲と四分位数

データの散らばりの様子を分布という。

① **範囲**

データの最大値と最小値の差

② **四分位数**

データを値の大きさの順に並べたとき，4等分する位置の値。

小さい方から，**第1四分位数**，**第2四分位数**，**第3四分位数**といい，順にQ_1，Q_2，Q_3で表す。第2四分位数は中央値である。

$Q_3 - Q_1$を四分位範囲といい，データの中央の50％を含む範囲である。

2 箱ひげ図

データの最小値，第1四分位数，中央値，第3四分位数，最大値を箱と線（ひげ）で表した図を**箱ひげ図**という。

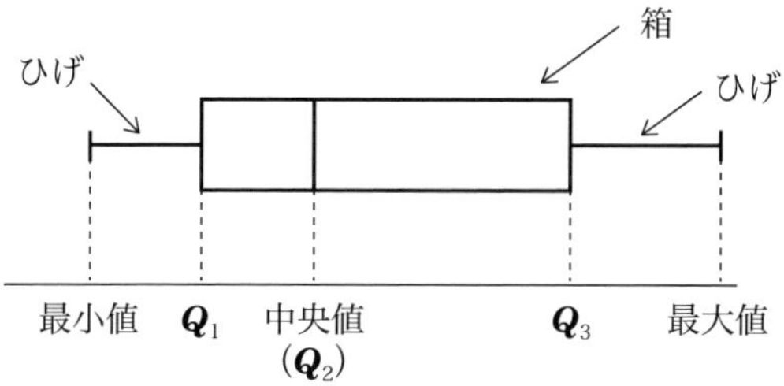

例題5 〈箱ひげ図〉

次のデータは14人の英単語の小テスト（10点満点）の点数である。

7　7　2　10　6　8　5　7　4　5　9　3　5　9

(1)　第2四分位数を求めよ。

(2)　四分位範囲を求めよ。

(3)　箱ひげ図をかけ。

ヒント (1) 第2四分位数は中央値のことである。

(2) (四分位範囲)＝(第3四分位数)－(第1四分位数)

(3) 箱ひげ図をかくのに必要な値は，

最小値，第1四分位数，第2四分位数(中央値)，第3四分位数，最大値
である。

解き方 (1) データを小さい順に並べると下のようになる。

2 3 4 5 5 5 6 7 7 7 8 9 9 10

(Q_1 = 5，Q_2 = 6 と 7，Q_3 = 8)

これより，第2四分位数(中央値) Q_2は，7番目の値と8番目の値の平均値なので，

$$\frac{6+7}{2}=6.5〔点〕$$

(2) 第1四分位数 Q_1は下位７個のデータの中央値なので4番目の値の5点，第3四分位数 Q_3は上位７個のデータの中央値なので11番目の値の8点である。

よって，四分位範囲は，

$8-5=3$〔点〕

(3) 最小値は2，最大値は10である。

よって，箱ひげ図は次図になる。

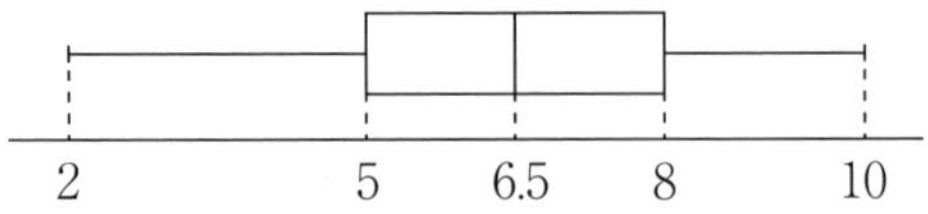

4 分散と標準偏差

Point Check

1 分散

n個のデータをx_1，x_2，…，x_nとし，その平均値を$\overline{x}$とするとき，各データと平均値の差$x_1-\overline{x}$，$x_2-\overline{x}$，…，$x_n-\overline{x}$を偏差という。これらの偏差の2乗の平均値を分散といい，s^2で表す。

$$s^2=\frac{1}{n}\{(x_1-\overline{x})^2+(x_2-\overline{x})^2+\cdots+(x_n-\overline{x})^2\}$$

2 標準偏差

分散s^2の正の平方根の値を標準偏差といい，sで表す。標準偏差$=\sqrt{分散}$

$$s=\sqrt{\frac{1}{n}\{(x_1-\overline{x})^2+(x_2-\overline{x})^2+\cdots+(x_n-\overline{x})^2\}}$$

※分散も標準偏差もデータの散らばりの度合いを表す値である。データの値が平均値のまわりに集中しているほど，分散や標準偏差の値が小さくなる傾向にある。

例題6 〈分散と標準偏差〉

次の5つのデータについて，分散と標準偏差を求めよ。

3　7　4　10　6

ヒント　平均値を求めて，分散と標準偏差の公式を使えばよい。

解き方　5つのデータの平均値$\overline{x}$は，

$$\overline{x}=\frac{1}{5}(3+7+4+10+6)=\frac{30}{5}=6$$

分散s^2は，

$$s^2=\frac{1}{5}\{(3-6)^2+(7-6)^2+(4-6)^2+(10-6)^2+(6-6)^2\}$$
$$=\frac{1}{5}\{(-3)^2+1^2+(-2)^2+4^2+0^2\}$$
$$=\frac{1}{5}(9+1+4+16)=6$$

標準偏差sは，

$$s=\sqrt{6}$$

5 散布図と相関係数

Point Check

1 散布図

2つの変量x，yの相関を図で表したものを散布図という。散布図において，x，yの一方が増加すると，他方も増加する傾向が見られるとき，2つの変量xとyの間に**正の相関**があるという。また，x，yの一方が増加すると，他方が減少する傾向が見られるとき，2つの変量xとyの間に**負の相関**があるという。どちらの傾向もみられない場合は，2つの変量xとyの間には**相関がない**という。

正の相関　　負の相関　　相関がない

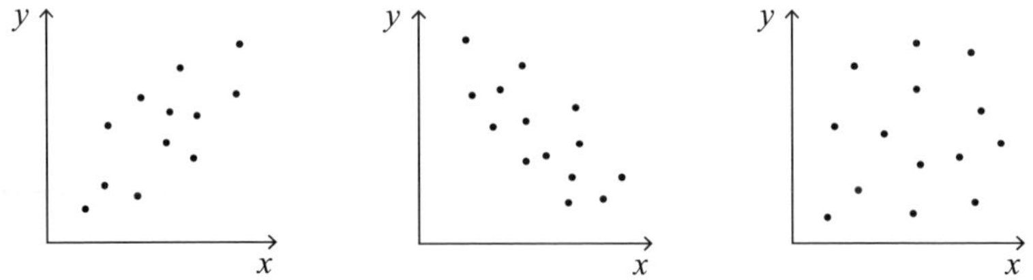

2 相関係数

散布図において，点の分布のようすが1つの直線に接近しているほど相関が強い。相関の強さは相関係数によって表される。相関係数は－1 ～ 1の間の値で表され，相関係数が1に近いほど正の相関が強く，－1に近いほど負の相関が強い。相関がないときは，0に近い値をとる。

例題7 〈散布図と相関係数〉

次のア～ウの散布図の相関係数の値に最も近いものを，下の①～③から選べ。

ア　　イ　　ウ

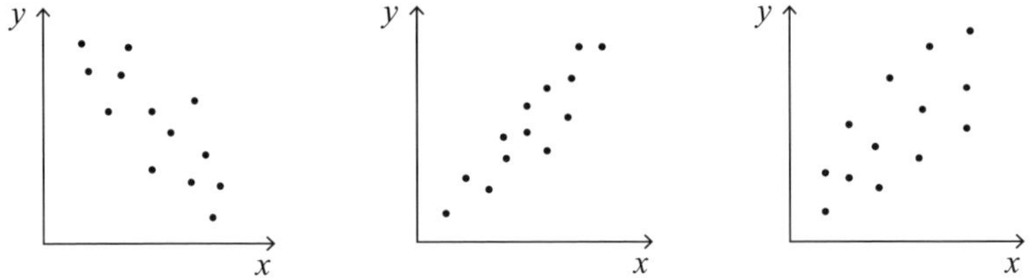

①　－0.8　　②　0.4　　③　0.9

ヒント　相関係数は，1に近いほど強い正の相関があり，－1に近いほど強い負の相関がある。

解き方　アは負の相関があるので，相関係数は負の値である。
イとウは正の相関があるので，相関係数は正の値である。イとウのうち，イの方が右上がりの直線付近にデータが集まっているので，強い正の相関がみられ1に近い値をとる。
よって，アは①，イは③，ウは②である。

確認問題

29　次の表は，**40**人の国語のテストの得点をまとめたものである。下の各問いに答えよ。

得点〔点〕	人数〔人〕
以上　未満 **10～20**	**1**
20～30	**3**
30～40	**4**
40～50	**6**
50～60	**7**
60～70	x
70～80	**5**
80～90	**3**
90～100	**3**
計	**40**

(1)　80点以上90点未満の階級の階級値を求めよ。

(2)　xの値を求めよ。

(3)　50点未満の相対度数を求めよ。

30　ある**10**日間の最高気温は次のようであった。下の各問いに答えよ。

15.5　**14.2**　**4.0**　**10.5**　**14.3**　**17.6**　**19.0**　**21.4**　**19.0**　**11.0**　〔℃〕

(1)　平均値を求めよ。

(2)　中央値を求めよ。

31 次のヒストグラムは男子**20**人の握力測定の結果をまとめたものである。下の各問いに答えよ。

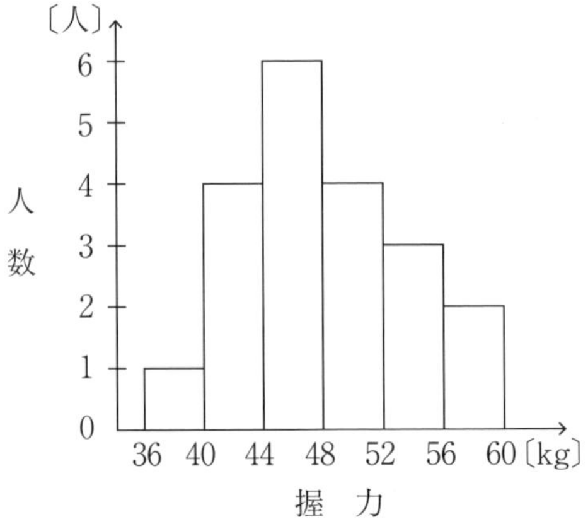

(1) 握力48kg以上の相対度数を求めよ。

(2) 平均値を求めよ。

(3) 中央値はどの階級に含まれるか。

(4) 最頻値を求めよ。

32 次のデータは**10**人の身長である。このデータを箱ひげ図に表したものとして，正しいものを下の①～④から**1**つ選べ。

172　164　167　165　163　176　163　170　165　168　〔**cm**〕

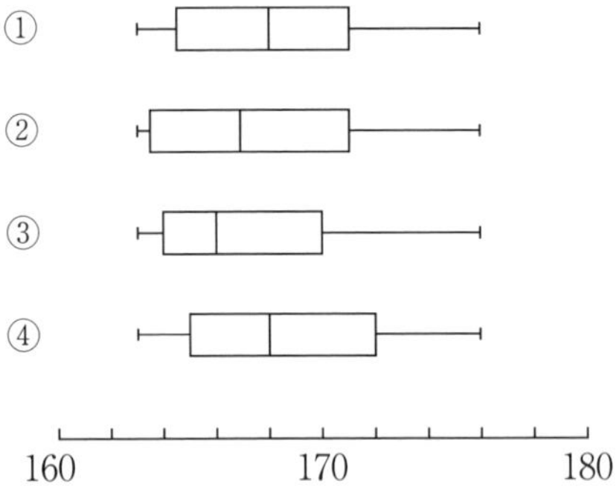

33 次の7個のデータについて，分散と標準偏差を求めよ。

8　4　5　10　13　2　7

34 次の散布図の相関係数として，適切な値を下の①～⑤から1つ選べ。

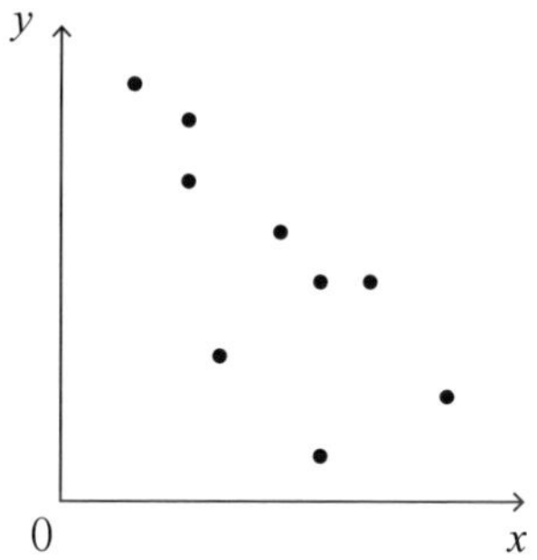

① -1.2　② -0.8　③ 0　④ 0.4　⑤ 0.9

7 数列

●ポイント

三角数・四角数を利用した応用問題や，等差数列の一般項や和を求める問題が出題されている。公式にあてはめれば解ける問題ばかりなので，基本公式を覚えておく必要がある。また，公式を使わずとも解ける問題もあるため，その規則性に着眼できるよう類題をこなしておこう。

1 自然数の列

Point Check

1 三角数

1からnまでの自然数の和

（自然数の列1，2，3，4，……の第1番目から第n番目までの和）

$$\mathbf{1+2+3+\cdots\cdots+n=\frac{1}{2}n(n+1)}$$

例　4番目の三角数 $=1+2+3+4$

$$=\frac{1}{2}\times 4\times(4+1)=10$$

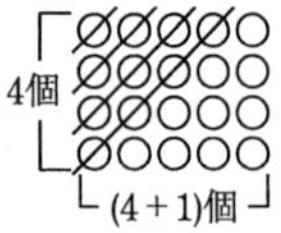

2 四角数

1から$2n-1$までの奇数の和

（奇数の列1，3，5，7，……の第1番目から第n番目までの和）

$$\mathbf{1+3+5+\cdots\cdots+(2n-1)=n^2}$$

例　4番目の四角数 $=1+3+5+7$

$$=4^2=16$$

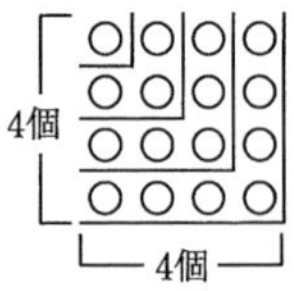

例題1 **〈三角数と四角数〉**

次の計算をせよ。

(1)　$1+2+3+\cdots\cdots+20$

(2)　$1+3+5+7+9+11+13+15$

ヒント (1)　1, 2, 3, 4, ……と自然数の列であるので，三角数を利用する。

(2)　1, 3, 5, 7, ……と奇数の列であるので，四角数を利用する。

解き方 (1)　20番目の三角数であるから，

$$1+2+3+\cdots\cdots+20=\frac{1}{2}\times 20(20+1)=210$$

(2)　8番目の四角数であるから，

$$1+3+5+7+9+11+13+15=8^2=64$$

例題2 **〈四角数の応用〉**

次の図のようにタイルを山型に並べていくとする。15回目のときに必要となるタイルの枚数を求めよ。

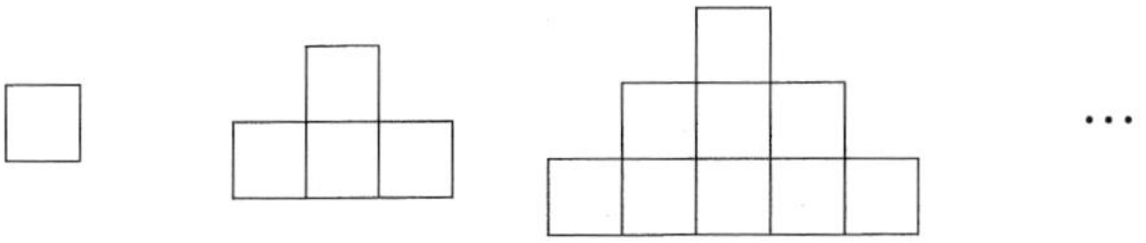

〈1回目〉　〈2回目〉　〈3回目〉　〈4回目〉

ヒント 増えていくタイルの枚数は，1, 3, 5, 7, ……と奇数の列であるので，四角数を利用する。

解き方 15番目の四角数であるから，

$$1+3+5+\cdots\cdots+(2\times 15-1)=15^2=225(\text{枚})$$

2 数列

Point Check

1 数列

ある規則に従って並んでいる数の列を数列といい，その各数を項という。第1番目の項を初項（第1項），第n番目の項を第n項（一般項）という。

2 等差数列

初項に次々と一定の数を加えて得られる数列を等差数列といい，その一定の数を公差という。

① **等差数列の一般項**

初項a，公差d，の等差数列の第n項は，

$$a_n = a + (n-1)d$$

例　一般項$a_n = 2n - 1$の数列の第5項は，

$a_5 = 2 \times 5 - 1 = 9$

② **等差数列の和**

初項aから第n項までの和S_nは，末項をlとすると，

$$S_n = \frac{1}{2}n(a+l)$$　または，

$$S_n = \frac{1}{2}n\{2a + (n-1)d\}$$　ただし，$l = a + (n-1)d$

例　初項1，公差3，項数10の等差数列の和は，

$$\frac{1}{2} \times 10 \times \{2 \times 1 + 3 \times (10-1)\} = 5 \times 29 = 145$$

例題3 〈等差数列の一般項〉

等差数列5，8，11，14，…について，次の問いに答えよ。

(1)　この数列の一般項を求めよ。

(2)　第50項を求めよ。

ヒント　初項と公差から一般項を求め，その式に$n=50$を代入する。

解き方　(1)　初項が5，公差が3であるから，

一般項a_nは，

$$a_n=5+3(n-1)=3n+2$$

(2)　$n=50$を代入すると，求める第50項は，

$$a_{50}=3\times 50+2=152$$

例題4 〈等差数列の和〉

初項4，公差3の等差数列について，次の問いに答えよ。

(1)　初項から第n項までの和S_nを求めよ。

(2)　和が175になるのは，初項から第何項までか。

ヒント　(1)　初項を4，公差を3とおき，S_nの式にあてはめる。

(2)　方程式$S_n=175$を解く。

解き方　(1)　初項4，公差3であるから，

$$S_n=\frac{1}{2}n\{2\times 4+3\times(n-1)\}=\frac{3}{2}n^2+\frac{5}{2}n$$

(2)　初項から第n項までの和が175であるから，$S_n=175$で，

$$\frac{3}{2}n^2+\frac{5}{2}n=175$$

$$3n^2+5n-350=0$$

$$(3n+35)(n-10)=0$$

よって，$n=10,\ -\dfrac{35}{3}$

nは自然数であるから，$n=10$

したがって，初項からの和が175になるのは，第10項までである。

例題5 〈等差数列の和の最大値〉

初項36，公差-3の等差数列の初項から第n項までの和S_nが最大となるときのnを求めよ。また，そのときのS_nの値を求めよ。

ヒント　この数列は公差が負であるから，その和は初項から増えていった後，次第に減少していく。したがって，負の項が出てくる直前までの和が最大となる。

解き方 この数列の一般項は，初項36，公差-3を$a_n=a+(n-1)d$　に代入して，

$$a_n=36+(n-1)\times(-3)=-3n+39$$

$a_n\geqq 0$とおくと，　$-3n+39\geqq 0$

よって，$n\leqq 13$

$a_{13}=0$であるから，$S_{12}=S_{13}$

したがって，S_nが最大となるのは，第12項または第13項まで加えたときである。そのときのS_nの値は，

$$S_n=\frac{1}{2}n\{2a+(n-1)d\}$$　より，

$$S_{12}=S_{13}=\frac{1}{2}\times12\times\{2\times36+(12-1)\times(-3)\}=234$$

よって，$n=12$，13のとき，S_nは最大となり，最大値は234

例題6 〈数列の和〉

次の計算をせよ。

$$\frac{1}{1\times2}+\frac{1}{2\times3}+\frac{1}{3\times4}+\cdots\cdots+\frac{1}{20\times21}$$

ヒント $\boldsymbol{\frac{1}{1\times2}+\frac{1}{2\times3}+\frac{1}{3\times4}+\cdots\cdots+\frac{1}{n(n+1)}}$について，

第k項は$\frac{1}{k(k+1)}=\frac{1}{k}-\frac{1}{k+1}$と部分分数に分けることができるから，

求める和S_nは，

$$S_n=\left(1-\frac{1}{2}\right)+\left(\frac{1}{2}-\frac{1}{3}\right)+\left(\frac{1}{3}-\frac{1}{4}\right)+\cdots+\left(\frac{1}{n}-\frac{1}{n+1}\right)$$

$$=1-\frac{1}{n+1}=\boldsymbol{\frac{n}{n+1}}$$

解き方 第20項であるから，上の等式に$n=20$を当てはめて計算する。

$$S_{20}=\frac{20}{20+1}=\frac{20}{21}$$

確認問題

35 立方体を用いて次の図のように立体$\mathbf{A_1}$，$\mathbf{A_2}$，$\mathbf{A_3}$，…を作る。$\mathbf{A_{11}}$のときに必要となる立方体の個数を求めよ。

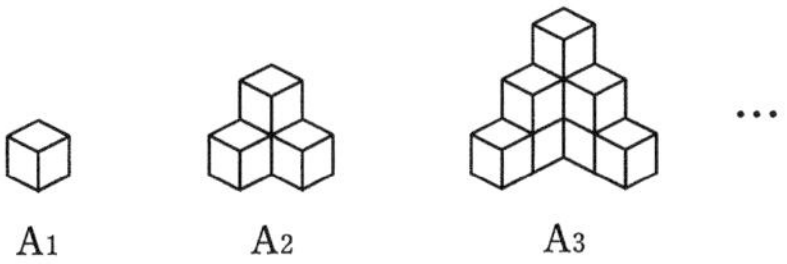

36 **3**，**7**，**11**，**15**，…の等差数列の第**30**項を求めよ。

37 **1**から**40**までの自然数の和を求めよ。

38 第**2**項が**10**，第**5**項が**31**となる等差数列がある。この数列の初項から第**10**項までの和を求めよ。

2

物理

Open Sesame

1 力の働き

●ポイント

力の分解とつり合い，バネの伸び，圧力と浮力についての出題がみられるが，内容的には中学レベルの問題がほとんどである。基本事項を確認した上で問題をこなし，解法を身につけておこう。

1 力のつり合い

Point Check

1 いろいろな力

力…大きさと向きをもつ

① **重力**

地球上にある物体が地球に向かって引かれる力。質量 $\boldsymbol{m}$〔kg〕の物体に働く重力の大きさは，$\boldsymbol{mg}$〔N〕($g = 9.8\mathrm{m/s^2}$ で**重力加速度**）と表す。

※　または m〔kg重(kgw)〕と表し，1kg重＝9.8Nの関係がある。

※　1〔N〕＝1〔kg〕×1〔$\mathrm{m/s^2}$〕＝1〔$\mathrm{kg \cdot m/s^2}$〕

参考　月面での重力加速度は，地上での重力加速度の約 $\frac{1}{6}$ 倍。

② 抗力

面が物体に及ぼす力。特に，接触している面が物体に垂直に及ぼす力を**垂直抗力**という。

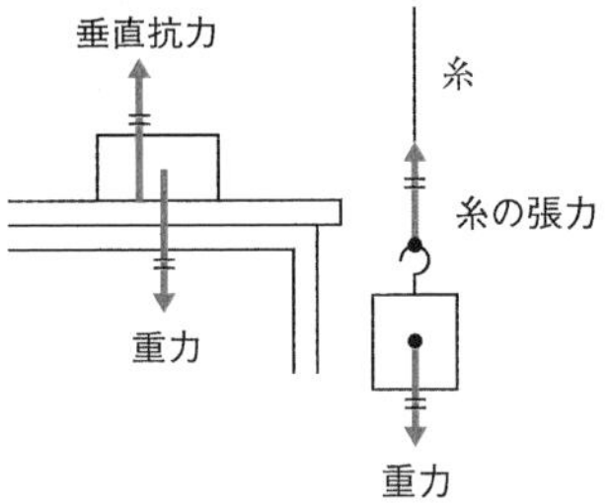

③ 張力

ピンと張った糸が物体を引く力。おもりに糸を付けてつるすと，おもりは糸から上向きの力を受け，この力と重力がつり合って静止する。

④ 弾性力

力が加わって変形した物体（ばねやゴムなど）が，もとの状態にもどろうとして他の物体に及ぼす力。

⑤ 摩擦力

物体と物体の接触面で働き，互いの運動を妨げる力。

2 力の合成と分解

① 力の合成

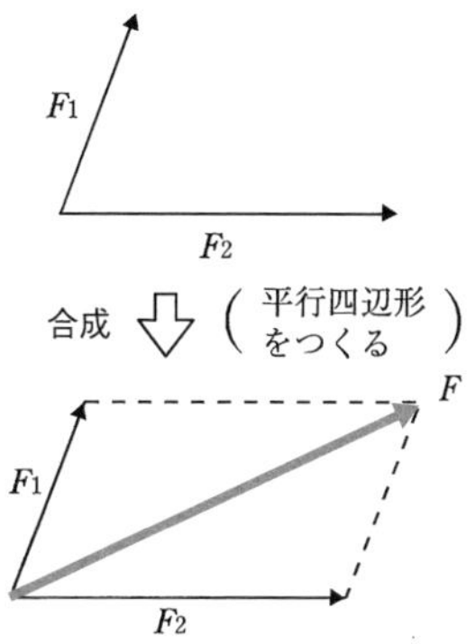

2力F_1，F_2を合わせて同じ働きをする1つの力Fを求めることを力の合成といい，合成した力のことを合力という。

2つの力が異なる方向に働く場合，2力F_1，F_2の合力Fは，F_1，F_2を隣り合う辺とする平行四辺形の対角線によって表される。

② 力の分解

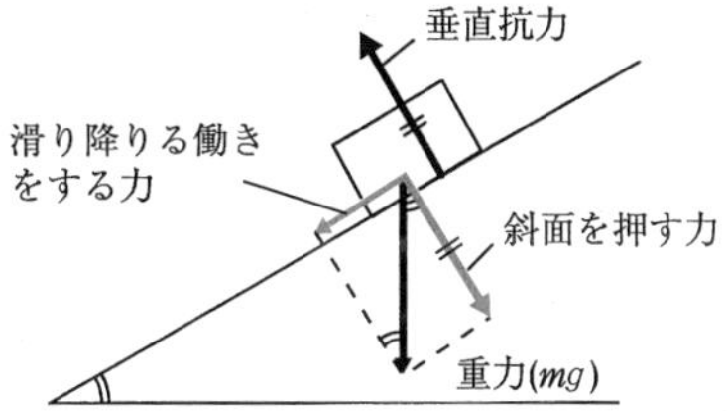

1つの力Fと同じ働きをする2つの力F_1，F_2に分けることを力の分解といい，分けた2つの力を分力という。

例 なめらかな斜面上に置いた物体に働く重力は，次の2力に分解される。

・斜面に平行な方向の分力⇒**滑り降りる働きをする力**

・斜面に垂直な方向の分力⇒**斜面を押す力**

3 力のつり合い

1つの物体にいくつかの力が同時に働いても，逆向きに同じ大きさの力が働くとき，または合力が0のとき，これらの力はつり合っているという。

4 てこのつり合いの条件

てこが水平につり合っているときは，

「右あるいは左にかたむける力(おもりの質量)」×「支点からの距離」

が支点を中心にして等しくなっている。

例えば，右の図の場合，支点をOとすると，

$$F_1 l_1 = F_2 l_2 + F_3 l_3$$

が成立するとき，つり合う。

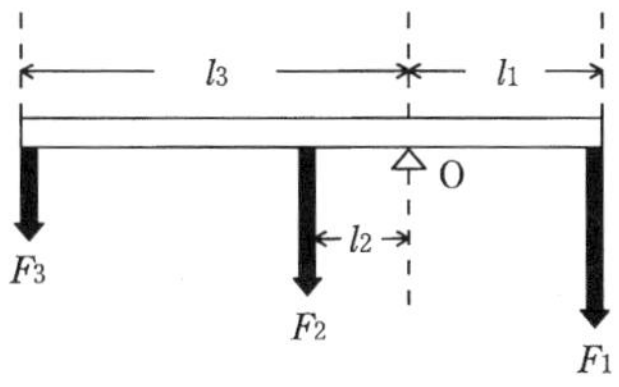

例題1 〈力の分解とつり合い〉

重さ100Nの物体を図1のようになめらかな斜面上に置くと，物体は滑り降りた。次に，図2のように物体をなめらかな斜面上に置いて糸をつなぎ物体を引っ張ると，物体は静止した。ただし，$\sqrt{3}=1.7$，糸の重さや摩擦は無視するものとする。

(1) 図1のとき，物体が面から受ける力の大きさを求めよ。

(2) 図2のとき，糸が物体を引っ張る力の大きさを求めよ。

〈図1〉

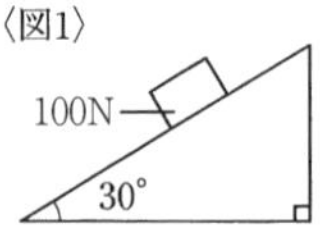

〈図2〉

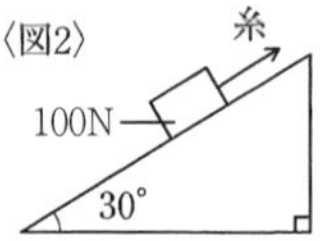

考え方 (1) まず，物体に働く重力を，斜面に平行な方向の力と斜面に垂直な方向の力とに分解する。斜面に垂直な方向には動いていないから，物体が面から受ける力(抗力)と斜面に垂直な方向の力はつり合っている。

(2) 斜面に平行な方向の力と物体を引っ張る力がつり合っているため，物体は静止している。

解き方 (1) 物体に働く重力を，斜面に平行な方向の力(力A)と斜面に垂直な方向の力(力B)とに分解し，斜面に垂直な方向の力を求めればよい。力の大きさは三角形の辺の比から求める。求める力の大きさをx〔N〕とすると，

$$2:\sqrt{3}=100:x$$

$$x=50\sqrt{3}=85〔\mathrm{N}〕$$

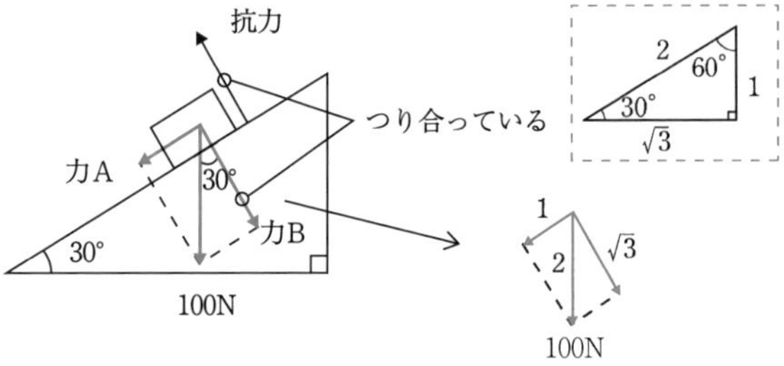

(2) 斜面に平行な方向の力を求める。求める力の大きさをy〔N〕とすると，

$$2:1=100:y$$

$$y=50〔\mathrm{N}〕$$

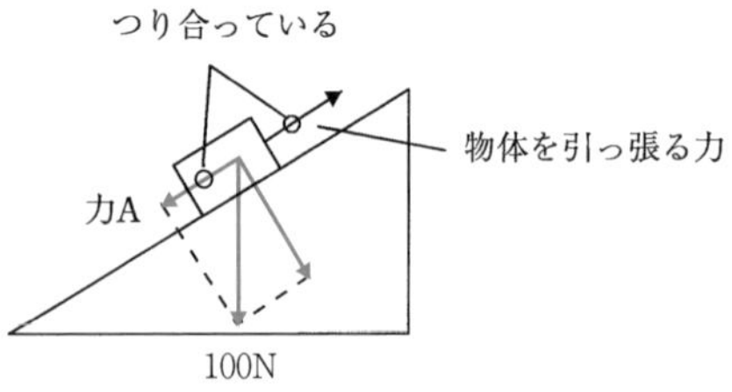

例題2 〈3力のつり合い〉

図のように，天井から2つの糸AとBでつるされた質量10kgのおもりがある。このとき，糸A，Bにかかる張力を求めよ。ただし，重力加速度を9.8m/s^2，$\sqrt{3}=1.7$とする。

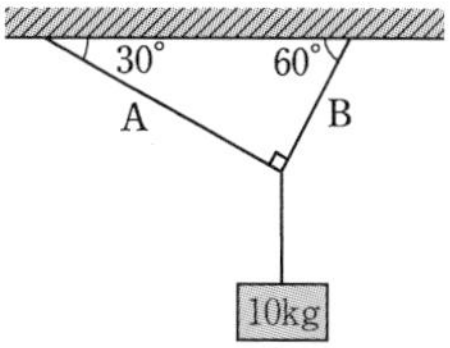

考え方 糸A，Bにかかる張力をそれぞれT_A，T_Bとすると，点Oには重力W，T_A，T_Bの3つの力が働き，つり合っていることから考える。

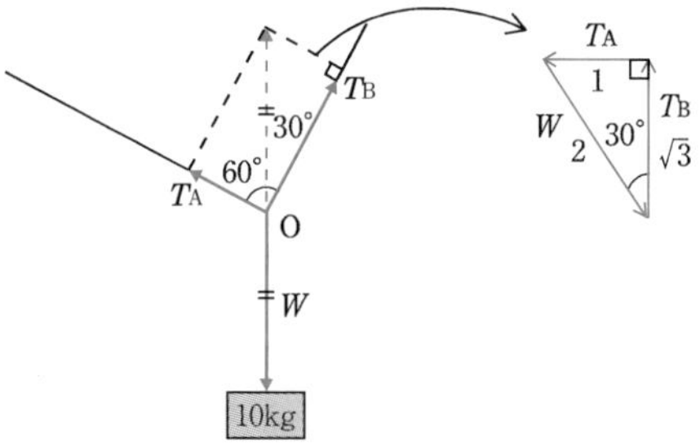

解き方 質量10kgのおもりにかかる重力は，

$W=10\times9.8=98$〔N〕

図のように，T_AとT_Bの合力が重力Wとつり合うことから，三角形の辺の比を利用して，

$1:2:\sqrt{3}=T_A:98:T_B$　より，

$T_A=49$〔N〕

$T_B=49\sqrt{3}\fallingdotseq83$〔N〕

例題3 〈てこのつり合いの条件〉

図のように，つり合っているてこがある。Aのおもりは何gか。ただし，棒及びひもの重さは考えないものとする。

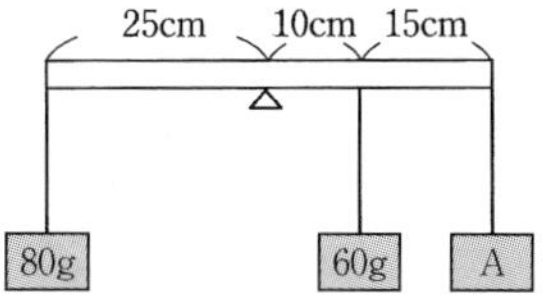

考え方 てこのつり合いの条件にあてはめて考える。

解き方 支点△を中心にして，左右の（おもりの質量）×（支点からの距離）が等しくなっていることから，つり合いの式をつくる。

Aのおもりをx〔g〕とすると，

$80\times25=60\times10+x\times(10+15)$

$x=56$〔g〕

2 バネの伸びと滑車

Point Check

1 バネの伸び(弾性力)

① バネの伸び

つり下げたおもりの重さ(加えた力)に比例する(**フックの法則**)。

② バネのつなぎ方と伸びの関係(バネは同じ種類の場合)

・**直列**…どのバネにも同じ大きさの力が加わる。

バネ全体の伸びは，バネの本数に比例する。

・**並列**…**バネ1本の伸びは，バネの本数に反比例する。**

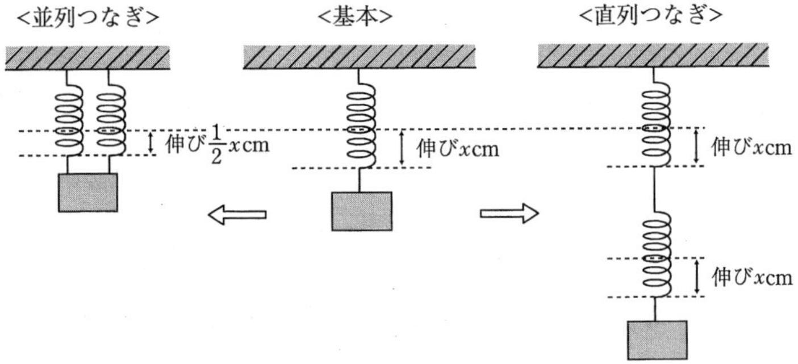

2 滑車

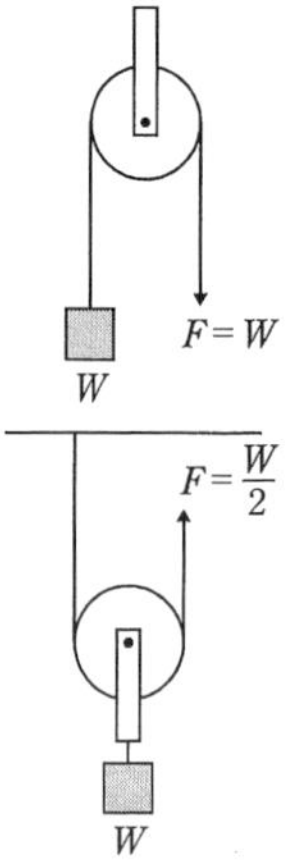

① **定滑車**

F(ひもを引く力)$=W$(物体の重さ)

ひもを引く力は物体の重さと同じ。

ひもを引く距離は物体を持ち上げる距離と同じ。

② **動滑車**

$$F=\frac{W}{2}$$

ひもを引く**力は物体の重さの$\frac{1}{2}$倍**(動滑車の重さが無視できる場合)。

ひもを引く**距離は物体を持ち上げる距離の2倍**。

③　**組合せ滑車**

右の図のように滑車を組合せた場合の，引く力と引く距離は図に示したようになる。

また，

おもりの重さ×おもりの移動距離

＝ひもを引く力×ひもを引く距離

が，成り立つ（動滑車の重さが無視できる場合）。

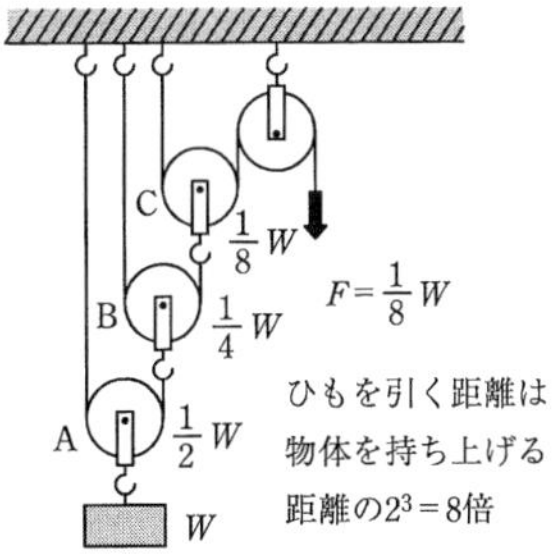

例題4	**〈バネの伸び〉**

自然長が30cmのバネに5.0Nのおもりをつるしたら，バネ全体の長さが60cmとなった。このバネに2.0Nのおもりをつるしたとき，バネ全体の長さは何cmになるか。

考え方　バネの伸びは，つるしたおもりの重さに比例するので，バネの伸びと重さの比を使って求める。

解き方　5.0Nで30cm伸びているから，求める伸びをx〔cm〕とすると，

$$5.0〔N〕:30〔cm〕=2.0〔N〕:x〔cm〕$$

$$\therefore x=2.0\times\frac{30}{5.0}=12〔cm〕$$

バネの長さ＝自然長＋伸び　であるから，

バネの長さ＝30＋12＝42〔cm〕

例題5 〈バネのつなぎ方と伸びの関係〉

0.1Nで2cm伸びるバネを図1，2のようにつなぎ，1Nのおもりをつるした。このとき，全体のバネの伸びはそれぞれ何cmか。

<図1>

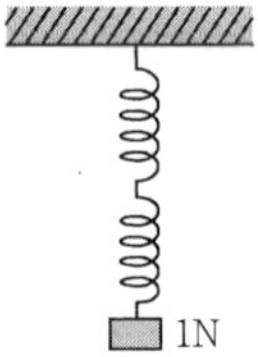

<図2>

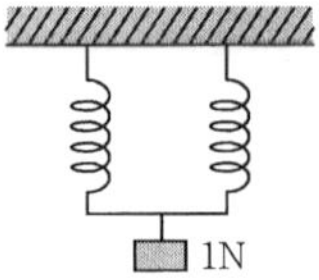

考え方 直列ではどのバネにも同じ大きさの力が加わり，並列では1本あたりにかかる力はバネの本数と反比例する。

解き方 図1　直列つなぎなので，上下のバネにそれぞれ1Nずつの力がかかる。

1本のバネについて，

$$2〔\mathrm{cm}〕\times\frac{1〔\mathrm{N}〕}{0.1〔\mathrm{N}〕}=20〔\mathrm{cm}〕$$

伸びるので，2本では，

$$20\times2=40〔\mathrm{cm}〕$$

図2　並列つなぎなので，左右のバネにそれぞれ0.5Nずつの力がかかる。

$$2〔\mathrm{cm}〕\times\frac{0.5〔\mathrm{N}〕}{0.1〔\mathrm{N}〕}=10〔\mathrm{cm}〕$$

例題6 〈動滑車〉

図のように，滑車を使って160Nのおもりをゆっくりと2m引き上げた。ひもを引いて，おもりを引き上げるのに必要な力は何Nか。また，ひもは何m引いたか。ただし，動滑車の重さは20Nとし，滑車とひもの間の摩擦はないものとする。

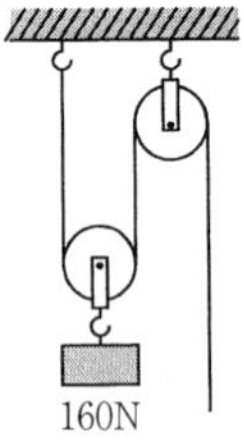

考え方 動滑車1個を使うと，必要な力は動滑車と物体の重さの$\frac{1}{2}$になり，引き上げるひもの長さは2倍になる。

解き方 引き上げる重さは，おもり160Nと動滑車20Nであるから，あわせて180N。

動滑車を使うと，必要な力は$\frac{1}{2}$になるから，

$$180〔\mathrm{N}〕\times\frac{1}{2}=90〔\mathrm{N}〕$$

ひもの長さは引き上げる高さの2倍になるから，

$$2〔\mathrm{m}〕\times 2=4〔\mathrm{m}〕$$

例題7 〈組合せ滑車〉

図のように，2つの動滑車を使って2000Nのおもりを引き上げた。ただし，滑車とひもの重さや摩擦は考えないものとする。

(1) ひもを引いて，おもりを引き上げるのに必要な力は何Nか。

(2) ひもを120cm引くとおもりは何cm上がるか。

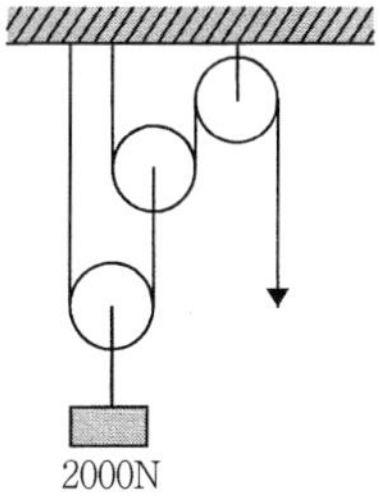

考え方 動滑車1個につき，必要な力は$\frac{1}{2}$となり，2個あれば$\frac{1}{2}\times\frac{1}{2}$となる。

おもりの重さ×おもりの移動距離＝ひもを引く力×ひもを引く距離　を使って求める。

解き方 (1) $2000〔\mathrm{N}〕\times\frac{1}{2}\times\frac{1}{2}=500〔\mathrm{N}〕$

(2) おもりの移動距離をx〔cm〕とすると，

$$2000\times x=500\times 120$$

$$\therefore x=30〔\mathrm{cm}〕$$

3 圧力と浮力

Point Check

1 圧力…単位面積（$1\,m^2$，$1\,cm^2$）あたりの面を垂直に押す力

$$圧力〔N/m^2〕=\frac{力の大きさ〔N〕}{面積〔m^2〕}\quad (1\,N/m^2=1\,Pa)$$

※$圧力〔g重/cm^2〕=\frac{力の大きさ〔g重〕}{面積〔cm^2〕}$と表す場合もある。

2 水圧

・水圧の大きさは，水面からの深さに比例する。

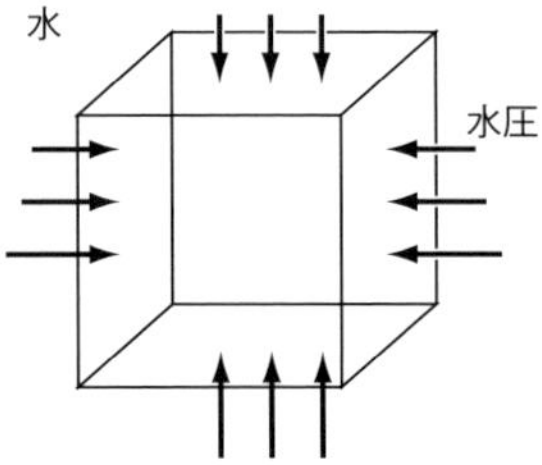

3 浮力

① **アルキメデスの原理**…浮力は物体が押しのけた液体の重さに等しい。
② 物体が浮いているときの力のつり合い
　物体に働く浮力と重力がつり合っているとき，物体は浮く。

例題8 〈圧力〉

縦0.6m，横0.8m，高さ1mで重さが9600Nの直方体がある。最も圧力が小さくなるように置いたとき，この物体が床に加える圧力は何Paか。

解き方 圧力は面積に反比例するので，床と接する面積（斜線部）が大きいほど，圧力は小さくなる。
最も面積が大きい面の面積は，

$$0.8\times 1=0.8\ 〔m^2〕$$

$$圧力=\frac{9600}{0.8}=12000\ 〔N/m^2〕$$

$$=12000\ 〔Pa〕$$

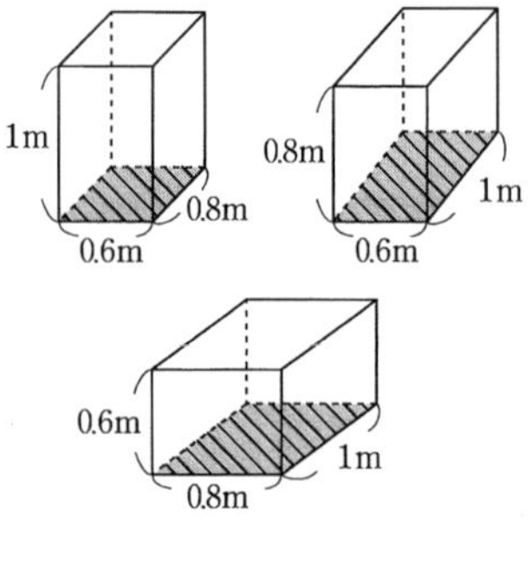

例題9 〈浮力〉

質量が100 gで，底面積10 cm^2，体積250 cm^3の直方体の木片があり，この木片を水を入れた容器に浮かべた。ただし，100 gの物体に働く重力の大きさを1 Nとする。

(1) この木片に働く浮力の大きさを求めよ。

(2) この木片の水に沈んでいる部分の体積を求めよ。

(3) この木片の上の面は，水面から何cm上にあるか。ただし，木片の底面は水面と平行とする。

考え方 (1) 物体の液体に沈んでいる部分の体積がわからないとき，浮力は力のつり合いから求める。

(2) 水に沈んでいる部分の体積は，アルキメデスの原理で求められる。

解き方 (1) この木片には，重力が下向きに1 Nと浮力が上向きに働いている。この2力がつり合っているから，木片は水に浮かぶ。よって，浮力の大きさは1 N。

(2) 水に沈んでいる部分の体積をx〔cm^3〕とすると，水の密度は1 g/cm^3であるから，物体がおしのけた水の質量は，$1\times x=x$〔g〕より，この水の重さは，$\frac{x}{100}$〔N〕である。

アルキメデスの原理により，

$$1=\frac{x}{100}$$

$$\therefore x=100\ 〔cm^3〕$$

(3) (2)より，水に沈んでいる部分の体積は100 cm^3であるから，

水面より出ている木片の体積は，

$$250-100=150\ 〔cm^3〕$$

木片の底面積が10 cm^2であるから，水面より出ている部分の高さは，

$$150\div 10=15\ 〔cm〕$$

確認問題

1　図のように，天井から**2**つの糸**A**と**B**でつるされた**18.0N**のおもりがある。このとき，糸**A**，**B**にかかる張力を求めよ。ただし，$\sqrt{3}=1.73$とする。

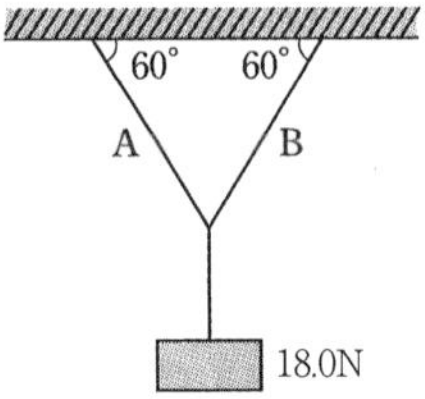

2　図**1**は，**2**種類のバネ**A**と**B**のそれぞれにおもりをつるしたときの伸びを示したものである。次の各問いに答えよ。

(1)　図2のように，AとBの2本のバネを縦につないで200gのおもりをつるしたとき，バネは全体で何cm伸びるか。

(2)　図3のように，1個400gのおもりをBのバネの両端につけて静止させたとき，Bのバネは何cm伸びるか。

<図1>

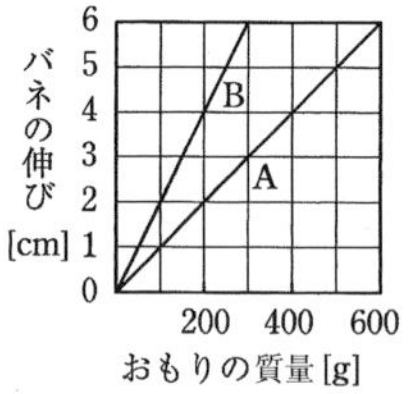

<図2>

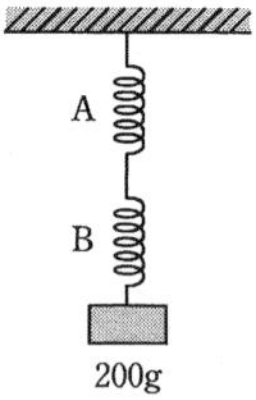

<図3>

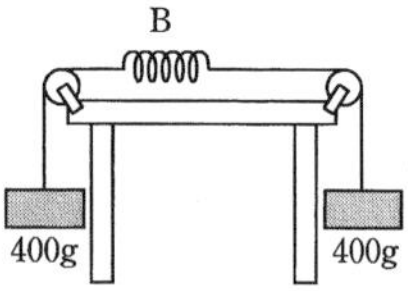

3　図のような直方体を水平な床の上に置いた。この物体がもつすべての面を下にして圧力をはかった。最大の圧力は最小の圧力の何倍か。

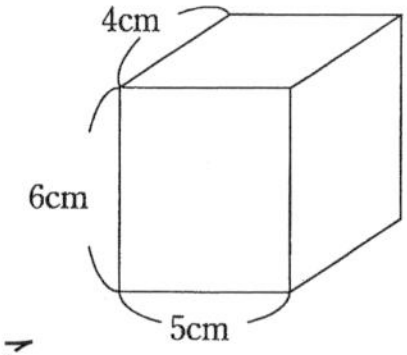

4　**200g**のおもりをつるすと**10cm**伸びるバネがある。このバネに図のように**500g**のおもりをつるし，水**1000g**の入った円筒形の容器の中に入れたところ，バネの伸びは**15cm**であった。次の各問いに答えよ。ただし，重力加速度を$10\,m/s^2$とする。

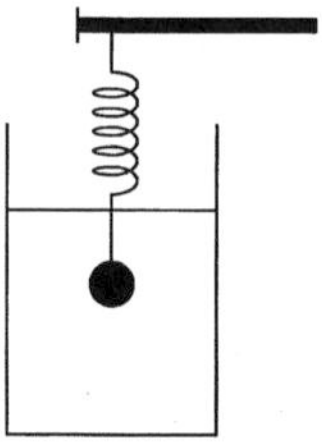

(1)　おもりに働く浮力の大きさは何Nか。

(2)　容器の底に働く下向きの力の大きさは何Nか。

2 力と運動

●ポイント

等速直線運動や等加速度直線運動についてグラフを用いた問題や，自由落下，鉛直投げ上げ投射といった物体の落下運動の計算問題が出題されている。出題されるパターンは決まっているため，類題をこなし，それぞれの公式がすぐに使えるようにしておこう。

1 直線運動

Point Check

1 速さと速度

① 速さ…物体が単位時間(1秒間，1時間など)当たりに移動する距離

$$速さ\,v = \frac{距離\,x}{時間\,t}$$

※単位は，〔m/s〕(メートル毎秒)，〔km/h〕(キロメートル毎時)など。

② 平均の速さ…単位時間当たりの平均移動距離

$$平均の速さ = \frac{移動距離}{要した時間}$$

③ 速度…速さと向きを合わせもつ量。直線運動では，正負(＋と－)の符号を使って速度の向きを表す。

2 **等速直線運動**…一定の速度で一直線上を進む運動

① ***x－t*グラフ**

物体の移動距離(x)と時間(t)の関係を表したグラフ。等速直線運動の場合，直線になり，その**傾きが速さ**を表す。

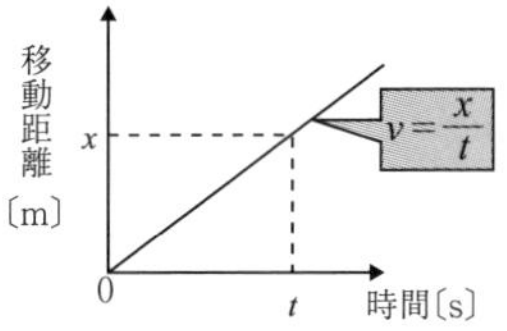

② ***v－t*グラフ**

物体の速さ(v)と時間(t)の関係を表したグラフ。**移動距離**は，グラフと時間軸とでつくられる**面積**で表される。

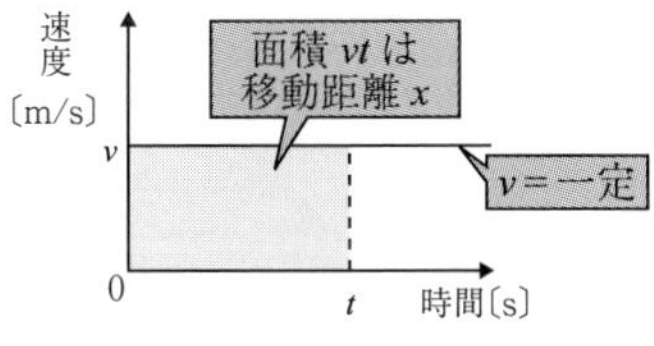

3 加速度…単位時間（1秒間）当たりの速度の変化の割合

直線上を走っている物体の速度が，時刻t_1〔秒〕においてv_1〔m/s〕，時刻t_2〔秒〕においてv_2〔m/s〕であるとき，加速度a〔m/s^2〕は，

$$a = \frac{v_2 - v_1}{t_2 - t_1}$$

4 等加速度直線運動…一定の加速度で一直線上を進む運動

物体が初速度v_0〔m/s〕，加速度a〔m/s^2〕で等加速度直線運動を始めたとすると，

① t〔秒〕後の速度v〔m/s〕は，

$$v = v_0 + at$$

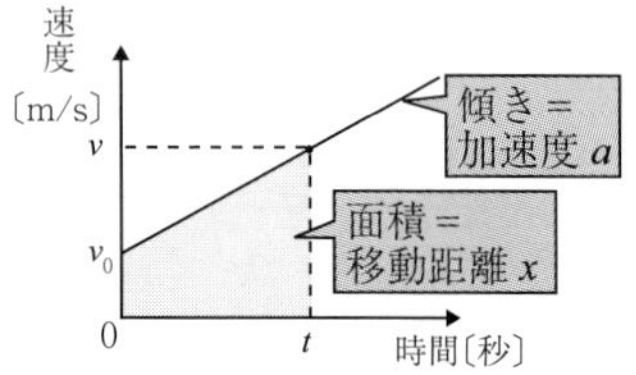

② t〔秒〕後の距離x〔m〕は，

$$x = v_0 t + \frac{1}{2}at^2$$

③ ①と②の2式からtを消去して，

$$v^2 - v_0^2 = 2ax$$ （時間を考えなくてよい場合に使う）

例題1 〈運動のグラフ〉

図は，エレベーターが1階から屋上まで上昇したときの速度v〔m/s〕と時間t〔秒〕の関係を示したものである。

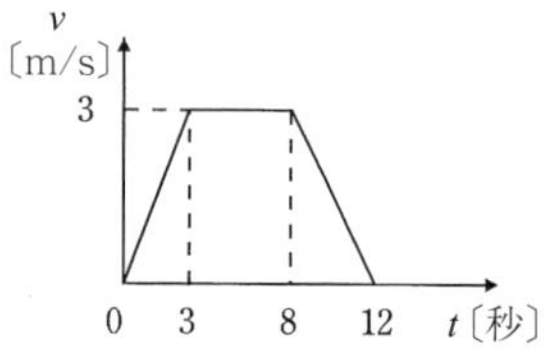

(1) このエレベーターの0～3秒，3～8秒，8～12秒の間の加速度は，それぞれ何m/s^{2}か。

(2) 1階から屋上まで，エレベーターが上昇した距離は何mか。

考え方　$v-t$グラフの傾きは加速度，面積は移動距離を表す。

解き方　(1)　$v-t$グラフの傾きから，加速度a〔$\mathrm{m/s^2}$〕を求める。

$$0 \sim 3秒：a=\frac{3}{3}=1.0〔\mathrm{m/s^2}〕$$

$$3 \sim 8秒：a=0〔\mathrm{m/s^2}〕$$

$$8 \sim 12秒：a=\frac{-3}{12-8}=-0.75〔\mathrm{m/s^2}〕$$

(2)　グラフの折れ線と時間軸とで囲まれた台形の面積が移動（上昇）距離x〔m〕を表す。

$$x=\frac{1}{2}\{(8-3)+12\}\times 3=25.5〔\mathrm{m}〕$$

例題2　〈等加速度直線運動〉

次のような等加速度直線運動をしている場合の加速度は，それぞれ何$\mathrm{m/s^2}$か。

(1)　静止物体が，動き出してから一定の割合で速さを増し，0.4秒後に2.0m/sの速さになった。

(2)　4.0m/sで動いていた物体が，一定の割合で速さを増し，3.0秒間に24m進んだ。

(3)　8.0m/sで進んでいた物体が一定の割合で速さを増し，5.0m進む間に10m/sになった。

考え方　$v=v_0+at$と$x=v_0t+\frac{1}{2}at^2$の公式に数値を代入して求める。時間tが与えられていない場合は，$v^2-v_0{}^2=2ax$を利用する。

解き方　(1)　静止物体が動き出したのだから，初速度$v_0=0$である。

$v=v_0+at$　より，

$2.0=a\times 0.4$　　$\therefore a=5$〔$\mathrm{m/s^2}$〕

(2)　移動距離が与えられているので，$x=v_0t+\frac{1}{2}at^2$を利用する。

$$24=4.0\times 3.0+\frac{1}{2}a\times 3.0^2 \qquad \therefore a\fallingdotseq 2.7〔\mathrm{m/s^2}〕$$

(3)　時間tが与えられていないので，$v^2-v_0{}^2=2ax$を利用する。

$$10^2-8.0^2=2\times a\times 5.0 \qquad \therefore a=3.6〔\mathrm{m/s^2}〕$$

2 物体の落下運動

Point Check

1 自由落下…初速度$v_0=0$，加速度$a=g$（$9.8\,\mathrm{m/s^2}$＝重力加速度）の等加速度直線運動

物体が落下し始めてからt〔秒〕後の速度をv〔m/s〕，落下した距離をy〔m〕とすると，

$$v=gt$$
$$y=\frac{1}{2}gt^2$$
$$v^2=2gy$$

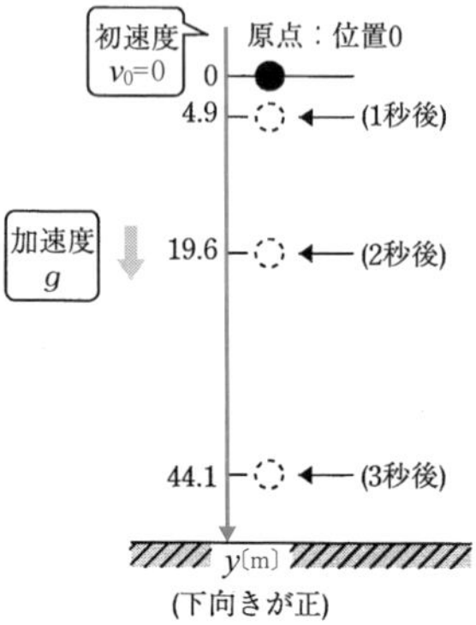

2 鉛直投げ上げ投射…加速度$a=-g$の等加速度直線運動

$$v=v_0-gt$$
$$y=v_0t-\frac{1}{2}gt^2$$
$$v^2-v_0^2=-2gy$$

※最高点：$v=0$

もとの高さまで落下：$y=0$

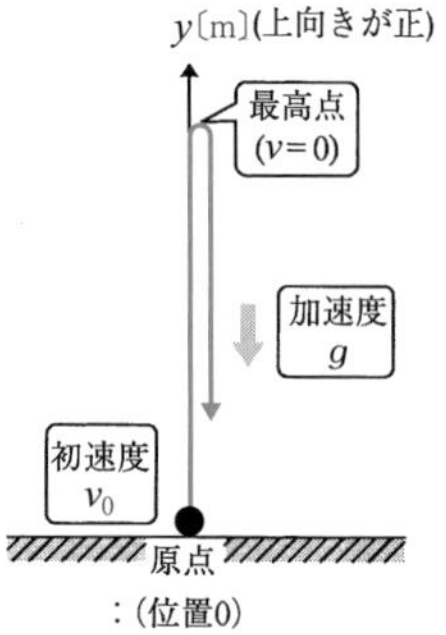

3 水平投射…水平方向の等速直線運動と，鉛直方向の自由落下運動を組み合わせた放物運動

水平方向

等速直線運動 $\begin{cases} v_x=v_0 \\ x=v_0t \end{cases}$

鉛直方向

自由落下運動 $\begin{cases} v_y=gt \\ y=\frac{1}{2}gt^2 \end{cases}$

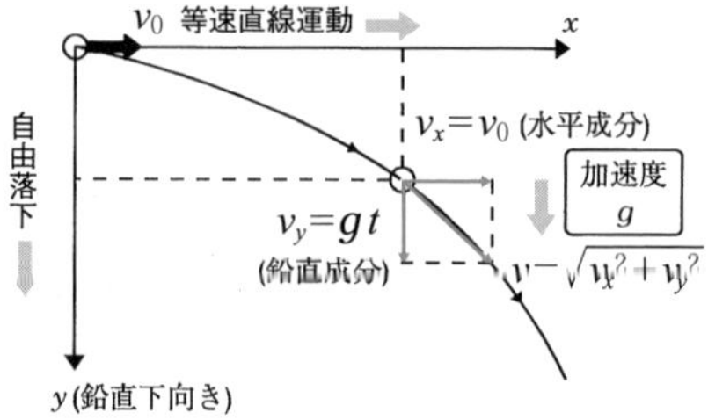

例題3 〈自由落下〉

高さ44.1mのビルの屋上から小球を自由落下させた。ただし，重力加速度は$9.8\,\mathrm{m/s^2}$とする。

(1) 小球が地面に衝突するまでにかかる時間を求めよ。

(2) 小球が地面に衝突する直前の速さを求めよ。

解き方 (1) 小球が地面に衝突するのは，落下距離$y=44.1$〔m〕になったときであるから，$y=\dfrac{1}{2}gt^2$より，$44.1=\dfrac{1}{2}\times 9.8\times t^2$　　$\therefore\ t=3.0$〔秒〕

(2) $v=gt$より，$v=9.8\times 3.0=29.4$〔m/s〕

例題4 〈鉛直投げ上げ投射〉

真上に向けて，19.6m/sの速さでボールを投げた。ただし，重力加速度は$9.8\,\mathrm{m/s^2}$とする。

(1) ボールは投げてから何秒後に最高点に達するか。

(2) 投げた点からボールの最高点までの高さは何mか。

(3) ボールが投げた点まで戻ってくるのは，投げてから何秒後か。

考え方 (1) 最高点では速度が0になるから，$v=0$とする。

(3) 投げた点まで戻ってくるというのは，変位が0なので，$y=0$とする。

解き方 (1) $v=v_0-gt$において，$v=0$とすると，

$$0=19.6-9.8\times t \qquad \therefore\ t=2.0〔秒〕$$

(2) $y=v_0t-\dfrac{1}{2}gt^2$において，$t=2.0$とすると，

$$y=19.6\times 2.0-\frac{1}{2}\times 9.8\times 2.0^2=19.6〔\mathrm{m}〕$$

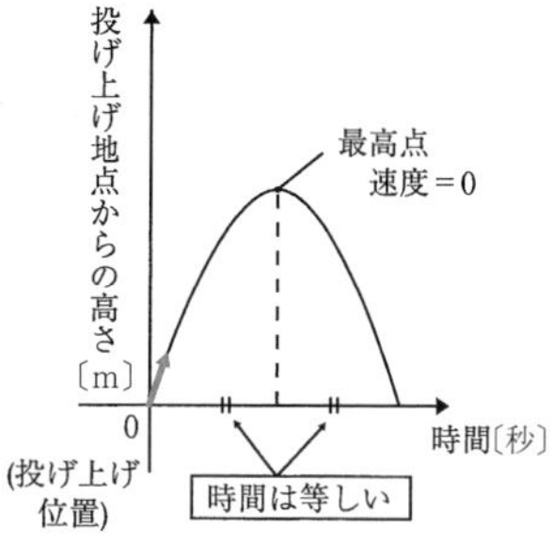

［別解］ $v^2-v_0{}^2=-2gy$において，$v=0$とすると，

$$0^2-19.6^2=-2\times 9.8\times y$$

$$\therefore\ y=19.6〔\mathrm{m}〕$$

(3) 鉛直投げ上げ投射では，ボールを投げてから最高点に達するまでの時間と，最高点に達してから元の高さに戻ってくるまでの時間は等しいので，(1)で求めた時間を2倍すればよい。

よって，$2\times 2.0=4.0$〔秒〕

例題5 〈水平投射〉

高さ40mのがけの上から，海に向かって小石を水平に初速度21m/sで投げ出した。ただし，重力加速度は9.8m/s^2とする。

(1) 小石が海面に落下するのは何秒後か。

(2) 海面に落ちるまでに，小石は水平方向に何m飛ぶか。

(3) 小石が着水する直前の速さは何m/sか。

考え方 (1) 小石の初速度は水平方向に21m/sで，鉛直成分は0m/sであるから，高さ40mの地点から自由落下するのにかかる時間を求めればよい。

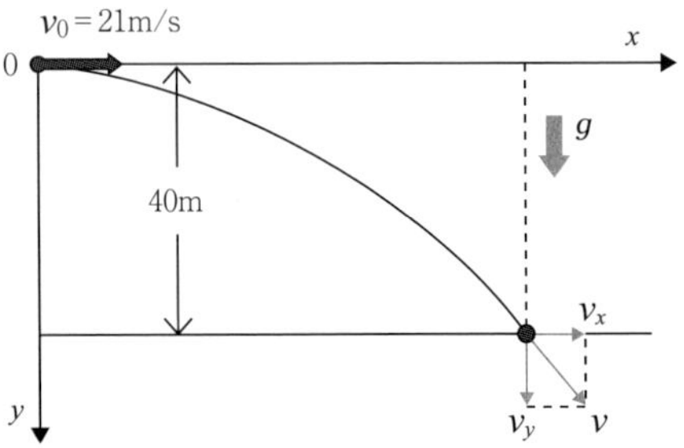

(2) 落下点までの距離は，水平方向の移動距離を求めればよい。

(3) 時刻tにおける物体の速さは，

$$v=\sqrt{v_x{}^2+v_y{}^2}=\sqrt{v_0{}^2+(gt)^2}$$

で求められる。

解き方 (1) $y=\dfrac{1}{2}gt^2$より，

$$40=\frac{1}{2}\times 9.8\times t^2 \qquad \therefore\ t=\frac{20}{7}\fallingdotseq 2.9\text{〔秒〕}$$

(2) $x=v_0t$より，

$$x=21\times\frac{20}{7}=60\text{〔m〕}$$

(3) 落下直前の速さを求めるために，まず，速度の水平成分v_xと速度の鉛直成分v_yを求める。

$$v_x=v_0=21\text{〔m/s〕}$$

$$v_y=gt=9.8\times\frac{20}{7}=28\text{〔m/s〕}$$

よって，速さは，$v=\sqrt{v_x{}^2+v_y{}^2}$より，

$$v=\sqrt{21^2+28^2}=35\text{〔m/s〕}$$

3　運動の3法則

Point Check

1　第1法則（慣性の法則）

物体に外部から力が働かないとき，または，いくつかの力が働いてもそれらの力がつり合っているとき，静止している物体は静止を続け，運動している物体は等速直線運動をし続ける。

2　第2法則（運動の法則）

物体に力$\boldsymbol{F}$〔N〕が作用して動くとき，力の向きに加速度$\boldsymbol{a}$〔m/s^2〕が生じ，加速度の大きさは，力の大きさ$\boldsymbol{F}$〔N〕に比例し，質量$\boldsymbol{m}$〔kg〕に反比例する。

$ma = F$　**（運動方程式）**

3　第3法則（作用・反作用の法則）

物体Ａから物体Ｂに力を働かせると，物体Ｂから物体Ａに，同じ作用線上で，大きさが等しく，向きが反対の力が働く。

例題6　〈運動の3法則〉

停車中の電車が急に発車したので，電車の中で立っていた乗客が進行方向とは逆の方向に倒れた。この現象を説明できる法則は次のうちどれか。

①　慣性の法則　　②　運動の法則　　③　作用・反作用の法則

解答　①

解説　乗客は静止状態を続けようとして後方に倒れる。

例題7 〈運動方程式〉

質量1.0kgの台車が1.0m/sの速さで進んでいる。速度の向きにF〔N〕の力を3.0秒間加えたところ，台車の速さは7.0m/sになった。台車に加えた力Fを求めよ。

考え方 $a=\dfrac{v_2-v_1}{t_2-t_1}$により，加速度を求める。その数値を$ma=F$に代入して計算する。

解き方 3秒間における物体の加速度は，

$$a=\frac{7.0-1.0}{3.0}=2.0\ 〔\mathrm{m/s^2}〕$$

$ma=F$より，

$$F=1.0\times2.0=2.0\ 〔\mathrm{N}〕$$

確認問題

5 速さ5m/sで直進していた自動車が一定の加速度で速度を増し，10秒後に25m/sの速さになった。加速した10秒間に，この自動車は何m進んだか。

6 高さ78.4mの塔の上から物体を自由落下させた。次の各問いに答えよ。ただし，重力加速度は$9.8\,\mathrm{m/s^2}$とする。

(1) 落下してから2秒後の速さを求めよ。

(2) 2秒後の落下距離を求めよ。

(3) 地面に到達するのは何秒後か。

7 高さ24.5mのビルの屋上から，小球を19.6m/sの速さで鉛直方向へ投げ上げた。次の各問いに答えよ。ただし，重力加速度は$9.8\,\mathrm{m/s^2}$とする。

(1) この小球は地上から最高何mの高さまで上がるか。

(2) この小球が投げた点まで落ちてくるのは，投げてから何秒後か。

(3) この小球が地面に落ちるのは，投げてから何秒後か。

8 地上490mの高さのところを水平に168m/sの速さで直線飛行している飛行機の機上から小球を静かに手放した。次の各問いに答えよ。ただし，空気の抵抗はないものとし，重力加速度を$9.8\,\mathrm{m/s^2}$とする。

(1) 落下5.0秒後の小球の速度の鉛直成分の大きさと小球の速さを求めよ。

(2) 小球は何秒後に着地するか。

(3) 小球は着地までに水平方向に何m飛ぶか。

(4) 同じ時間内に飛行機は何m進むか。

3 エネルギー

●ポイント

出題数が少ない分野ではあるが，力学的エネルギー保存の法則についてはおさえておく必要がある。また，仕事や仕事率については，公式さえ覚えておけば解けるため，ここで確認し，使いこなせるようにしておこう。

1 仕事と仕事率

Point Check

1 仕事

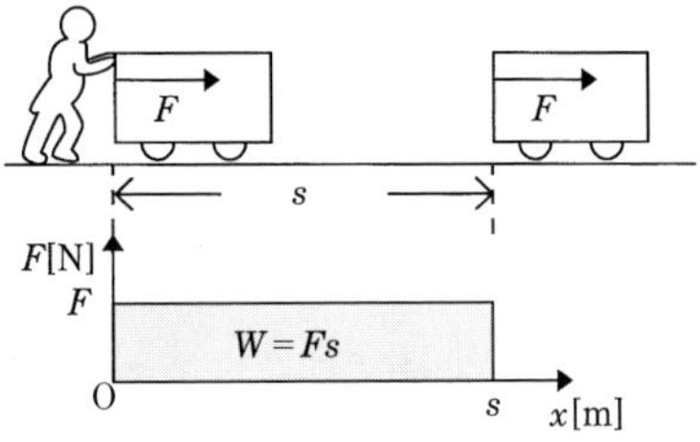

物体に力Fが作用して，力の向きに距離sだけ移動したとき，力Fのした仕事Wは，

$$W = Fs$$

※単位は〔J〕(ジュール)または〔kg重m〕。

$\begin{cases} 1\mathrm{J} = 1\mathrm{N} \cdot \mathrm{m} & \text{(1Nの力で，物体を力の向きに1m動かしたときの仕事の量)} \\ 1\mathrm{kg重m} \fallingdotseq 9.8\mathrm{J} \end{cases}$

2 重力に関係する仕事

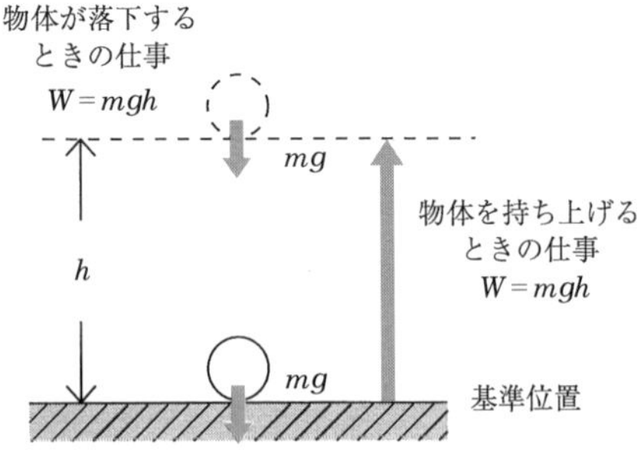

質量m〔kg〕の物体が鉛直方向にh〔m〕落下するとき重力のする仕事W，または質量m〔kg〕の物体を鉛直方向にh〔m〕持ち上げるとき重力に逆らってする仕事Wは，

$$W = mgh\ 〔\mathrm{J}〕$$
$$W = mh\ 〔\mathrm{kg重m}〕$$

3 仕事の原理

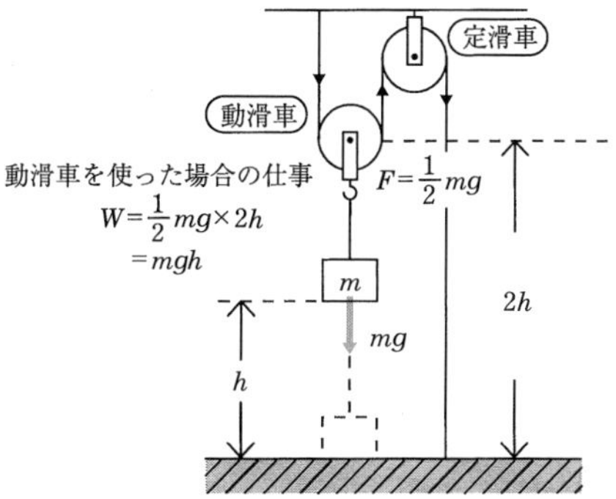

てこや滑車，斜面などの道具を使うと，動かす力は小さくなるが，物体を動かす距離は長くなる。このため，道具の質量や摩擦を無視できるときは，道具を使う場合と使わない場合の仕事の量は等しくなる。

4 仕事率

時間t〔秒〕の間に仕事W〔J〕を行うときの仕事率P〔W〕は，

$$P=\frac{W}{t}$$

※単位は〔W〕(ワット)または〔kg重m/s〕

1W＝1J/s　(1秒間に1Jの仕事をするときの仕事率)
1kg重m/s ≒ 9.8W

例題1　〈仕事の求め方〉

物体に100Nの力を加えて，水平方向に5m移動させたとき，その力のした仕事を求めよ。

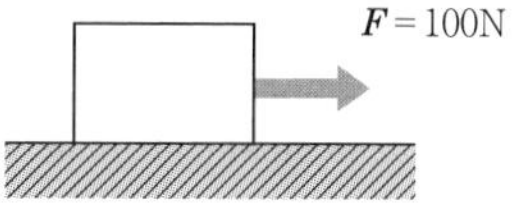

考え方　W〔J〕＝F〔N〕×s〔m〕を用いる。

解き方　W＝100〔N〕×5〔m〕＝500〔J〕

例題2　〈仕事率〉

体重50kgの人が，1階から3階まで10mの高さの階段を40秒かかって登った。この間に人が重力に逆らってした仕事の仕事率はいくらか。ただし，重力加速度を9.8m/s^{2}とする。

解き方　この人が重力に逆らってした仕事Wは，

$$W=mgh=50\times 9.8\times 10=4900\text{〔J〕}$$

よって，仕事率Pは，

$$P = \frac{W}{t} = \frac{4900}{40} = 122.5〔\mathrm{W}〕$$

例題3 〈斜面上の仕事〉

図のように，重さが100Nの物体を，斜面を用いて2mの高さまで持ち上げた。このとき，斜面にそってゆっくり引き上げるのに，60Nの力が必要であった。

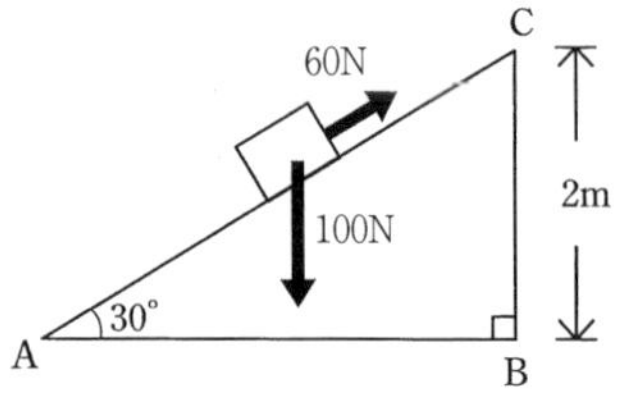

(1) この物体が引き上げられているとき，斜面にそって下向きに働く力の大きさは何Nか。

(2) (1)のとき，物体と斜面との間に働く摩擦力は何Nか。

(3) 物体を斜面にそってAからCまで引き上げるとき，必要な仕事の量は何Jか。

(4) 物体を直接BからCまで持ち上げるとき，必要な仕事の量は何Jか。

考え方 (1) 物体を斜面にそって上向きにゆっくり引き上げるとき，物体には斜面にそって下向きの力が働いており，その力に逆らって，上向きの力を加えて物体を動かしている。

(2) 物体に働く斜面にそって下向きの力は，重力の斜面に平行な分力と摩擦力の2つである。

(3) (4) $W = Fs$を使って求める。斜面を用いると，摩擦力に逆らってする仕事の分だけ，仕事の量は大きくなる。

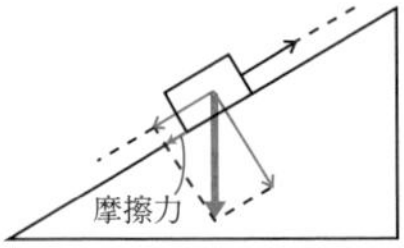

解き方 (1) 斜面にそって引き上げるのに60Nの力が必要であったのだから，下向きに働く力の大きさも60N。

(2) 重力の分力は，斜面の傾きから，

$$100 \times \frac{1}{2} = 50〔\mathrm{N}〕$$

よって，摩擦力は，

$$60 - 50 = 10〔\mathrm{N}〕$$

(3) 60Nの力で4m動かすから，

$$60 \times 4 = 240〔\mathrm{J}〕$$

(4) 100Nの物体を2m動かすから，

$$100 \times 2 = 200〔\mathrm{J}〕$$

2 力学的エネルギー

Point Check

1 エネルギー

① **運動エネルギー**…運動する物体がもっているエネルギー

質量m〔kg〕の物体が速さv〔m/s〕で運動しているとき，その物体のもつ運動エネルギーK〔J〕は，

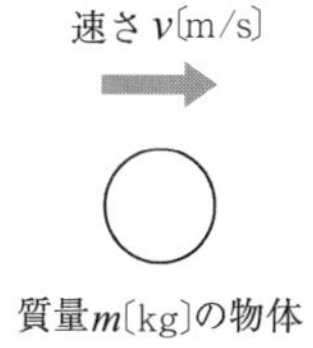

$$K = \frac{1}{2}mv^2$$

※速さが0の場合，運動エネルギーは0 。

② **重力による位置エネルギー**…高い位置にある物体のもつエネルギー

質量m〔kg〕の物体が基準水平面からh〔m〕の高さにあるとき，その物体のもつ重力による位置エネルギーU〔J〕は，

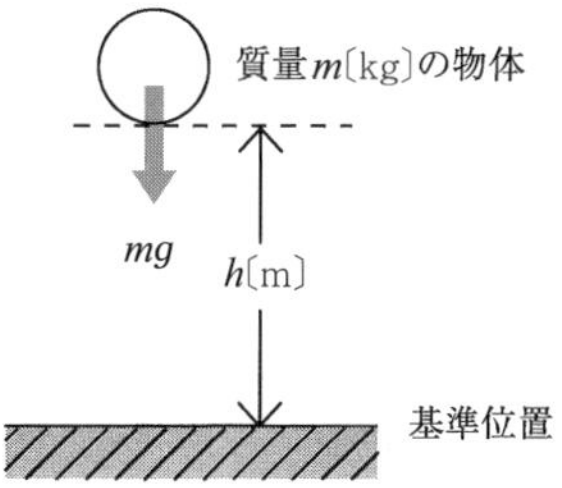

$$U = mgh$$

※高さが0の場合，位置エネルギーは0 。

2 力学的エネルギー保存の法則

物体に保存力（重力，弾性力）のみが作用する場合，運動エネルギーと位置エネルギーの和（**力学的エネルギー**）は一定になる。

〈重力に仕事をされて運動する場合〉

$$\frac{1}{2}mv^2 + mgh = 一定$$

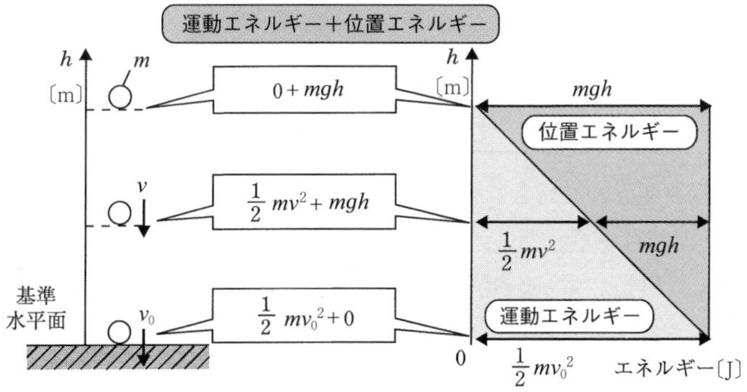

物体がある高さから自由落下するとき，落ちるにつれて，物体のもつ位置エネルギーが減少していき，その分，運動エネルギーが増加していく。

3 振り子

① 振り子の周期

振り子の周期は**振り子の長さ**で決まり，おもりの質量，振幅を変えても周期は変化しない。

② 振り子の位置エネルギーと運動エネルギー

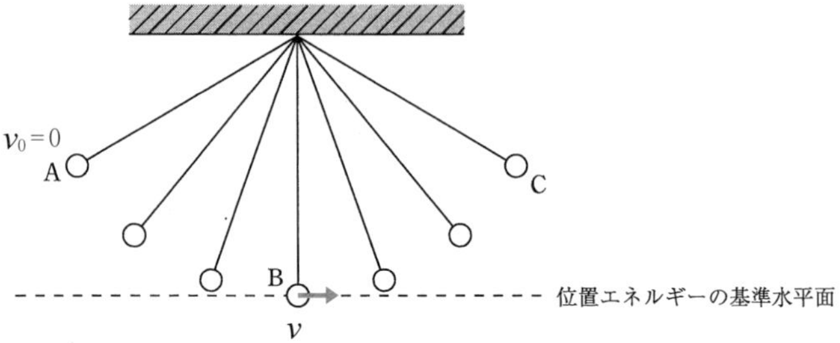

位置エネルギー	最大	(減少)→	0	(増加)→	最大
運動エネルギー	0	(増加)→	最大	(減少)→	0

1）おもりがＡの位置から動き始めるにつれて，位置エネルギーが次第に運動エネルギーに変わっていく。

2）Ｂの位置では，**位置エネルギーが0に運動エネルギーは最大**になる。

3）Ｂの位置を過ぎると，運動エネルギーが次第に位置エネルギーに変わっていく。

4）摩擦や空気の抵抗がなければ，Ａの位置とＣの位置は同じ高さになり，振り子の運動はいつまでも続く。

例題4 〈位置エネルギー〉

質量20gの物体Ａが40cmの高さに，質量60gの物体Ｂが80cmの高さにある。このとき，物体Ｂは物体Ａの何倍の位置エネルギーをもっているか。

考え方 位置エネルギーは，質量と高さに比例するので，質量と高さがそれぞれ何倍になっているかに着目する。

解き方 物体Ｂは物体Ａに対し，質量が3倍，高さが2倍であるから，

$3\times2=6$〔倍〕

例題5 〈投げ出された物体の運動とエネルギー〉

高さ19.6mのビルの屋上から，小球を9.8m/sの速さで鉛直上方へ投げ上げた。ただし，重力加速度は$9.8\,m/s^2$とする。

(1) 小球は地面からどれだけの高さまで上がるか。

(2) 小球が地面に落ちたときの速さを求めよ。ただし，$\sqrt{5}=2.23$とする。

考え方 空中に投げ出された物体の運動は，等加速度直線運動でも求められるが，時間を求めない場合は，力学的エネルギー保存の法則を用いて解く方が簡単である。

(1) 最高点では，運動エネルギーが0になる。

(2) 地面に落ちたときは，位置エネルギーが0になる。

解き方 (1) 地面を位置エネルギーの基準位置とすると，投げ上げた地点での力学的エネルギーE_Aは，

$$E_A = mgh_0 + \frac{1}{2}mv_0^2$$

最高点の地面からの高さh〔m〕の点における速さをv〔m/s〕とすると，この地点での力学的エネルギーE_Bは，運動エネルギーが0であるから，

$$E_B = mgh$$

力学的エネルギー保存の法則により，$E_A = E_B$であるから，

$$m \times 9.8 \times 19.6 + \frac{1}{2} \times m \times 9.8^2 = m \times 9.8 \times h$$

$$\therefore\ h = 24.5\text{〔m〕}$$

(2) 求める速さをv_2〔m/s〕とし，(1)と同様にして力学的エネルギー保存の法則を用いると，地面に落ちたときは位置エネルギーが0であるから，

$$m \times 9.8 \times 19.6 + \frac{1}{2} \times m \times 9.8^2 = \frac{1}{2}mv_2^2$$

$$\therefore\ v_2 = 9.8\sqrt{5} \fallingdotseq 21.9\text{〔m/s〕}$$

例題6 〈振り子の運動とエネルギー〉

図のように，A ～ D間をふれている振り子がある。Cのおもりの高さを基準として，次の各問いに答えよ。

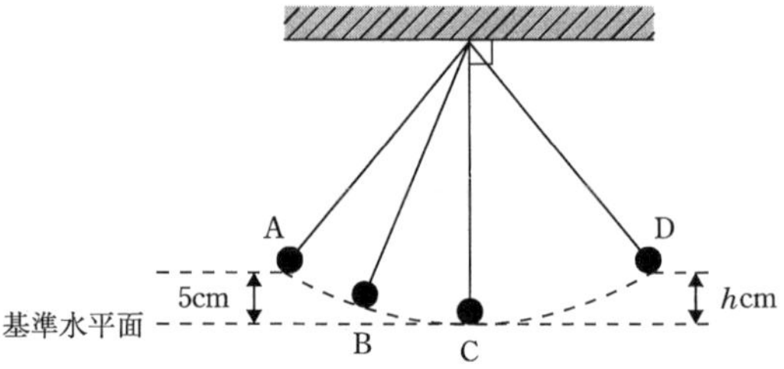

(1) おもりがAにあるとき，おもりは一瞬止まった後，B，C，Dとふれていく。Aにあるとき，おもりのもつエネルギーは何か。

(2) Aにあったおもりが動いてBを通過しているとき，増加したエネルギーと減少したエネルギーはそれぞれ何であったか。

(3) おもりの運動エネルギーが最大になるのは，A ～ Dのどの位置にあるときか。

(4) AからB，Cと動いたおもりは，Dで一瞬止まり，C，Bと動いていった。このとき，Dの高さhは何cmか。

解答 (1) 位置エネルギー

(2) 増加したエネルギー：運動エネルギー
減少したエネルギー：位置エネルギー

(3) C

(4) 5cm

解説 (1) Aは基準の高さから最も高いところにあり，静止しているから，もっているのは位置エネルギーのみである。

(2) BはAよりも低いところにあるから，位置エネルギーは減少した。Aでは静止していたが，Bでは動いているから，運動エネルギーは増加した。

(3) 位置エネルギーが0となるCでの運動エネルギーが最も大きい。

(4) 最大にふれたAとDとの高さは同じである。

3　熱

Point Check

1　熱量と比熱

① 熱量

物体を加熱すると，熱運動のエネルギーが増加し，物体の温度が上がる。このとき物体が得たエネルギーの量を熱量といい，単位には〔J〕(ジュール)を用いる。

② 比熱

物質1gの温度を1K(1℃)上げるのに必要な熱量。単位は〔J/(g・K)〕

例　水の比熱：4.2 J/(g・K)
　　鉄の比熱：0.4 J/(g・K)

参考　1cal＝水1gの温度を1K(1℃)上げるのに必要な熱量(＝**4.2J**)

2　熱量の計算

熱量Q〔J〕＝比熱〔J/(g・K)〕×物質の質量〔g〕×温度変化〔K〕

例題7　〈熱量の計算①〉

30℃の水100gと60℃の水200gを混ぜ合わせると，水温は何℃になるか。ただし，水の比熱は4.2 J/(g・K)とする。

考え方　熱量＝水の比熱〔J/(g・K)〕×水の質量〔g〕×水の温度変化〔K〕
を利用して，水が放出する熱量と低温の水が吸収する熱量が等しいことにより，方程式を立てる。

解き方　60℃の水200gが放出する熱量＝30℃の水100gが吸収する熱量
が成り立つので，求める温度をx℃とすると，

$$4.2\times200\times(60-x)=4.2\times100\times(x-30)$$

$$\therefore x=50\ 〔℃〕$$

例題8 〈熱量の計算②〉

15℃の水70gの水の中に，100gの鉄のかたまりを95℃に熱して入れた。しばらくたったとき，水温は何℃になっているか。ただし，水の比熱は4.2 J/(g・K)，鉄の比熱は0.42 J/(g・K)，熱はほかに逃げないものとする。

考え方 物質の温度を上げる熱量〔J〕=比熱〔J/(g・K)〕×物質の質量〔g〕×温度変化〔K〕を利用して，水が吸収する熱量と鉄が放出する熱量が等しいことにより，方程式を立てる。

解き方 15℃の水70gが吸収する熱量=95℃の鉄100gが放出する熱量

が成り立つので，求める温度をx℃とすると，

$$4.2\times70\times(x-15)=0.42\times100\times(95-x)$$

$$\therefore x=25〔℃〕$$

確認問題

9　物体に**15N**の力を加えて，その向きに**2.0m**動かすとき，その力のした仕事を求めよ。

10　図のように滑車を使って重さ**400N**の物体をゆっくり**2m**引き上げた。これについて，次の問いに答えよ。ただし，滑車とひもの重さや摩擦は考えないものとする。

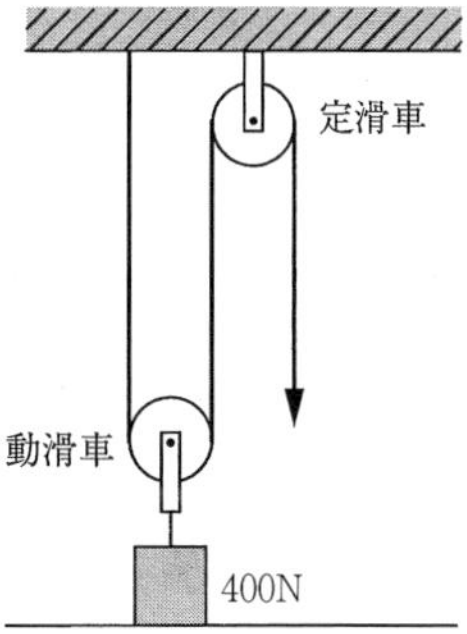

(1)　物体にした仕事は何Jか。
(2)　物体を2m引き上げる間，ひもを何m引き下げるか。
(3)　ひもを引いた力は何Nか。
(4)　この物体を10秒間で引き上げたものとすると，仕事率は何Wか。

11　**30°**の傾きのなめらかな斜面を使って，重さ**400N**の物体を**4m**持ち上げるとき，物体を引き上げる力と仕事の大きさを求めよ。

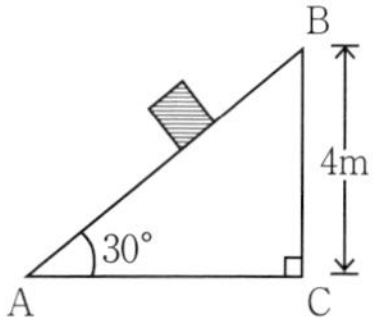

12　右の図1は，振り子の振れているようす，図2はそのときのエネルギーの量の変化を表したものである。次の問いに答えよ。

〈図1〉
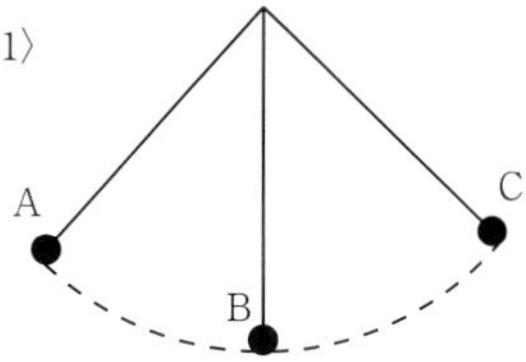

〈図2〉
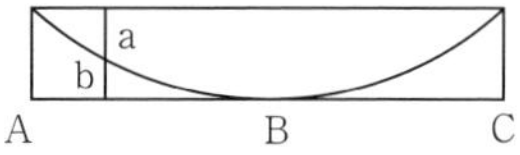

(1)　おもりの速さが最も速いのはA～Cのどこか。
(2)　図2のa，bの長さは，それぞれのエネルギーの量を表している。a，bはそれぞれどのエネルギーの量を表しているか。
(3)　図2のaとbを合わせたエネルギーの名称を答えよ。

13　**80℃**の水**500g**が入ったビーカーがある。この水に**20℃**の水を加えたら水温が**60℃**になった。**20℃**の水は何**g**加えたか。ただし，水の比熱は**4.2J/（g・K）**とする。

4 光と音

●ポイント

「光と音」については，物理の中でも特に日常的に見聞きする事柄であるため，理解しやすい分野である。光の性質と凸レンズによってできる像，音の性質について基本的事項を把握した上で，問題に慣れておこう。

1 光

Point Check

1 光の性質

① **光の反射**

光が反射するとき，入射角＝反射角

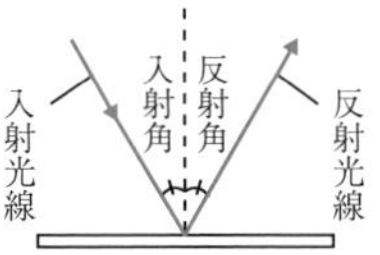

② **光の屈折**

・光が空気中から水やガラス中に進むとき

屈折角＜入射角

・光が水やガラスから空気中に進むとき

屈折角＞入射角

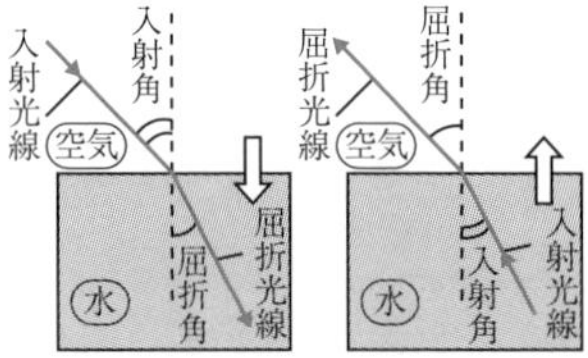

③ **全反射**

光が水中やガラス中から空気中に進むとき，入射角がある角度以上になると，境界面ですべて反射される現象。

④ **光の回折**

光が障害物の背後に回りこむ現象。

⑤ **光の分散**

白色光をプリズムに通すと，波長によって屈折率が異なるため，光が分散する。可視光は，波長の長い方から，赤，橙，黄，緑，青，藍，紫となり，波長の長いものほど屈折率が小さい。

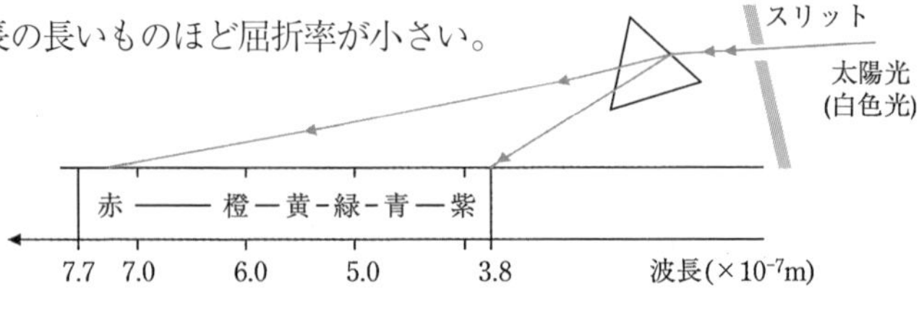

⑥　**光の散乱**

光が空気中の気体分子や微粒子に当たり，四方に散っていく現象。空が青く見えたり，朝焼けや夕焼けが赤く見えたりするのはこのためである。

2　凸レンズによってできる像

①　物体を焦点距離の2倍より遠い位置に置く⇒　**実物より小さい倒立の実像**

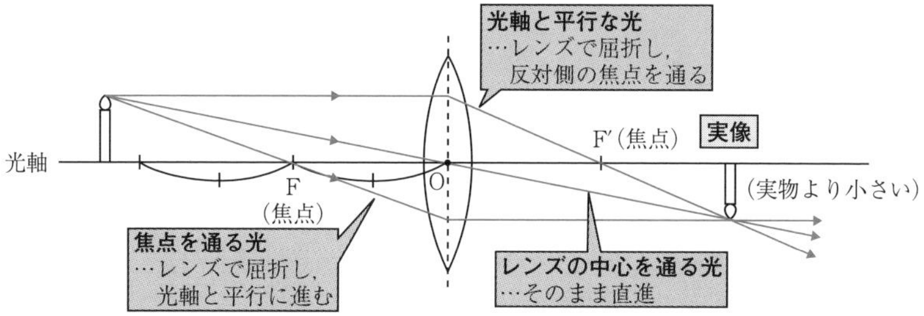

②　物体を焦点距離の2倍の位置に置く⇒　**実物と同じ大きさの倒立の実像**

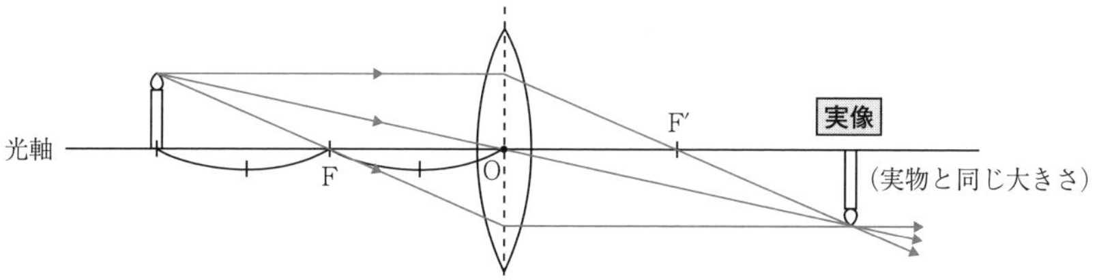

③　物体を焦点距離の2倍と焦点の間に置く⇒　**実物より大きい倒立の実像**

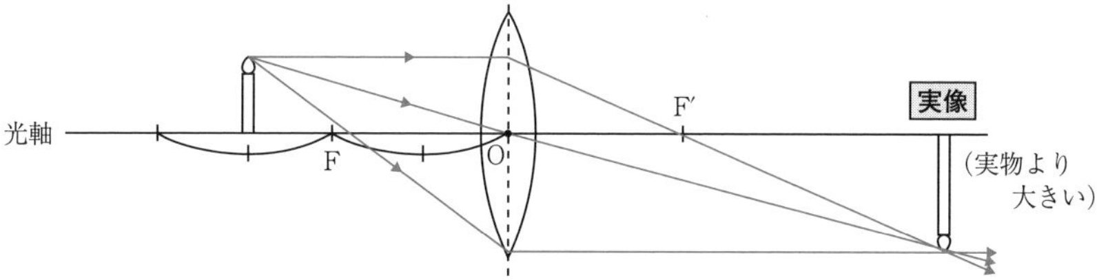

④　物体を焦点の内側に置く⇒　レンズを通して見ると，**実物より大きな正立の虚像**

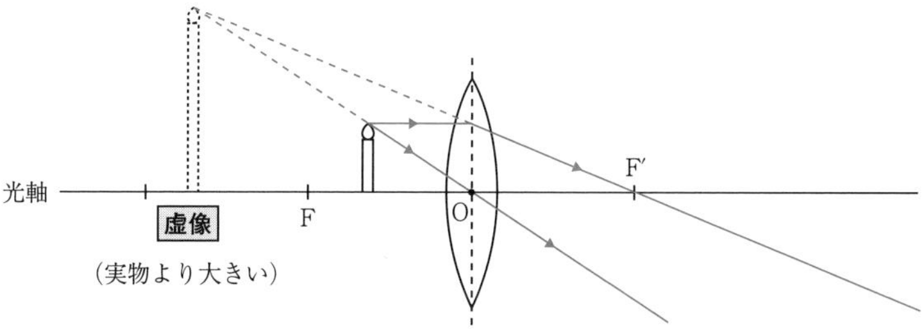

例題1 〈光の性質〉

次の記述の空欄にあてはまる語句を答えよ。

光が水の中に入るとき，光の進む方向は2つに分かれる。1つは水面ではね返る光で，この現象を（　A　）という。もう1つは水の中に入っていく光で，この光は境界面で（　B　）する。

また，光が水中から出て行くとき，光は境界面で一部は（　A　）し，一部は（　B　）する。このとき，（　C　）を大きくすると，光は境界面ですべて反射され，空気中に出なくなる。このことを（　D　）という。

解答　A．反射　　B．屈折　　C．入射角　　D．全反射

例題2 〈凸レンズによってできる像〉

図のように，ろうそく，凸レンズがある。F，F′ は凸レンズの焦点である。

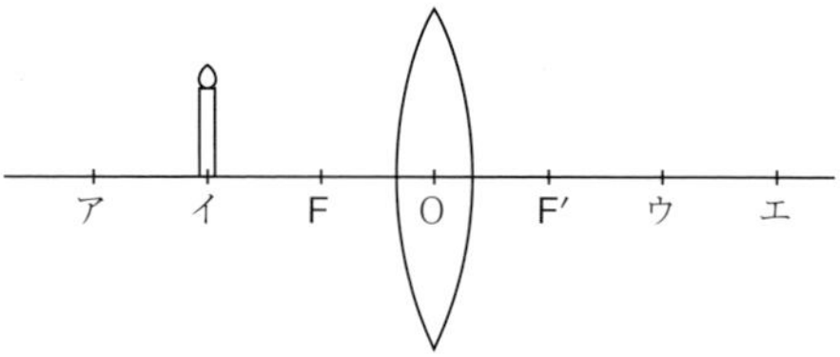

⑴　ろうそくの像をスクリーンに映すとき，スクリーンはア～エのどこに置けばよいか。

⑵　⑴で，スクリーンに映る像は，正立，倒立のどちらか。また，この像は，実像，虚像のどちらか。

⑶　ろうそくを図の位置から点Fに近づけると，像の大きさはどのように変化するか。

解答　⑴　ウ　　⑵　倒立，実像　　⑶　大きくなる。

解説　⑴　右の図のように3本が交わった点ウ′ で像が結ばれるため，ウの位置にスクリーンを置く。

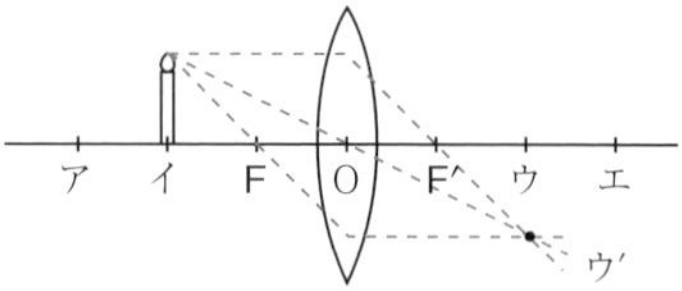

⑵　物体は焦点距離の2倍の位置イに置かれているため，倒立の実像になる。

⑶　焦点Fより外側に置いた場合，焦点に近づけるほど大きな像ができる。

2 音

Point Check

1 音の高さと大きさ

① 振動数…音を伝える媒質が1秒間に振動する回数。

振動数が多いほど，高い音である。

※人の耳に聞こえる音の振動数…20 ～ 20000 Hz

② 振幅…振動の中心から振動の折り返し点までの長さ（振れ幅）

振動数が一定のとき，**振幅が大きいほど音も大きい**。

③ 弦と音

弦の長さを短くしたり，弦の太さを細くしたり，弦の張力を大きくしたりするほど，高い音が出る。

2 音が伝わる速さ

① 空気中を伝わる音の速さ…1秒間に約340 m（気温15℃のとき）

音源からの距離〔m〕＝音の速さ〔m/s〕×かかった時間〔s〕

② 音の伝わりやすさ…気体＜液体＜固体

3 ドップラー効果

音源や観測者が移動することによって，音波の振動数（音の高さ）とは異なった振動数の音が観測される現象。

例 救急車のサイレンの音は，救急車が近づくときは高く聞こえ，遠ざかるときは低く聞こえる。

・音源と観測者が近づくとき…音源の音より高く聞こえる。

・音源と観測者が遠ざかるとき…音源の音より低く聞こえる。

例題3 〈音の性質〉

次の記述の空欄にあてはまる語句を答えよ。

(1) 音の高さは(　A　)によって決まり，音の大きさは(　B　)によって決まる。また，弦の長さを短くしたり，弦の張り方を強くしたりした場合，音は(　C　)くなる。

(2) 踏切で電車が通り過ぎるのを待っているとき，電車が目の前を通り過ぎたとたん警笛の音が急に低く聞こえるような現象のことを(　D　)という。これは，(　E　)が小さく観測されたことによる。

解答 A．振動数　B．振幅　C．高　D．ドップラー効果
E．振動数

例題4 〈音源までの距離〉

花火が見えてから2秒後にその炸裂音が聞こえた。花火を見ている場所は，花火が破裂した位置から約何m離れているか。音の伝わる速さは340m/sとする。

考え方 　音源からの距離＝340〔m/s〕×かかった時間〔s〕
の式に代入して計算する。

解き方 破裂してから音が伝わるまでに2秒かかったので，
　音源からの距離＝340〔m/s〕×2〔s〕＝680〔m〕

確認問題

14 次の記述の空欄にあてはまる語句を答えよ。

光が空気中から水中へ進むとき，光の一部は境界面で折れ曲がる。このような現象のことを（　A　）といい，（　A　）角は入射角より（　B　）くなる。光のこのような性質を利用した器具には，（　C　）がある。一方，光が水やガラスの中から空気中に進むとき，入射する角度によって，（　A　）が起こらず，すべて（　D　）する。

15 下の図は，スクリーンに物体の像ができたときの物体，レンズ，スクリーンの位置関係を示している。次の各問いに答えよ。

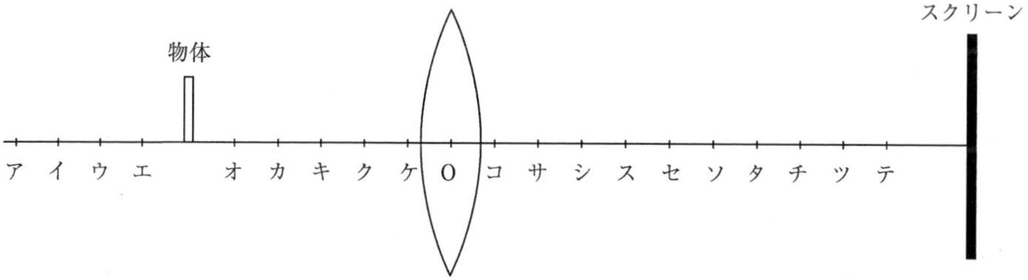

(1)　この凸レンズの焦点を，ア～テから選べ。

(2)　スクリーンに物体と同じ大きさの実像を映し出したいとき，物体をどこに置けばよいか，ア～テから選べ。

(3)　物体を焦点の内側に置くと，どのような像が見えるか。

16 運動場から校舎に向けてスピーカーから音を発したところ，2秒後にスピーカーから出した音がスピーカーの位置に戻ってきた，スピーカーから校舎までの距離は約何mか。

17 音に関する次の記述のうち，誤っているものを選べ。

①　振動数が大きいほど高い音であり，振動数が一定のとき，振幅が大きいほど音も大きい。

②　弦を強く張ったり，短くしたりするほど高い音が出る。

③　音の伝わる速さは，水中より空気中の方が速い。

④　音源が近づくとき音源の音より高く聞こえる現象をドップラー効果という。

5 電磁気

●ポイント

物理の中で最も出題数の多い分野である。特に，オームの法則を用い電流・電圧・抵抗の大きさを求める問題，消費電力を求める問題が頻出している。重要公式をはじめとして基本的事項を確実に覚えておくようにしよう。

1 電流と電圧

Point Check

1 オームの法則

電流をI〔A〕，電圧をV〔V〕，抵抗をR〔Ω〕とすると，

$$V = RI$$

2 直列回路

① 合成抵抗…抵抗R_1〔Ω〕，R_2〔Ω〕を直列につなぐとき，

$$R = R_1 + R_2$$

② 電圧…各抵抗にかかる電圧の和は，電源の電圧と等しい。

$$V = V_1 + V_2$$

③ 電流…直列回路に流れる電流の大きさは，どこでも同じ。

$$I = I_1 = I_2$$

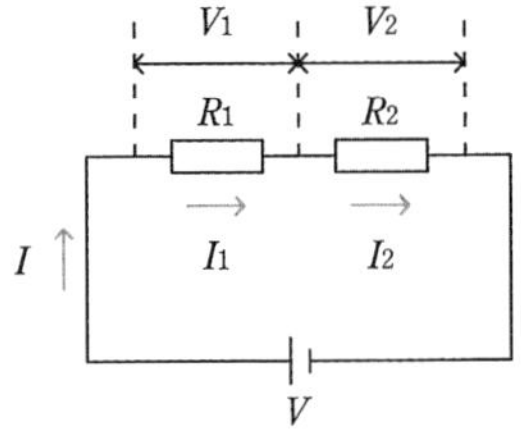

④ 分圧の比…電圧と抵抗は比例する。

$$V_1 : V_2 = R_1 : R_2$$

3 並列回路

① 合成抵抗…抵抗 R_1〔Ω〕, R_2〔Ω〕を並列につなぐとき,

$$\frac{1}{R}=\frac{1}{R_1}+\frac{1}{R_2}$$

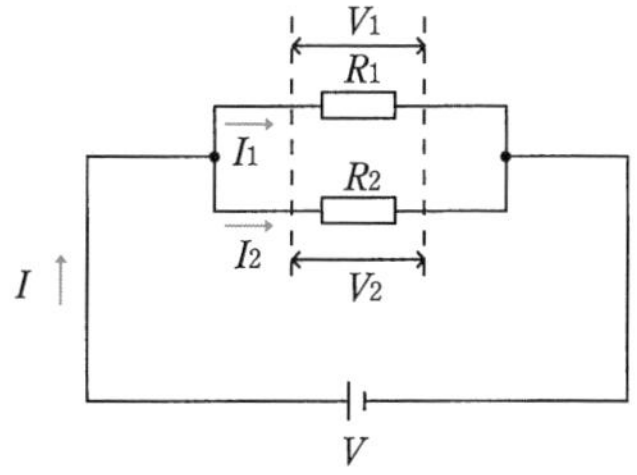

② 電圧…各抵抗にかかる電圧は等しい。

$$V=V_1=V_2$$

③ 電流…回路全体に流れる電流の大きさは,各抵抗に流れる電流の和。

$$I=I_1+I_2$$

④ 分流の比…電流と抵抗は反比例する。

$$I_1:I_2=R_2:R_1$$

例題1 〈直列回路の電流と電圧〉

図のように,10Ωの抵抗アと30Ωの抵抗イを直列につなぎ,6Vの電源をつないだ。

(1) 点Aを流れる電流の大きさを求めよ。

(2) 抵抗ア,イにかかる電圧を求めよ。

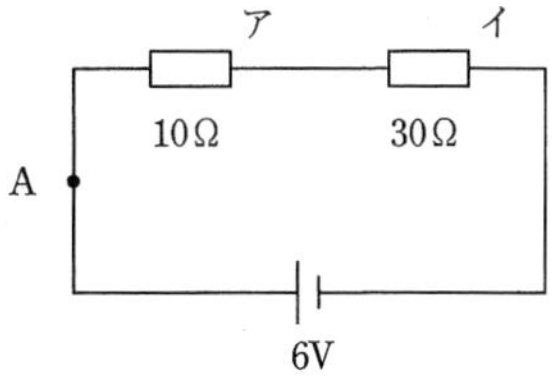

考え方 回路に流れる電流の大きさはどこでも同じことから,$R=R_1+R_2$ と,オームの法則 $V=RI$ を使って求める。

解き方 (1) 合成抵抗の値を R〔Ω〕とすると,

$$R=10+30=40〔\Omega〕$$

電圧が6V,抵抗値が40Ωなので,オームの法則を使って,

$$6=40\times I$$

$$I=\frac{6}{40}=0.15〔\mathrm{A}〕$$

(2) 抵抗アに流れる電流は0.15A,抵抗値は10Ω,また,抵抗イに流れる電流は0.15A,抵抗値は30Ω。それぞれにオームの法則を使って,

抵抗ア　$V=RI=10\times0.15=1.5〔\mathrm{V}〕$

抵抗イ　$V=RI=30\times0.15=4.5〔\mathrm{V}〕$

例題2 〈並列回路の電流と電圧〉

図のように，10Ωの抵抗アと30Ωの抵抗イを並列につなぎ，6Vの電源をつないだ。

(1) 抵抗ア，イにかかる電圧を求めよ。

(2) 点Aを流れる電流の大きさを求めよ。

(3) 点B，Cを流れる電流の大きさを求めよ。

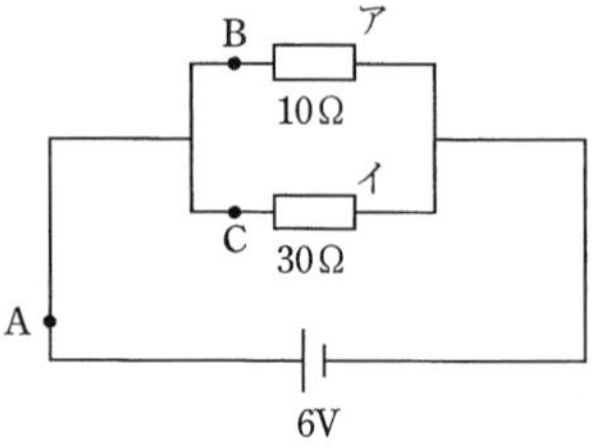

考え方 (1) 各抵抗にかかる電圧の大きさは等しいことから考える。

(2)(3) $\dfrac{1}{R}=\dfrac{1}{R_1}+\dfrac{1}{R_2}$と，オームの法則$V=RI$を使って求める。

解き方 (1) 並列回路では，各抵抗にかかる電圧の大きさは等しく，抵抗ア，イとも両端が電源につながれているので，どちらの抵抗にも6Vの電圧がかかっている。

(2) 合成抵抗の値をR〔Ω〕とすると，

$$\frac{1}{R}=\frac{1}{10}+\frac{1}{30}=\frac{2}{15} \qquad \therefore\ R=\frac{15}{2}〔\Omega〕$$

電圧が6V，抵抗値が$\dfrac{15}{2}$Ωなので，オームの法則を使って，

$$6=\frac{15}{2}\times I$$

$$I=6\times\frac{2}{15}=0.8〔\mathrm{A}〕$$

(3) 抵抗アにかかる電圧は6V，抵抗値は10Ω，また，抵抗イにかかる電圧は6V，抵抗値は30Ωであるから，それぞれにオームの法則を使って，

抵抗ア　$6=10\times I$

$$I=\frac{6}{10}=0.6〔\mathrm{A}〕$$

抵抗イ　$6=30\times I$

$$I=\frac{6}{30}=0.2〔\mathrm{A}〕$$

例題3 〈複雑な回路〉

図のように，7Ωの抵抗R_1，12Ωの抵抗R_2，4Ωの抵抗R_3，25Vの電源をつないだ。

(1) 点Aを流れる電流の大きさを求めよ。

(2) 抵抗R_1にかかる電圧を求めよ。

(3) 抵抗R_2にかかる電圧を求めよ。

(4) 点Bを流れる電流の大きさを求めよ。

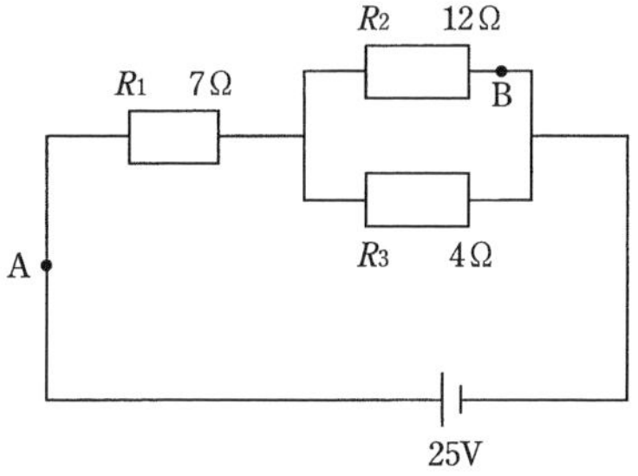

考え方 (1) R_2とR_3は並列つなぎ，そして，R_1と(R_2とR_3)は直列つなぎとして考える。3つの抵抗の合成抵抗を求め，その合成抵抗について，オームの法則$V=RI$を使って求める。

(2) 直列回路に流れる電流は，どこでも同じ大きさであることから，(1)で求めた電流の大きさを，オームの法則に代入して計算する。

(3) 並列回路では，各抵抗にかかる電圧は等しいこと，直列回路では，各抵抗にかかる電圧の和は，電源の電圧と等しいことから，

R_1にかかる電圧＋($R_2=R_3$にかかる電圧)＝25V

解き方 (1) R_2とR_3は並列つなぎであるから，合成抵抗は，

$$\frac{1}{R}=\frac{1}{12}+\frac{1}{4}=\frac{1}{3} \qquad \therefore R=3\ [\Omega]$$

R_1と(R_2とR_3)は直列つなぎであるから，合成抵抗は，

$$R=7+3=10\ [\Omega]$$

電圧が25V，抵抗が10Ωであるから，オームの法則より，

$$25=10\times I$$

$$I=\frac{25}{10}=2.5\ [\mathrm{A}]$$

(2) 抵抗が7Ω，電流が2.5Aであるから，オームの法則より，

$$V=7\times 2.5=17.5\ [\mathrm{V}]$$

(3) 電源の電圧から抵抗R_1にかかる電圧を引いた分の電圧が抵抗R_2にかかる。

$$25-17.5=7.5\ [\mathrm{V}]$$

(4) 電圧が7.5V，抵抗が12Ωであるから，オームの法則より，

$$7.5=12\times I$$

$$I=\frac{7.5}{12}=0.625\ [\mathrm{A}]$$

2 電気とエネルギー

Point Check

1 電力と電力量

① 電力(消費電力)…電池や電流が単位時間当たりにした仕事(仕事率)

電力 P〔W〕$= VI$

② 電力量…電池や電流のする仕事量

電力を P〔W〕,時間を t〔時間〕とすると,

電力量 $W = Pt$

※単位は,〔Wh〕(ワット時)または〔J〕

(1Wh $= 3.60 \times 10^3$ J)

2 ジュールの法則

電力を P〔W〕,時間を t〔秒〕とすると,

熱量 Q〔J〕$= Pt = VIt$

※1J $= 0.24$ cal より,熱量 Q〔cal〕$= 0.24Pt$ と表すこともできる。

3 豆電球の明るさと電力

豆電球の明るさは,電力の大きさで決まり,**豆電球にかかる電圧の2乗に比例**する。

例題4 〈電力量〉

100V用400Wの電熱線を,100Vの電源につないだ。

(1) 電熱線を流れる電流は何Aか。

(2) 電熱線の抵抗は何Ωか。

(3) 電熱線に2時間30分電流を流すとき,消費する電力量は何kWhか。

考え方　電力 P〔W〕$= VI$，電力量 W〔Wh〕$= Pt$ の公式を利用する。
1000 W ＝1 kW となる。

解き方　(1)　$P = VI$ より，

$$I = \frac{400}{100} = 4 \text{〔A〕}$$

(2)　オームの法則 $V = RI$ より，

$$100 = R \times 4$$

$$R = \frac{100}{4} = 25 \text{〔}\Omega\text{〕}$$

(3)　$W = Pt$ より，

$$W = 400\text{〔W〕} \times 2.5\text{〔h〕} = 1000\text{〔Wh〕} = 1\text{〔kWh〕}$$

例題5　〈消費電力〉

10 Ω の抵抗に 50 V の電圧を加えたときの消費電力は何 W か。

考え方　電力 P〔W〕$= VI$　で求められるので，オームの法則を使って，まずは電流の大きさを求める。

解き方　オームの法則 $V = RI$ により，流れる電流の大きさを求めると，

$$50 = 10 \times I$$

$$I = \frac{50}{10} = 5 \text{〔A〕}$$

$P = VI$ から消費電力を求めると，

$$P = 50 \times 5 = 250 \text{〔W〕}$$

例題6 〈電池と豆電球の明るさ〉

図1のように，豆電球と電池をつないだときの豆電球の明るさを観察した。次に，これと同じ豆電球2個と電池2個を図2A ～ Dのようにそれぞれつないだ。このとき，豆電球の明るさが図1のときと同じ明るさになるのはどれか。

<図1>

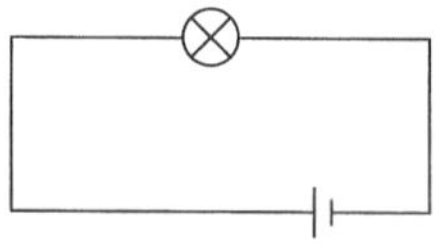

<図2>

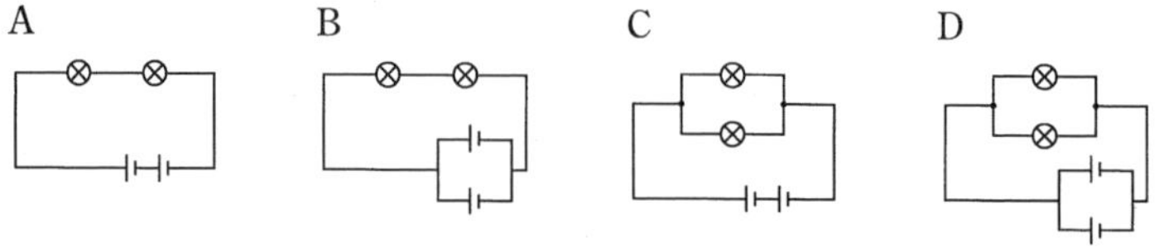

考え方　① 豆電球の明るさは電圧の2乗に比例する。電源の電圧の比を求めた後，それぞれの豆電球にかかる電圧の比を求める。

② 電池について，直列つなぎの場合は，全体の電圧＝電池1個の電圧×個数となるが，並列つなぎの場合は，電池を2個つないでも，電圧は電池1個の場合と同じであることに注意する。

解き方　電池1個の電圧を1とすると，それぞれの回路の電源の電圧の比は，

A：B：C：D＝2：1：2：1

それぞれの電球1個にかかる電圧の比は，

A：B：C：D＝1：0.5：2：1

よって，図1のときと同じ明るさになるのは，AとD。

例題7 〈電流による発熱〉

20Ωの電熱線に2.0Aの電流を3分間流したとき，発生する熱量は何Jか。

考え方　発熱$\boldsymbol{Q}$〔J〕＝VIt　で求められるので，オームの法則を代入して式を変形する。数値を代入する場合，必ず時間の単位を秒になおすこと。

解き方　$\boldsymbol{Q} = VIt$に$V = RI$を代入すると，

$$\boldsymbol{Q} = RI^2 t$$

よって，$\boldsymbol{Q} = 20 \times 2^2 \times 3 \times 60 = 14400$〔J〕

3 電流と磁界

Point Check

1 電流によってつくられる磁界

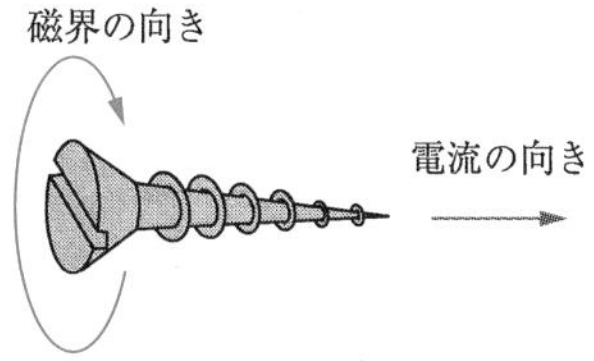

① **右ねじの法則**

ねじの進む向き → 電流の向き

ねじを回す向き → 磁界の向き

② コイルのまわりの磁界

コイルに電流を流すと電磁石になる。

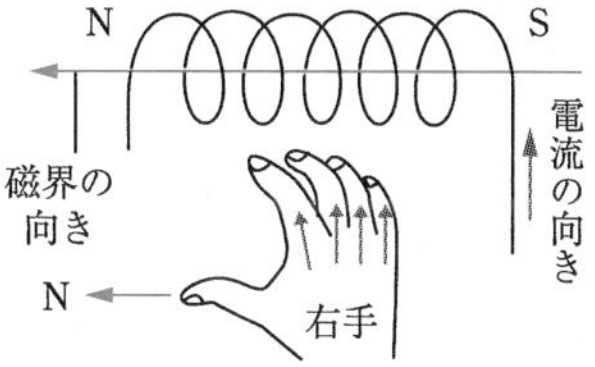

・コイルの内側の磁界の向き…右手の親指以外の4本の指を電流の向きに合わせてコイルを握ったときの親指の指す向き。

・コイルの外側の磁界の向き…コイルの内側と反対向き。

2 電磁誘導

棒磁石の磁極をコイルに近づけたり遠ざけたりして，コイルの中の磁界を変化させると，コイルの両端に電圧が生じる現象。流れる電流のことを**誘導電流**という。

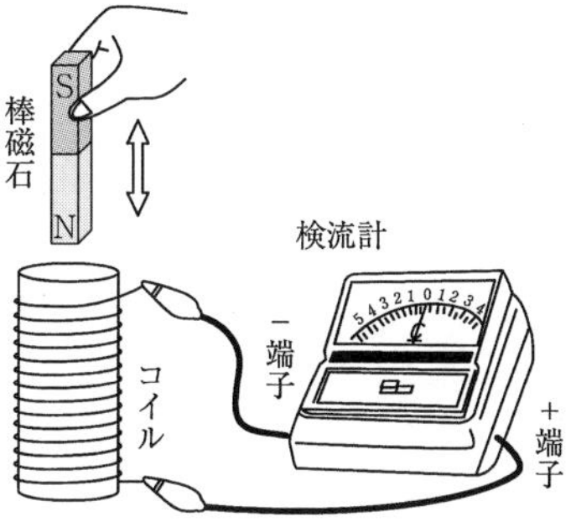

① 大きな誘導電流を流す方法

・強い磁石を使用する。

・コイルの巻き数を多くする。

・磁石の出し入れを速くする。

② 誘導電流の向き

・誘導電流は，誘導電流のつくる磁界が，外部からの磁界の変化を妨げるような向きに生じる（レンツの法則）。

・磁石を近づけるときと遠ざけるときでは逆になる。

・近づける極（遠ざける極）を変えると逆になる。

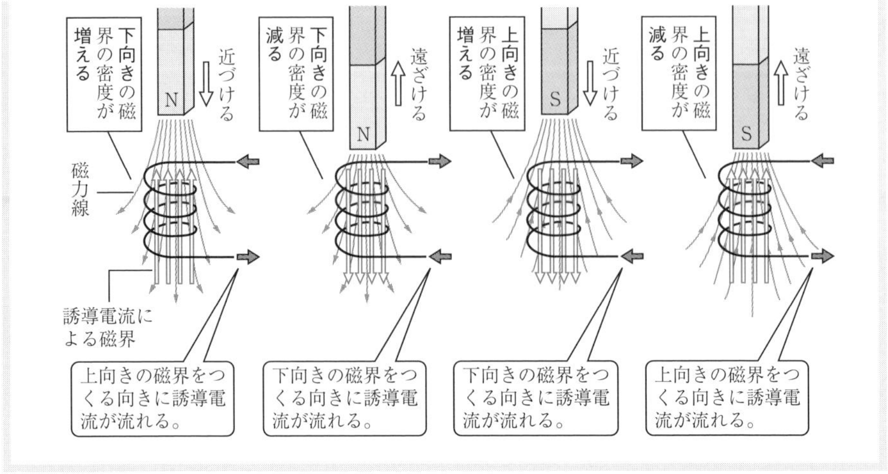

例題8 〈コイルまわりの磁界〉

図のような紙の筒にエナメル線を巻いてつくったコイルがある。このコイルに電流を流すと，コイルの中には，右向き，左向きのどちら向きの磁界ができるか。

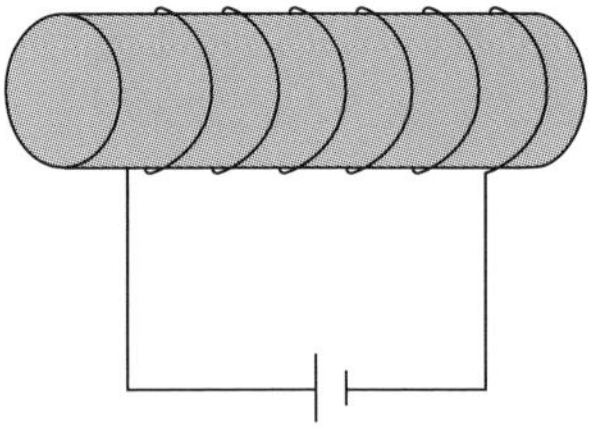

解答 右向き

解説 コイルの中にできる磁界の向きは，親指を除いた4本の指を電流の方向に合わせて右手で握ったとき，立てた親指の向きである。

例題9 〈電磁誘導〉

図のように，コイルに棒磁石のＮ極を近づけると図のアの向きに電流が流れた。

(1) コイルの中に磁石を出し入れしてコイルの中の磁界を変化させると，コイルに電流が流れる。この現象を何というか。

(2) Ｓ極をコイルに近づけるときの電流の向きはア，イのどちらか。

(3) 棒磁石を速く動かすと，流れる電流の強さはどうなるか。

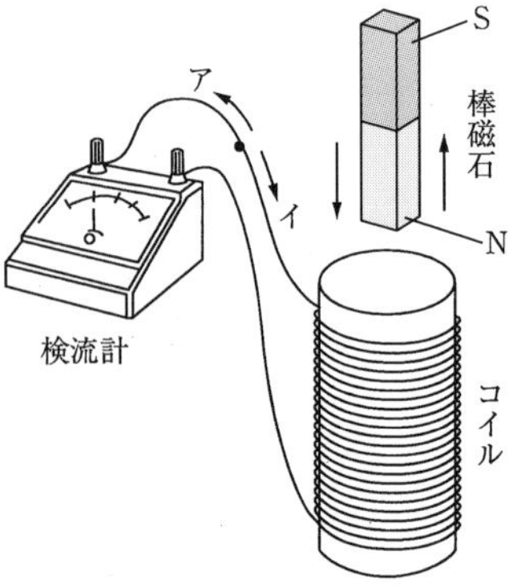

解答 (1) 電磁誘導　(2) イ　(3) 強くなる。

解説 (2) (1)と逆の向きに電流が流れる。

(3) コイルの中に棒磁石の磁極を入れたり出したりする場合は，速く動かすほど，コイルの中の磁界の変化が大きくなるので，大きな誘導電流が流れる。

確認問題

18 図のように，**10Ω**の抵抗と抵抗***R***，**9V**の電源をつないで回路をつくった。点**A**を流れる電流の大きさが**4.5A**のとき，点**B**を流れる電流の大きさは何**A**か。また，抵抗は何Ωか。

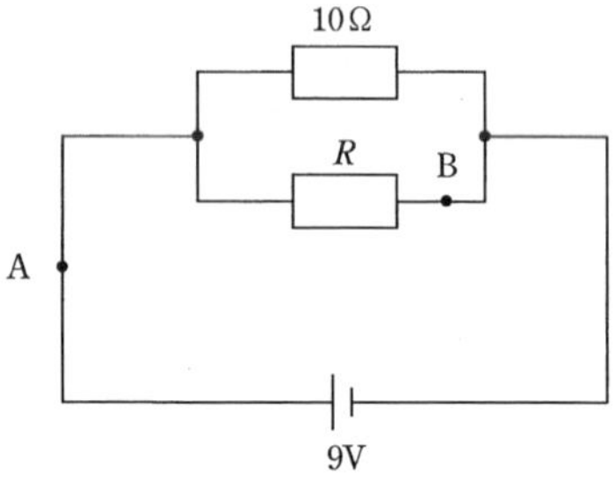

19 図のような回路について，各問いに答えよ。

(1) AB間の電圧は何Vか。
(2) BE間の電圧は何Vか。
(3) Dを流れる電流の大きさは何Aか。
(4) Rの抵抗は何Ωか。

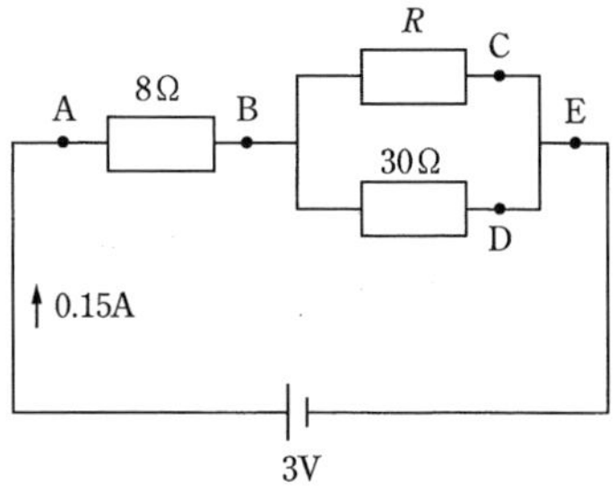

20 電熱線に**5.0V**の電圧をかけると，**2.0A**の電流が流れた。このときの消費電力を求めよ。

21 **100V－50W**と書かれた電球がある。次の各問いに答えよ。

(1) この電球の抵抗は何Ωか。
(2) この電球を50Vの電源につないだときの消費電力はいくらか。また，3時間電流を流したときの電力量を求めよ。

22 **10Ω**の電熱線に**4V**の電圧を**5**分間かけたとき，発生する熱量は何**J**か。

3

化学

Open Sesame

1 物質の構成

●ポイント

混合物，純物質，化合物，同素体といった物質の分類と，化学反応式についての出題率が高い。物質の分類については，各用語の定義と具体的な物質を確実におさえておくこと。化学反応式については，主だった化学反応式を覚えることと，係数の決定の仕方をマスターしておくことが大切である。

1 物質の分類

Point Check

1 混合物と純物質

① **混合物**…2種類以上の純物質が混合しているもの。混合している純物質により，沸点・融点が変わる。
例 空気，石油，海水，花こう岩

② **純物質**…1種類の物質からなるもの。沸点・融点が一定。
例 水，食塩(塩化ナトリウム)，酸素，二酸化炭素，鉄

2 混合物の分離

混合物中の各成分の性質の違いを利用して，混合物から純物質を分離する操作方法。主に次のような方法がある。

① **ろ過**…ろ紙のすき間を通過できない固体成分を液体から分離する方法。
例 泥水から，泥(土や砂)と水を分離する

② **蒸留・分留**…蒸留は，**沸点の違い**を利用して，液体の混合物を加熱して出てきた気体を冷却し，再び液体として取り出す方法。いくつかの液体が溶け合っているとき，沸点の低い物質から順に蒸留していくことを分留という。
例 蒸留：水とエタノールの混合物の分離，塩化ナトリウム水溶液から純水を得る
分留：液体空気から窒素や酸素を分離，石油からガソリンや灯油などを得る

〈水とエタノールの分離〉

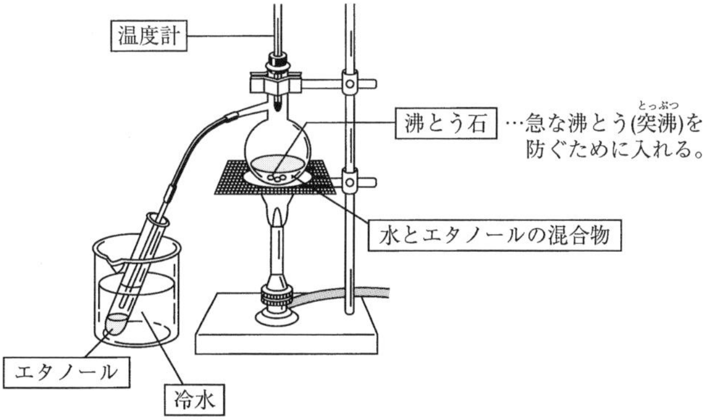

③　**抽出**…溶媒を用いて，混合物から特定の物質だけを溶かし出す方法。

例　コーヒー豆からコーヒーのエキスを取り出す

④　**再結晶法**…液体に溶かした純物質を，溶解度（物質が液体中に溶解する量の上限値）の差を利用して析出させて分離する方法。

例　少量の塩化ナトリウムが混じった硝酸カリウムの混合物から硝酸カリウムを得る

⑤　**昇華法**…固体混合物から，昇華（固体が液体を経ずに直接気体になる変化）して気体になりやすい物質だけを分離する方法。

例　ヨウ素とヨウ化カリウムの混合物からヨウ素を得る

⑥　**クロマトグラフィー**…混合物を，ある物質との吸着力の差を利用して分離精製する方法。

例　たんぱく質を加水分解して得られるアミノ酸の分離

3　有機化合物

①　有機化合物と無機化合物

・**有機化合物**…**炭素原子を骨格とした化合物**。炭素原子どうしの結合は安定で，多数の原子が結びつき，一列あるいは枝分かれした鎖状構造や環状構造をつくる。1000万種類もある。

※CO_2や$CaCO_3$など，慣例上，無機化合物として扱われるものもある。

・無機化合物…炭素以外の元素からなる化合物。

	有機化合物	無機化合物
構成元素	**少ない**。**C**，**H**，**O**，**N**などが主なもの。	多い。100種類ほどあり，ほぼ全元素。
結　　合	ほとんどが共有結合。	多くはイオン結合。
融点・沸点	比較的**低い**。	高いものが多い。
溶解性	**水に溶けにくい**ものが多い。 有機溶媒（ベンゼンなど）には溶けるものが多い。	水に溶けるものが多い。 有機溶媒には溶けない。
可燃性	空気中で**燃えやすい**ものが多い。 熱すると分解しやすい。	燃えないものが多い。 高温でも分解しにくい。

② 有機化合物の主な分類

有機化合物の特性は，その分子中に含まれる官能基によって決まる。

官能基の種類	構造	一般名	化合物の例
ヒドロキシ基 （水酸基）	$-OH$	アルコール	メタノールCH_3-OH エタノールC_2H_5-OH
アルデヒド基 （ホルミル基）	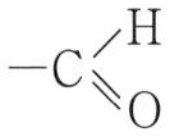	アルデヒド	アセトアルデヒドCH_3-CHO
カルボキシ基	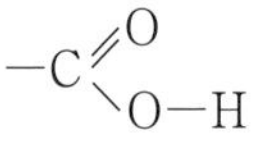	カルボン酸	酢酸CH_3-COOH
ニトロ基	$-NO_2$	ニトロ化合物	ニトロベンゼン$C_6H_5-NO_2$

例題1 〈混合物と純物質〉

次の物質を混合物と純物質に分類せよ。

ア．石油　　イ．塩化ナトリウム　　ウ．ドライアイス

エ．水蒸気　　オ．空気

解答 混合物：ア，オ　　純物質：イ，ウ，エ

解説 混合物は2種類以上の純物質が混合しているもので，純物質は1種類の物質からなるものである。

例題2 〈混合物の分離〉

次の混合物の分離・精製法の例をア～オからそれぞれ選べ。

(1) ろ過　(2) 再結晶法　(3) 分留　(4) 抽出　(5) 昇華法

ア．少量の塩化ナトリウムを含む硝酸カリウムの精製

イ．砂を含む食塩水の精製

ウ．少量のエタノールを含むベンゼンの精製

エ．ヨウ素やナフタレンの精製

オ．石油の精製

解答 (1) イ　(2) ア　(3) オ　(4) ウ　(5) エ

解説 (1) 液体とその液体に溶けない固体を分離する場合，ろ紙を用いてろ過する。

(2) 少量の塩化ナトリウムを含む硝酸カリウムを，高温の水に溶かし，冷却すると，低温の方が水に溶けにくいため，硝酸カリウムの純粋な結晶が析出してくる。塩化ナトリウムは少量なので，水溶液中に残る。

(3) 石油は混合物で，分留することによってガソリン，灯油，軽油，重油といった種々の成分に分離できる。

(4) エタノールは水によく溶けるが，ベンゼンは水に溶けないという性質を利用する。少量のエタノールを含むベンゼンを分液漏斗に入れて，同量の水を加えてよく振ると二層に分かれ，エタノールは下層の水に溶け，上層は純粋なベンゼンとなる。

(5) ヨウ素やナフタレンの固体は昇華して気体になりやすく，これを冷却してもとの固体にすれば純粋な物質が得られる。

2 物質を構成するもの

Point Check

1 単体と化合物

① **元素**…物質を構成する基本的な成分。各元素はラテン語名などの頭文字からとった記号で表され，これを元素記号という。

例 Ag，Fe

② 単体と化合物

・**単体**：1種類の元素だけからできている純物質。

例 水素 H_2，窒素 N_2，酸素 O_2，炭素 C，鉄 Fe，銅 Cu

・**化合物**：2種類以上の元素からできている純物質。

例 水 H_2O，二酸化炭素 CO_2，塩化ナトリウム NaCl，硫酸 H_2SO_4

③ **同素体**…**同じ元素からなる単体**で，性質が互いに異なるもの。

例 炭素(C)：**ダイヤモンド**，**黒鉛**，フラーレン

酸素(O)：**酸素** $\mathbf{O_2}$，**オゾン** $\mathbf{O_3}$

リン(P)：赤リン，黄リン

硫黄(S)：斜方硫黄，単斜硫黄，ゴム状硫黄(無定形硫黄)

2 物質を構成する粒子

① 原子…物質を構成する基本的粒子。名称は元素と同じ。

例 水素 H，酸素 O，炭素 C，マグネシウム Mg，ナトリウム Na

② 分子…原子がいくつか結合してできた粒子で，その物質の性質を決める最小の単位。

例 単原子分子：ネオン Ne，アルゴン Ar

二原子分子：水素 H_2，酸素 O_2，塩素 Cl_2

多原子分子：水 H_2O，二酸化炭素 CO_2，アンモニア NH_3

③ **イオン**…正または負のどちらかの電気を帯びた原子または原子団。

〈主な陽イオンと陰イオン〉

	陽イオン	陰イオン
単原子イオン	H^+, Na^+, Mg^{2+}, Cu^{2+}, Ca^{2+}	Cl^-, Br^-, S^{2-}, O^{2-}
多原子イオン	NH_4^+	OH^-, NO_3^-, SO_4^{2-}

④ **電解質**…水溶液中で陽イオンと陰イオンに電離する物質。電解質の水溶液は電気を通す。

例 塩化ナトリウム$NaCl \longrightarrow Na^+ + Cl^-$
塩酸$HCl \longrightarrow H^+ + Cl^-$
硝酸カリウム$KNO_3 \longrightarrow K^+ + NO_3^-$

※グルコース（ブドウ糖）$C_6H_{12}O_6$やエタノールC_2H_5OHは非電解質であり，これらの水溶液は電気を通さない。

⑤ **同位体**…**原子番号（陽子の数）は同じで，中性子（電気をもたない粒子）の数が異なる原子**。質量数は異なるが，化学的性質はほとんど同じ。

例 ${}^{1}_{1}H$と${}^{2}_{1}H$，${}^{12}_{6}C$と${}^{13}_{6}C$

例題3 〈同素体〉

次のうち，互いに同素体である組み合わせを選べ。

① 一酸化炭素と二酸化炭素　② 酸素とオゾン　③ 水と過酸化水素
④ 赤リンと黄リン　⑤ 水と氷

解答 ②，④

解説 同じ元素からできていて，性質の異なる単体どうしを同素体という。
①のCOとCO_2，③のH_2OとH_2O_2は，成分元素は同じであるが，化合物なので同素体とはいわない。⑤の水と氷は，状態が違うだけでH_2Oという同じ物質である。

例題4 〈電解質〉

次の電解質が水中で電離したときに生じるイオンの化学式を書け。

(1) $NaOH$　(2) H_2SO_4　(3) $CuCl_2$

解答 (1) Na^+，OH^-　(2) H^+，SO_4^{2-}　(3) Cu^{2+}，Cl^-

3 物質量

Point Check

1 原子量・分子量・式量

① 原子量

質量数12の炭素原子^{12}Cの1個の質量を12としたときの各原子の相対的質量。相対質量なので単位はない。

〈主な原子の原子量〉

元素	原子量	元素	原子量	元素	原子量
水素 H	1.0	ナトリウム Na	23.0	鉄 Fe	55.9
炭素 C	12.0	硫黄 S	32.0	銅 Cu	63.6
窒素 N	14.0	塩素 Cl	35.5	亜鉛 Zn	65.4
酸素 O	16.0	カルシウム Ca	40.0	銀 Ag	107.9

② 分子量

原子量と同じ基準で表した分子の相対的質量。分子を構成する原子の原子量の総和に等しいため，分子式と原子量がわかっていれば，分子量を計算することができる。

例　H_2Oの分子量$=1.0\times2+16.0=18.0$
　　H_2SO_4の分子量$=1.0\times2+32.0+16.0\times4=98.0$

③ 式量

イオン式や組成式で表される物質における式中の全構成原子の原子量の総和。

例　NaClの式量$=23.0+35.5=58.5$
　　$CaCO_3$の式量$=40.0+12.0+16.0\times3=100$

2 物質量

① 物質量の基準

アボガドロ数個の粒子を1モル（mol）といい，1モルの物質中には，**6.02×10^{23}個**の原子または分子が含まれる。6.02×10^{23}を**アボガドロ定数**という。

② 物質1モルの質量

原子量・分子量・式量に単位gをつけたもので表される。

例　原子量23.0のNa(ナトリウム)1molの質量＝23.0g

分子量30.0のC_2H_6(エタン)1molの質量＝30.0g

③　モル質量

物質量1モルの質量。原子量・分子量・式量に単位g/molをつけたもので表される。

例　分子量44.0のCO_2(二酸化炭素)のモル質量＝44.0g/mol

④　物質量と質量

物質の質量がわかれば，その物質量を求めることができる。

$$\text{物質量}\,n〔\text{mol}〕=\frac{\text{質量}\,w〔\text{g}〕}{\text{モル質量}\,M〔\text{g/mol}〕}=\frac{\text{質量}}{\text{原子量，分子量，式量}}$$

例　分子量18.0のH_2O(水)27gの物質量n〔mol〕は，

$$n=\frac{27〔\text{g}〕}{18}=1.5〔\text{mol}〕$$

H_2O 0.25モルの質量w〔g〕は，$w=18\times0.25=4.5$〔g〕

⑤　気体1モルの体積

0℃，1.0×10^5Pa（＝大気圧）の標準状態において，1モルの気体の占める体積は，気体の種類に関係なく**22.4 L**。

$$0℃，1.0\times10^5\text{Pa}\text{で}\,V〔\text{L}〕\text{の気体の物質量}\,n〔\text{mol}〕=\frac{V〔\text{L}〕}{22.4}$$

例　0℃，1.0×10^5Paで，11.2Lの酸素の物質量n〔mol〕は，

$$n=\frac{11.2〔\text{L}〕}{22.4}=0.5〔\text{mol}〕$$

⑥　アボガドロの法則

同温同圧のもとで，同体積の気体はすべて同数個の分子を含む。

例題5 〈物質量〉

次の各問いに答えよ。原子量はC＝12.0，O＝16.0，アボガドロ定数を6.0×10^{23}とする。

(1) 炭素4.0g中には炭素原子が何個含まれるか。

(2) 二酸化炭素（気体）が標準状態で2.8Lある。この気体にCO_2分子は何個含まれているか。また，この気体の質量は何gか。

(3) ある気体0.80gの体積は標準状態で560mLであった。この気体の分子量を求めよ。

解答 (1) 2.0×10^{23}個　(2) 7.5×10^{22}個，5.5g　(3) 32

解説 (1) 炭素原子の1モルの質量は12.0gであるから，炭素4.0gの物質量は，

$$\frac{4.0}{12.0}=\frac{1}{3}\,[\text{mol}]$$

1モルにつき6.0×10^{23}個の粒子が含まれているから，

$$6.0\times10^{23}\times\frac{1}{3}=2.0\times10^{23}\,[\text{個}]$$

(2) 二酸化炭素（CO_2）の分子量は，$12.0+16.0\times2=44$であるから，1モルの質量は44.0gである。標準状態の気体2.8Lのモル数は

$$\frac{2.8}{22.4}=0.125\,[\text{mol}]$$

1モルにつき，6.0×10^{23}個の分子が含まれているから，

$$6.0\times10^{23}\times0.125=0.75\times10^{23}$$
$$=7.5\times10^{22}\,[\text{個}]$$

質量は，$0.125\times44=5.5\,[\text{g}]$

(3) この気体の分子量をxとすると，

$$\text{物質量}=\frac{0.8}{x}\,[\text{mol}]\quad\cdots①$$

560mLは0.56Lであるので，

$$\text{物質量}=\frac{0.56}{22.4}\,[\text{mol}]\quad\cdots②$$

①，②が等しいので，

$$\frac{0.8}{x}=\frac{0.56}{22.4}$$

$$\therefore x=32$$

4 化学反応と化学反応式

Point Check

1 化学反応式の書き方

① 反応物質の化学式を左辺，生成物質の化学式を右辺に書き，矢印 $\longrightarrow$ で両辺を結ぶ。

② 両辺で同じ種類の原子の数が等しくなるように，係数をつける。係数は最も簡単な整数比になるようにし，1は省略する。

2 化学反応式の量的関係

化学反応式	$2H_2$ (2個の水素分子)	＋ O_2 (1個の酸素分子)	$\longrightarrow$ $2H_2O$ (2個の水分子)	左右の原子の数は等しい
物質量	2mol	1mol	2mol	係数の比＝物質量の比
質量	2×2g	1×32g	2×18g	左辺の質量の和＝右辺の質量の和
気体の体積	2×22.4L	1×22.4L	－	標準状態のとき

※ 化学反応式中の係数は，同温・同圧の気体の体積比を表す。

3 いろいろな化学反応

① **化合**…2種類以上の物質が反応して，別の新しい物質ができる化学変化。

例 $Fe + S \longrightarrow FeS$ （鉄＋硫黄 $\longrightarrow$ 硫化鉄）
$2H_2 + O_2 \longrightarrow 2H_2O$ （水素＋酸素 $\longrightarrow$ 水）

② **酸化**…化合のうち，特に酸素と化合する化学変化。

例 $2Mg + O_2 \longrightarrow 2MgO$
（マグネシウム＋酸素 $\longrightarrow$ 酸化マグネシウム）
$2Cu + O_2 \longrightarrow 2CuO$ （銅＋酸素 $\longrightarrow$ 酸化銅）

③ **燃焼**…酸化の一種。激しく熱や光を出しながら物質が酸素と化合する化学変化。

例 $2Mg + O_2 \longrightarrow 2MgO$
（マグネシウム＋酸素 $\longrightarrow$ 酸化マグネシウム）
$C + O_2 \longrightarrow CO_2$ （炭素＋酸素 $\longrightarrow$ 二酸化炭素）

④ **還元**…酸化物が酸素を失う化学変化。

例 $2CuO + C \longrightarrow 2Cu + CO_2$
（酸化銅＋炭素 $\longrightarrow$ 銅＋二酸化炭素）
$CuO + H_2 \longrightarrow Cu + H_2O$ （酸化銅＋水素 $\longrightarrow$ 銅＋水）

⑤ **分解**…1種類の物質が2種類以上の物質に分かれる化学変化。

例 $2Ag_2O \longrightarrow 4Ag + O_2$ （酸化銀 ⟶ 銀＋酸素）

$2NaHCO_3 \longrightarrow Na_2CO_3 + H_2O + CO_2$

（炭酸水素ナトリウム ⟶ 炭酸ナトリウム＋水＋二酸化炭素）

4 化学の基礎法則

質量保存の法則	化学変化の前後で，反応に関係する物質全体の質量は変わらない。
ヘスの法則	化学変化によって発生または吸収する熱量は，反応のはじめと終わりの物質が同じであれば，反応がどのような経路をとっても同じである。
定比例の法則	ある化合物を構成している成分元素の質量比は，常に一定である。
気体反応の法則	気体間の反応においては，反応または生成する気体の体積は，同温・同圧のもとで簡単な整数比となる。

例題6 〈化学反応式の係数〉

係数を加えて，次の化学反応式を完成せよ。

$$C_2H_6 + O_2 \longrightarrow CO_2 + H_2O$$

解答 $2C_2H_6 + 7O_2 \longrightarrow 4CO_2 + 6H_2O$

解説 〈目算法による解き方〉

反応式中，最も原子数の多いC_2H_6の係数を1とし，両辺の原子の種類と数をそろえる。ここでは，CとHの数から，$2CO_2$，$3H_2O$と決まる。最後にOの数は，合わせて$\frac{7}{2}O_2$となるので，全体を2倍にして整数にする。

〈未定係数法による解き方〉

$aC_2H_6 + bO_2 \longrightarrow cCO_2 + dH_2O$ とおき，C，H，Oの数について，次の3式を連立させて解く。

$$\begin{cases} C : 2a = c & \cdots\cdots① \\ H : 6a = 2d & \cdots\cdots② \\ O : 2b = 2c + d & \cdots\cdots③ \end{cases}$$

ここで，$a = 1$とおくと，式①より$c = 2$，式②より$d = 3$，

これと，式③より$b = \frac{7}{2}$

よって，$a : b : c : d = 1 : \frac{7}{2} : 2 : 3 = 2 : 7 : 4 : 6$

$$2C_2H_6 + 7O_2 \longrightarrow 4CO_2 + 6H_2O$$

例題7 〈化学反応式と物質量〉

窒素と水素が反応すると，アンモニアができる。

(1) このときの化学反応式を書け。

(2) 窒素1molと反応する水素は何モルか。

(3) 窒素1molからアンモニアは何モル生じるか。

(4) 0℃，1.0×10^5Paの窒素5Lと水素15Lから，アンモニアは何L生じるか。

解答 (1) $N_2+3H_2 \longrightarrow 2NH_3$　(2) 3モル　(3) 2モル　(4) 10L

解説 (2)(3) 化学反応式中の係数は各物質の物質量の比を表すから，モル比は，

$$N_2 : H_2 : NH_3 = 1:3:2$$

窒素N_2が1モルであれば，水素H_2は3モル，アンモニアNH_3は2モルとなる。

(4) 気体のとき同温・同圧下では，モル比＝体積比となるため，アンモニアの体積をxLとすると，

$$1:3:2=5:15:x$$

$$\therefore x=10\,〔L〕$$

例題8 〈化学反応式の量的関係〉

プロパンC_3H_8 2.2gを空気中で燃焼させたところ，二酸化炭素と水が生じた。原子量H＝1.0，C＝12.0，O＝16.0とする。

(1) この化学変化を化学反応式で示せ。

(2) このとき生じた水の質量は何gか。

(3) このとき発生した二酸化炭素は標準状態で何Lか。

解答 (1) $C_3H_8+5O_2 \longrightarrow 3CO_2+4H_2O$　(2) 3.6g　(3) 3.36L

解説 (1) プロパンを燃焼させるので，この化学反応式を構成するのは，プロパンC_3H_8と酸素O_2，二酸化炭素CO_2と水H_2Oである。

目算法で考えると，反応式中，最も原子数の多いC_3H_8の係数を1とし，両辺の原子の種類と数をそろえる。CとHの数から，$3CO_2$，$4H_2O$と決まる。最後にOの数は合わせて10なので，$5O_2$となる。

(2) C_3H_8のモル質量は，$12.0\times3+1.0\times8=44.0$〔g/mol〕であるから，$C_3H_8$ 2.2gの物質量は，

$$\frac{2.2〔g〕}{44.0〔g/mol〕}=0.05〔mol〕$$

化学反応式より，1モルのC_3H_8からH_2Oが4モル生じ，H_2Oの1モルの質量は$1.0\times2+16.0=18.0$〔g〕であるから，生じた水の質量は，

$18.0\times4\times0.05=3.6$〔g〕

(3) 化学反応式より，1モルのC_3H_8からCO_2が3モル生じ，1モルの気体の体積は標準状態で22.4Lであるから，生じた二酸化炭素の体積は，

$22.4\times3\times0.05=3.36$〔L〕

例題9 〈過不足のある反応の量的関係〉

一酸化炭素10Lに酸素10Lを混ぜて燃焼させた。気体の体積はすべて同温・同圧で測るものとする。

(1) この化学変化を化学反応式で示せ。

(2) この反応では，どちらの気体が何L残ったか。

(3) 燃焼後の気体の全体積は何Lか。

解答 (1) $2CO + O_2 \longrightarrow 2CO_2$　(2) 酸素が5L残る。　(3) 15L

解説 (2) 化学反応式の係数は，同温・同圧の気体の体積比を表すから，

COの体積：O_2の体積$=2:1$

よって，10LのCOと反応するO_2は5L。

$10-5=5$〔L〕

で，酸素が5L残る。

(3) 化学反応式の係数から，

反応するCOの体積：生成するCO_2の体積$=1:1$

10LのCOが全部反応してなくなり，代わって生じるCO_2が10Lである。

(2)より，反応せずに残るO_2は5Lであるから，燃焼後の気体の全体積は，

$10+5=15$〔L〕

確認問題

1 次の物質の中から化合物をすべて選べ。

① 空気　② 酸素　③ 水　④ エタノール　⑤ 炭素　⑥ 食塩

2 次の混合物の分離方法として適切なものをア～オからそれぞれ選び，記号で答えよ。

(1) 空気をそれぞれの成分に分離する。

(2) 泥水から，泥（土や砂）と水を分離する。

(3) 食塩水から，食塩の結晶を取り出す。

ア．蒸発　イ．ろ過　ウ．分留　エ．昇華法　オ．抽出

3 次の各問いに答えよ。ただし，原子量は**H＝1.0**，**C＝12.0**，**N＝14.0**，**O＝16.0**，アボガドロ定数を**6.0×10^{23}**，気体は標準状態とする。

(1) 酸素分子1.5×10^{23}個の体積は何Lか。

(2) 窒素8.4gに含まれる分子の数は何個か。

(3) アンモニアNH_3 11.2Lの質量は何gか。

(4) エタンC_2H_6分子1個の質量は何gか。

4 次の化学反応式の空欄に係数を入れて完成せよ。

(1) (　) H_2O_2 $\longrightarrow$ (　) H_2O + (　) O_2

(2) (　) Al + (　) O_2 $\longrightarrow$ (　) Al_2O_3

(3) (　) NH_3 + (　) O_2 $\longrightarrow$ (　) NO + (　) H_2O

5 マグネシウムは，空気中で燃焼すると酸化マグネシウムになる。**6.0g**のマグネシウムを空気中で燃焼させるとき，次の各問いに答えよ。ただし，原子量は**Mg＝24.0**，**O＝16.0**とする。

(1) 燃焼に必要な酸素は何gか。また，その体積は0℃，1.0×10^5Paで何Lか。

(2) 生じる酸化マグネシウムの質量は何gか。

2 物質の状態

●ポイント

化学全体からすると，出題頻度の低い分野ではあるが，質量パーセント濃度と溶解度については，公式さえ覚えていれば解けるので，解法を確実に身につけておきたい。

1 物質の三態

Point Check

1 物質の状態変化

一般に，物質は高温になるほど粒子の熱運動が激しくなり，粒子の集合状態が変化することによって，固体→液体→気体に変わる。

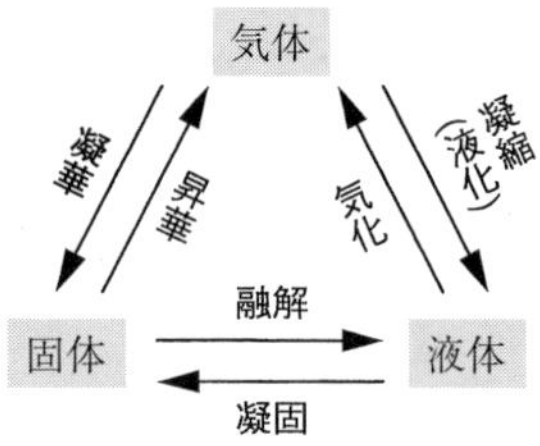

① **融解**…固体から液体への変化。融解しはじめるときの温度が**融点**。

② **凝固**…液体から固体への変化。凝固しはじめるときの温度が**凝固点**。凝固点と融点は等しい。

③ **気化**…液体から気体への変化。液体の表面から気化することを**蒸発**，液体の内部からもさかんに気化する現象を**沸騰**という。液体が沸騰するときの温度が**沸点**。

④ **凝縮（液化）**…気体から液体への変化。

⑤ **昇華**…固体から気体への変化。

例　二酸化炭素が固体（ドライアイス）から気体になる。

⑥ **凝華**（昇華）…気体から固体への変化。

2 状態変化と体積・密度

① 質量：状態変化するとき，**質量は変わらない**。

② 体積：一般に，**凝固するとき体積は小さく**なり，**気化するとき体積は大きくなる**。

③ 密度：状態変化するとき，体積は変化するが質量は変わらないため，密度も変化する。一般に，密度は固体が最も大きく，気体が最も小さい。

3 水の状態変化と体積

① 水→氷：体積は1.1倍に増加。

② 水→水蒸気：体積は1700倍に大きく増加。

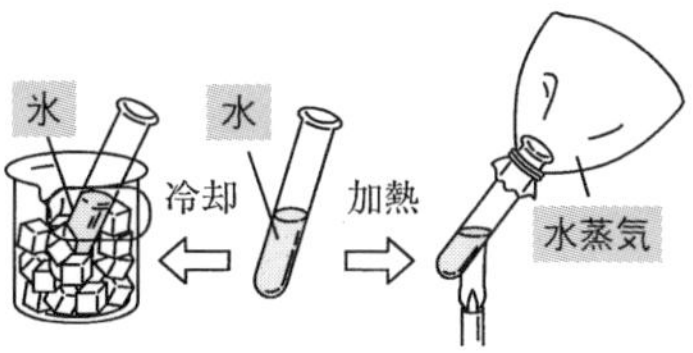

例題1 〈三態の変化〉

次の現象に最も関係が深いものをア～カからそれぞれ選べ。

(1) 冷えたコップの周りに水滴がつく。

(2) 洗濯物が乾く。

(3) 外圧を低くしたり温度を高くしたりすると，液体の内部で蒸発がおこる。

ア．蒸発　イ．凝固　ウ．凝縮　エ．融解　オ．沸騰　カ．昇華

解答 (1) ウ　(2) ア　(3) オ

解説 (1) 空気中の水蒸気(気体)が水(液体)になるから，凝縮である。

(2) 水(液体)が水蒸気(気体)になるから，蒸発である。液体がその表面から気化することを蒸発という。

(3) 液体の蒸気圧が外圧と等しくなると，液体の内部で沸騰(気化)がおこる。

例題2 〈状態変化と体積〉

物質の状態変化に関する次の記述のうち，正しいものを選べ。

① 水以外の物質が状態変化するとき，一般に密度は変わらない。

② 水以外の物質が状態変化するとき，一般に質量は変化する。

③ 水以外の物質が液体から固体に変化するとき，一般に体積は増加する。

④ 水から水蒸気に変化するとき，体積は大きく増加する。

⑤ 水から氷に変化するとき，体積は減少する。

解答 ④

解説 ① 物質が状態変化するとき，体積は変化するが質量は変わらないため，密度も変化する。

② 物質が状態変化するとき，質量は変化しない。

③ 物質が液体から固体に変化(凝固)するとき，体積は減少する。

⑤ 水から氷に変化するとき，体積は増加する。

2 気体

Point Check

1 気体の体積と圧力・温度の関係

① **ボイルの法則**…温度一定のとき，一定量の気体の体積Vは圧力Pに反比例する。

$$P_1V_1 = P_2V_2 = k(一定)$$

② **シャルルの法則**…圧力一定のとき，一定量の気体の体積Vは絶対温度Tに比例する。

$$\frac{V_1}{T_1} = \frac{V_2}{T_2} \qquad (※T〔\mathrm{K}〕= 273 + t〔℃〕)$$

③ **ボイル・シャルルの法則**…一定量の気体の体積Vは，圧力Pに反比例し，絶対温度Tに比例する。

$$\frac{P_1V_1}{T_1} = \frac{P_2V_2}{T_2}$$

2 気体の状態方程式

一定量のn〔mol〕の気体について，圧力P，絶対温度T，体積V，分子量M，気体の質量をw〔g〕とすると，

$$PV = nRT = \frac{w}{M}RT \qquad (※R = 8.31\times10^3〔\mathrm{Pa}\cdot\mathrm{L}/(\mathrm{k}\cdot\mathrm{mol})〕:気体定数)$$

3 ドルトンの分圧の法則

混合気体の全圧は，その各成分気体の分圧の和に等しい。

分圧＝全圧×成分気体のモル比（体積比）

※ 分圧…容器内の各気体の圧力
　 全圧…混合気体の圧力

例題3 〈ボイル・シャルルの法則〉

次の各問いに答えよ。

(1) 圧力1.0×10^5Paで2Lの体積の気体がある。この気体の温度を変えずに，圧力を2倍にすると体積は何Lになるか。

(2) 0℃で2Lの体積の気体がある。この気体の圧力を変えずに273℃に加熱したら体積は何Lになるか。

解答 (1) 1L　(2) 4L

解説 (1)は温度が一定なのでボイルの法則，(2)は圧力が一定なのでシャルルの法則を使えばよい。しかし，一定量の気体の圧力を圧縮・膨張させたり，加熱・冷却したりして，その体積・圧力・温度を変える問題では，すべてボイル・シャルルの法則で解くことができる。

ボイル・シャルルの法則　$\dfrac{P_1V_1}{T_1}=\dfrac{P_2V_2}{T_2}$　より，

(1) $\dfrac{1.0\times10^5\times2}{T}=\dfrac{2.0\times10^5\times V_2}{T}$　　$\therefore\ V_2=1$〔L〕

(2) T〔K〕$=273+t$〔℃〕より，0℃は273K，273℃は546K。気体の圧力をPとすると，

$$\frac{P\times2}{273}=\frac{P\times V_2}{546}\qquad\therefore\ V_2=4\text{〔L〕}$$

例題4 〈気体の状態方程式〉

同温，同体積の水素と窒素の質量を測ったところ，同じ値であった。水素の圧力が2.0×10^5Paであったとき，この窒素の圧力は何Paか。

解答 1.43×10^4Pa

解説 水素H_2の分子量は2，窒素N_2の分子量は28である。

気体の状態方程式　$PV=\dfrac{w}{M}RT$　より，

水素　$2.0\times10^5\times V=\dfrac{w}{2}RT$ ……　①

窒素　$PV=\dfrac{w}{28}RT$　……　②

水素・窒素の体積V，質量w，絶対温度Tの数値は同じであるから，

①÷②　$\dfrac{2.0\times10^5\times V}{P\times V}=\dfrac{\dfrac{w}{2}\times RT}{\dfrac{w}{28}\times RT}$　　$\therefore\ P\fallingdotseq1.43\times10^4$〔Pa〕

例題5 〈分圧の法則〉

空気の体積組成を窒素80%，酸素20%とする。101kPaの空気の窒素および酸素の分圧を求めよ。

解答 窒素の分圧：81kPa　　酸素の分圧：20kPa

解説 分圧の法則により，

分圧＝全圧×成分気体のモル比(体積比)

で求められる。

窒素の分圧＝101〔kPa〕×0.80≒81〔kPa〕

酸素の分圧＝101〔kPa〕×0.20≒20〔kPa〕

3 溶液

Point Check

1 溶液

① 溶液…物質が液体に一様に溶けたもの。水に溶けたものを水溶液という。
② 溶質…溶液中に溶けている物質。
③ 溶媒…溶質を溶かしている液体。

2 溶液の濃度

① **質量パーセント濃度〔%〕**

溶液100gに含まれる溶質の質量〔g〕を質量百分率で表した濃度。

$$\text{質量パーセント濃度〔\%〕} = \frac{\text{溶質の質量〔g〕}}{\text{溶液の質量〔g〕}} \times 100$$

例 水380gに食塩(塩化ナトリウム)20gを溶かした食塩水の質量パーセント濃度は，

$$\frac{20}{380+20} \times 100 = 5.0 \text{〔\%〕}$$

② **モル濃度〔mol/L〕**

溶液1L中に含まれている溶質の量を物質量〔mol〕で表した濃度。

溶液V〔L〕中にn〔mol〕の溶質が含まれている場合のモル濃度c〔mol/L〕は,

$$c\,\text{〔mol/L〕}=\frac{n\,\text{〔mol〕}}{V\,\text{〔L〕}}\qquad \text{または,}\ n=cV$$

例　0.50 mol/Lの希硫酸30 mLに含まれるH_2SO_4の物質量は,

$$0.50\times\frac{30}{1000}=0.015\,\text{〔mol〕}$$

3 溶解度

<主な固体の溶解度曲線>

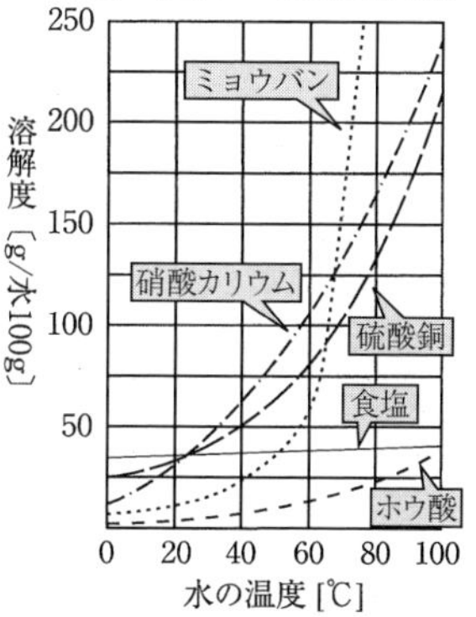

① 溶解度

溶媒100 gに溶けることのできる固体の溶質の最大量をg単位で表した数値。ある温度の溶解度は,物質によって異なり,温度が変わると変化する。この関係をグラフに表したときの曲線を溶解度曲線という。

② 飽和水溶液

物質が水に溶解度の量だけ溶けた水溶液。

③ 冷却による溶質の析出量

$$\frac{\text{溶解度の差}(S_1-S_2)}{100+\text{最初の溶解度}S_1}\times(\text{飽和水溶液の質量})$$

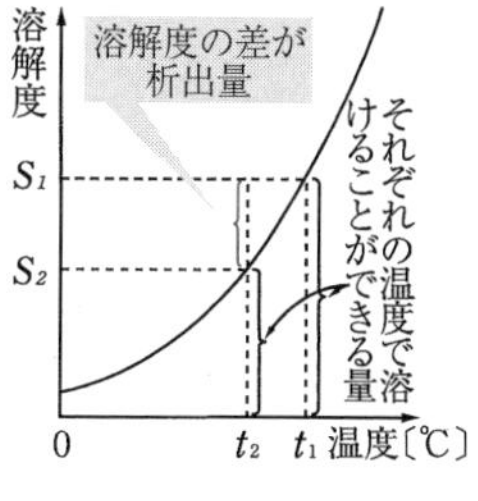

4 ヘンリーの法則

気体の溶解の場合,一定温度で一定量の**溶媒に溶ける気体の質量(または物質量)は,その圧力に比例**する。

例題6 〈質量パーセント濃度〉

20gの食塩を180gの水に溶かした食塩水Aがある。

(1) 食塩水A20gに水を加えて5%の食塩水をつくるとき，何gの水を加えればよいか。

(2) 食塩水A100gに食塩を加えて15%の食塩水をつくるとき，何gの食塩を加えればよいか。

解答 (1) 20g　(2) 5.88g

解説 (1) 食塩水Aの濃度は，$\dfrac{\text{溶質の質量〔g〕}}{\text{溶液の質量〔g〕}} \times 100$ より，

$$\frac{20}{20+180} \times 100 = 10 \text{〔\%〕}$$

食塩水A20gに含まれている食塩の量は，

$$20 \times \frac{10}{100} = 2 \text{〔g〕}$$

食塩水Aに加える水の量をxgとすると，次の式が成り立つ。

$$\frac{2}{20+x} \times 100 = 5$$

$$\therefore x = 20 \text{〔g〕}$$

(2) 食塩水A100gに含まれている食塩の量は，

$$100 \times \frac{10}{100} = 10 \text{〔g〕}$$

食塩水A100gに加える食塩の量をygとすると，次の式が成り立つ。

$$\frac{10+y}{100+y} \times 100 = 15$$

$$\therefore y \fallingdotseq 5.88 \text{〔g〕}$$

例題7 〈溶液の濃度〉

水酸化ナトリウムの固体6.0gを水に溶かし，50.0mLとした水溶液がある。原子量はH＝1.0，O＝16.0，Na＝23.0，この水溶液の密度は1.10g/mLとする。

(1) 質量パーセント濃度を求めよ。

(2) モル濃度を求めよ。

解答 (1) 10.9% (2) 3.0mol/L

解説 (1) 密度〔g/mL〕$=\dfrac{\text{質量〔g〕}}{\text{体積〔mL〕}}$より，水酸化ナトリウム水溶液の質量は，

$$1.10〔g/mL〕\times 50.0〔mL〕= 55.0〔g〕$$

質量パーセント濃度〔%〕$=\dfrac{\text{溶質の質量〔g〕}}{\text{溶液の質量〔g〕}}\times 100$ より，

$$\frac{6.0〔g〕}{55.0〔g〕}\times 100 \fallingdotseq 10.9〔\%〕$$

(2) NaOHのモル質量は40.0g/molであるから，水溶液1L（＝1000mL）中の物質量を求めると，

$$\frac{6.0〔g〕}{40.0〔g/mol〕}\times\frac{1000〔mL〕}{50〔mL〕}= 3.0〔mol/L〕$$

例題8 〈溶解度〉

塩化カリウムは100gの水に，40℃のとき最大40g溶け，20℃のとき最大35g溶けるとする。

(1) 40℃の塩化カリウムの飽和水溶液210gには，何gの塩化カリウムが溶けているか。

(2) 40℃の塩化カリウムの飽和水溶液100gを20℃まで冷却するとき，何gの結晶が析出するか。

解答 (1) 60g (2) 3.6g

解説 (1) 40℃で水が100gのときの塩化カリウムの飽和水溶液を基準にして，比例関係で求める。求める塩化カリウムの量をx〔g〕とすると，

$$140 : 40 = 210 : x$$

$$\therefore x = 60〔g〕$$

(2) 40℃における飽和水溶液（100＋40）〔g〕を20℃まで冷却すると，（40－35）〔g〕の結晶が析出することから，40℃の塩化カリウムの飽和水溶液100gを20℃まで冷却したときに析出する結晶の量y〔g〕は，

$$y = \frac{40-35}{100+40}\times 100$$

$$\therefore y \fallingdotseq 3.57〔g〕$$

確認問題

6 「一定量の気体の体積は，圧力に反比例し，絶対温度に比例する」という法則を何というか。

① アボガドロの法則
② ヘンリーの法則
③ ヘスの法則
④ ドルトンの法則
⑤ ボイル・シャルルの法則

7 地球上の**10.0mL**の空気は，火星上では何**mL**になるか。ただし，地球の気温は**17℃**，気圧は**760mmHg**，火星の気温は－**33℃**，気圧は**10mmHg**とする。

8 **40**%の砂糖水**200g**に水を**300g**加えると，溶液の濃度は何%になるか。

9 硝酸カリウムは水**100g**に**60℃**で**109g**，**20℃**で**31.6g**溶ける。**60℃**の硝酸カリウムの飽和水溶液**120g**を**20℃**まで冷却すると，何**g**の結晶が析出するか。

3 物質の変化

●ポイント

化学では最も出題頻度の高い分野である。酸とアルカリ，中和，酸化還元反応，電池，電気分解が特に出題されやすい。いずれについても，中学レベルの問題がほとんどであるため，基本的な事項を確実におさえておく必要がある。

1 酸とアルカリ

Point Check

■ 酸とアルカリ

① **酸**

水溶液にしたとき，酸性を示す物質。水中で電離して**水素イオンH^+**を生じる。多くの金属は酸性の水溶液に溶けて，水素を発生。

例 塩酸 $HCl \longrightarrow H^+ + Cl^-$

硫酸，炭酸水，酢酸（食酢），硝酸，レモン汁，硫化水素水

② **アルカリ**

水溶液にしたとき，アルカリ性を示す物質。水中で電離して**水酸化物イオンOH^-**を生じる。アルミニウム，亜鉛など一部の金属だけアルカリ性の水溶液に溶けて，水素を発生。

例 水酸化ナトリウム水溶液 $NaOH \longrightarrow Na^+ + OH^-$

アンモニア水 $NH_3 + H_2O \longrightarrow NH_4^+ + OH^-$

水酸化カルシウム，水酸化バリウム，石灰水

③ **中性**

酸性もアルカリ性も示さない水溶液の性質。

例 食塩水，砂糖水

2 酸性・中性・アルカリ性の水溶液の性質

	酸性	中性	アルカリ性
リトマス紙	青色 → 赤色	変化しない	赤色 → 青色
BTB溶液	黄色	緑色	青色
フェノールフタレイン液	変化しない	変化しない	赤色
pH値	7より小	7	7より大

※pH（水素イオン指数）…水溶液中の水素イオン濃度の大きさを表す指標。

3 中和

酸の水溶液とアルカリの水溶液を混ぜ合わせたときにおきる反応。酸の水素イオンH^+とアルカリの水酸化物イオンOH^-が結びついて水ができ，酸の陰イオンとアルカリの陽イオンから化合物（塩《えん》）ができる。互いに相手の性質を打ち消し合う。

酸＋アルカリ ⟶ 塩＋水

例 $HCl + NaOH \longrightarrow NaCl + H_2O$

（塩酸＋水酸化ナトリウム水溶液 ⟶ 塩化ナトリウム＋水）

〈電離〉$\left\{ \begin{array}{l} HCl \longrightarrow H^+ + Cl^- \\ NaOH \longrightarrow Na^+ + OH^- \end{array} \right.$

〈反応〉$\left\{ \begin{array}{l} H^+ + OH^- \longrightarrow H_2O \\ Na^+ + Cl^- \longrightarrow NaCl \end{array} \right.$

$H_2SO_4 + Ba(OH)_2 \longrightarrow BaSO_4 + 2H_2O$

（硫酸＋水酸化バリウム ⟶ 硫酸バリウム＋水）

〈電離〉$\left\{ \begin{array}{l} H_2SO_4 \longrightarrow 2H^+ + SO_4^{2-} \\ Ba(OH)_2 \longrightarrow Ba^{2+} + 2OH^- \end{array} \right.$

〈反応〉$\left\{ \begin{array}{l} 2H^+ + 2OH^- \longrightarrow 2H_2O \\ Ba^{2+} + SO_4^{2-} \longrightarrow BaSO_4 \end{array} \right.$

例題1 〈酸性とアルカリ性〉

次の水溶液のうち，酸性を示すものをすべて選べ。

①　食塩水　②　石灰水　③　塩酸　④　アンモニア水　⑤　食酢

解答　③，⑤

解説　①食塩水は中性，②石灰水，④アンモニア水はアルカリ性を示す。

例題2 〈アルカリの性質〉

次の文の空欄にあてはまる語句を答えよ。

アルカリ性の水溶液に（　A　）色のリトマス紙をつけると，（　B　）色に変わる。また，アルカリ性の水溶液にBTB溶液を少量加えて混ぜると（　C　）色になり，フェノールフタレイン液を加えて混ぜると（　D　）色になる。

解答　A．赤　B．青　C．青　D．赤

解説　フェノールフタレイン液を加えて色が変化するのは，アルカリ性の水溶液だけである。酸性や中性の水溶液は変化しない。

例題3 〈中和〉

試験管にマグネシウムリボンを入れ，これに希塩酸を加えると，激しく気体を発生して溶けた。

(1)　このとき発生した気体の名前を答えよ。

(2)　この試験管に水酸化ナトリウム水溶液を加えていくと，マグネシウムが溶ける変化はどうなるか，次から選べ。

ア．強くなる　イ．変わらない　ウ．弱くなる

解答　(1)　水素　(2)　ウ

解説　(1)　酸にマグネシウムや亜鉛などの金属を溶かすと，水素を発生する。

(2)　希塩酸（酸）が水酸化ナトリウム水溶液（アルカリ）で中和され，酸の性質が徐々に打ち消されていくので，反応が弱くなる。

2 酸化還元反応

Point Check

1 酸化と還元

① **酸化**…物質が**酸素と化合する化学変化**。

② **還元**…酸化物の**酸素を取り去る化学変化**。

2 酸化と質量比

① マグネシウムの酸化

$$2Mg + O_2 \longrightarrow 2MgO$$

〈質量比〉　3　：2　：　5

② 銅の酸化

$$2Cu + O_2 \longrightarrow 2CuO$$

〈質量比〉　4　：1　：　5

3 酸化還元反応

酸化と還元は同時におきる。

例　$CuO + H_2 \longrightarrow Cu + H_2O$

（$CuO \longrightarrow Cu$ 還元，$H_2 \longrightarrow H_2O$ 酸化）

例題4 〈酸化と還元〉

図1のような装置を用いて酸化銅と炭素をよく混ぜ合わせたものを加熱したところ，気体が発生して石灰水は白く濁り，赤味を帯びた銅が生じた。図2はこのときの酸化銅の質量と銅の質量との関係を示したグラフである。

〔図1〕

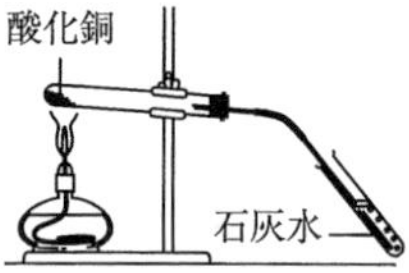

〔図2〕

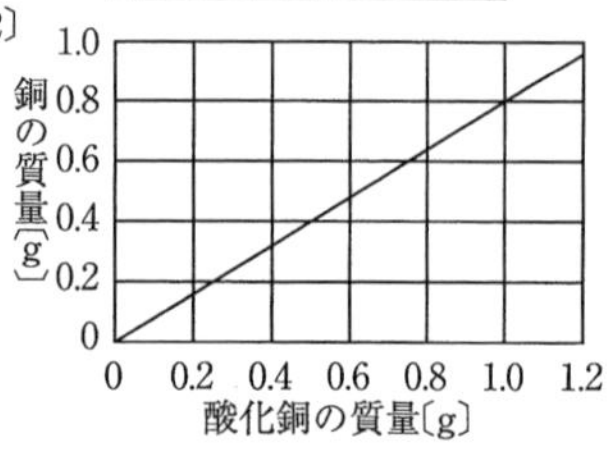

(1)　この反応の化学反応式を書け。

(2)　この反応のように，酸化物から酸素が取り除かれる反応を何というか。

(3)　この反応で酸化された物質は何か。

(4)　銅2gをつくるために必要な酸化銅の質量を求めよ。

解答 (1) $2CuO + C \longrightarrow 2Cu + CO_2$　(2) 還元　(3) 炭素　(4) 2.5g

解説 (1)〜(3) この反応では，酸化銅が還元されて銅になり，炭素が酸化されて二酸化炭素になった。

(4) 図2より，酸化銅1.0gから銅0.8gができるから，

酸化銅：銅＝5：4

求める酸化銅の質量をx〔g〕とおくと，

$5:4 = x:2$

$\therefore x = 2.5$〔g〕

3　金属のイオン化傾向と電池

Point Check

1 金属のイオン化傾向

金属の単体が，水溶液中で電子を放出して陽イオンとなる性質。**酸化されやすい金属ほどイオン化傾向は大きい。**

〈イオン化列〉

K	>Ca	>Na	>Mg	>Al	>Zn	>Fe	>Ni	>Sn	>Pb	>(H)	>Cu	>Hg	>Ag	>Pt	>Au
貸そう	か	な	ま	あ	あ	て	に	する	な	ひ	ど	す	ぎる	借	金

① 水との反応

イオン化傾向の大きいK，Ca，Naなどは，冷水と反応して水素を発生する。 Mg，Al，Zn，Feなどは冷水とは反応しないが，Mgは熱水，Al，Zn，Feは高温の水蒸気と反応する。

② 酸との反応

Hよりイオン化傾向の大きい金属は，一般に塩酸や希硫酸などと反応して，水素を発生する。

2 電池

酸化還元反応における電子の移動を利用して，電気エネルギーを得る装置。

〈 電池の原理 〉

・水溶液外で両金属を導線でつなぐと，電子は導線を伝わり，AからBへ移動する。（電流はBからAに流れる）
・金属A（負極）では酸化反応，金属B（正極）では還元反応が起こる。

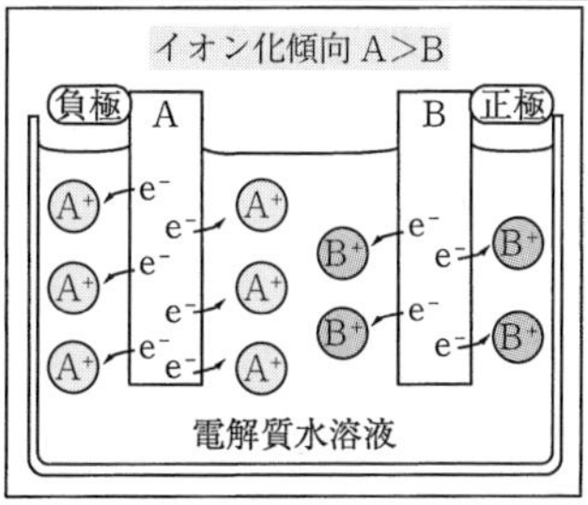

① 電池に使う水溶液：希硫酸，希塩酸，食塩水，レモン汁などの**電解質溶液**。

② 電池に使う金属板：銅と亜鉛，マグネシウムと銅など，イオン化傾向の異なる2種類の金属の組み合わせ。

③ 負極と正極：**イオン化傾向が大きい（酸化されやすい）金属が負極**，イオン化傾向が小さい金属や炭素が正極。

例

	負極	正極
亜鉛と銅	亜鉛	銅
マグネシウムと亜鉛	マグネシウム	亜鉛
マグネシウムと銅	マグネシウム	銅

3 電池の種類

① ボルタの電池

希硫酸中に正極として銅板，負極として亜鉛板を使った電池。電流は，銅板から導線を通って亜鉛板に流れ，銅板の表面には水素が発生。

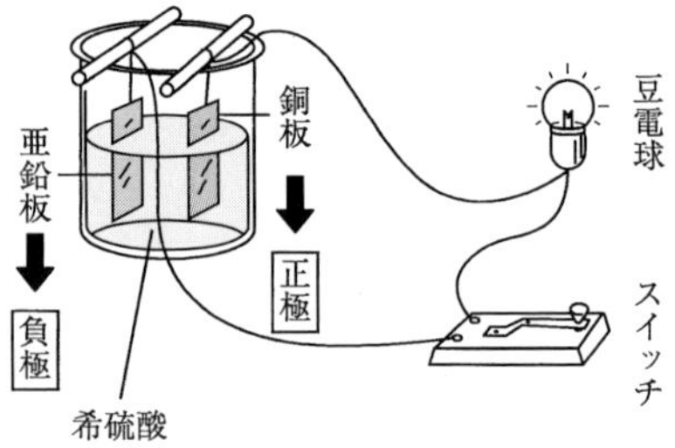

② マンガン乾電池

正極を炭素棒，負極を亜鉛とした実用電池。電解質として塩化アンモニウムを用い，炭素の粉末は電気を伝えるために用いる。二酸化マンガンは，正極で発生した水素を酸化して水に変化させる。

③ 燃料電池

水素と酸素の化学変化をするときに発生する電気エネルギーを取り出す装置。

④ 鉛蓄電池

自動車用電源などに使われ，充電可能な二次電池である。

例題5 〈イオン化傾向〉

次の金属のうち，冷水と反応して水素を発生するものをすべて選べ。
① Ca　② Al　③ Zn　④ Na　⑤ Mg

解答 ①，④

解説 ②と③のAl，Znは高温の水蒸気と，⑤のMgは熱水と反応して，水素を発生する。

例題6 〈電池〉

次の文の空欄にあてはまる語句を答えよ。
　銅と亜鉛とを希硫酸に浸し，双方を導線でつなぐと，銅が(　A　)極，亜鉛が(　B　)極となって電気が通る。これを電池という。電流は，銅板から導線を通って亜鉛板の方に流れ，銅板の表面には(　C　)が発生する。

解答 A．正　　B．負　　C．水素

解説 この電池では，銅よりも亜鉛の方がイオン化傾向が大きいため，希硫酸の中に入れると，亜鉛板から亜鉛が電子を残し，イオンとなって溶け出す。この残った電子が，亜鉛板→導線→銅板と移動し，銅板の表面で希硫酸中の水素イオンに与えられる。電子をもらった水素イオンは，2個結びつき，水素分子となって銅板付近に発生する。

4 電気分解

Point Check

1 電気分解

電解質溶液に電極を入れて，外部から直流電圧をかけると，液中の電解質をまたは電極が酸化・還元されること。

- **陰極**：電子を受け取る**還元反応**がおこる。
- **陽極**：電子を放出する**酸化反応**がおこる。

2 水の電気分解

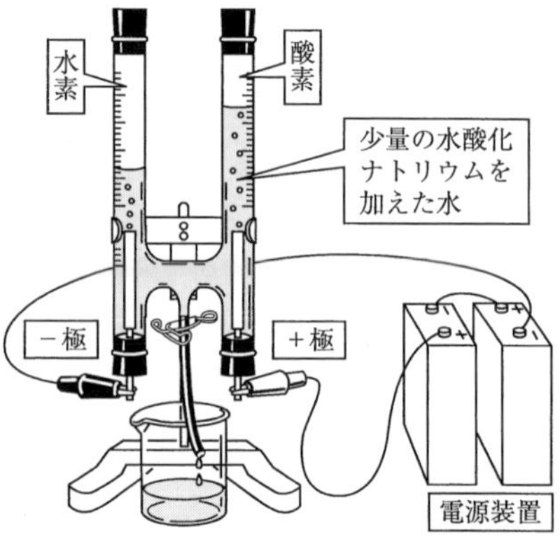

水に少量の水酸化ナトリウムまたは硫酸を加えて電流を流すと，水が分解されて，**陰極から水素，陽極から酸素**が発生する。

$2H_2O \longrightarrow 2H_2 + O_2$

〈体積比〉**水素：酸素＝2：1**

3 塩化銅水溶液の電気分解

塩化銅 $CuCl_2$ 水溶液を電気分解すると，**陰極には赤茶色の金属の銅**が析出し，**陽極からは特有な刺激臭のある気体の塩素**が発生する。

$CuCl_2 \longrightarrow Cu^{2+} + 2Cl^-$

〈陰極〉Cu^{2+} が電子を受け取って Cu になる。

〈陽極〉$2Cl^-$ が電子を失って 2Cl，さらに Cl_2 になる。

〈水溶液の色〉塩化銅水溶液は青色であるが，銅が析出するにつれて青色は薄くなる。

例題7 〈水の電気分解〉

水に少量の水酸化ナトリウムを加えて，水の電気分解をおこなった。

(1) 水を電気分解するときに，水酸化ナトリウムの代わりに加えてもよい物質を次から選べ。

ア．塩酸　　イ．硫酸　　ウ．食塩　　エ．塩化銅

(2) 陽極，陰極から発生する気体は，それぞれ何か。

(3) 陽極，陰極から発生する気体の体積比はいくらか。最も簡単な整数比で答えよ。

解答 (1) イ　(2) 陽極：酸素　陰極：水素　(3) 1：2

解説 (1) 塩酸，食塩，塩化銅の水溶液は，電気分解によって塩素が発生する。

(2) 水を電気分解すると，陽極から酸素，陰極から水素が発生する。

(3) 体積比は，酸素：水素＝1：2

確認問題

10 次の液体のうち，赤色リトマス紙をつけても変化しないものをすべて選べ。

① アンモニア水 ② 砂糖水 ③ 塩酸 ④ 石灰水 ⑤ 炭酸水

11 硫酸に水酸化バリウムを徐々に加えて中和させたとき，得られる塩の名前を答えよ。

12 図1のように，銅粉をステンレス皿に入れ，よくかき混ぜながら十分に加熱して酸化銅を得る実験をおこなった。図2は，このときの銅の質量と加熱後に得られた酸化銅の質量との関係を示したグラフである。次の各問いに答えよ。

〔図1〕

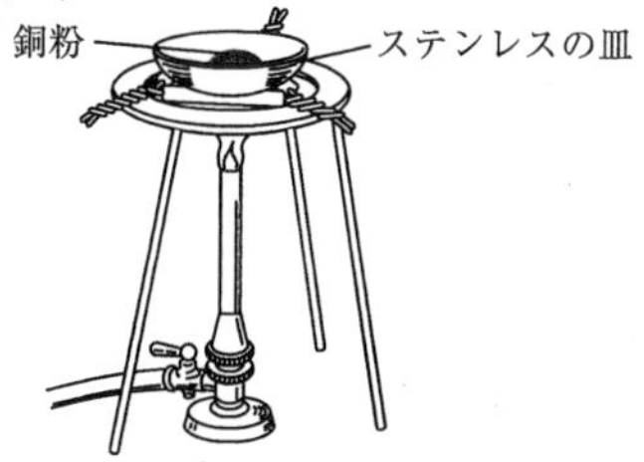

〔図2〕

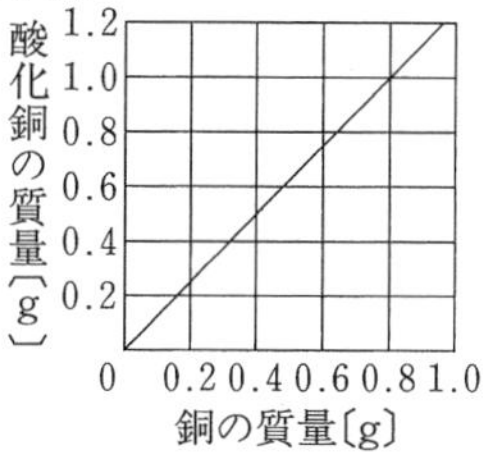

(1) 銅粉2.0gを加熱したとき，得られる酸化銅の質量は何gか。

(2) 酸化銅6.0gに含まれている酸素の質量は何gか。

13 図のように，塩化銅水溶液に電極A，Bを入れ，電源装置につないで電流を流した。次の各問いに答えよ。

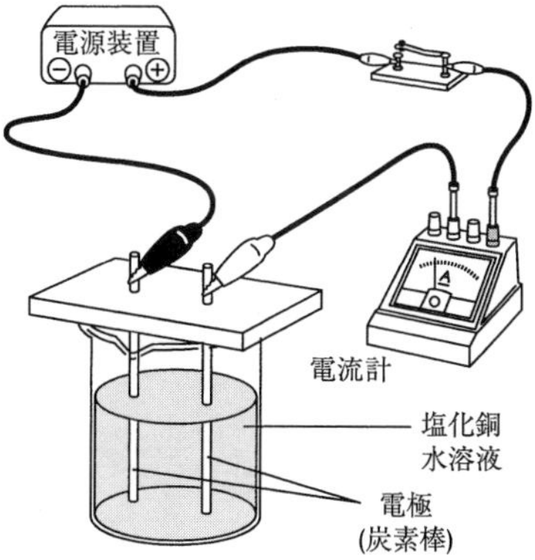

(1) しばらくの間，電流を流し続けたら，電極Bに赤い物質が付着した。この物質は何か。

(2) 電極Aにつないだのは，電源装置の＋極，－極のどちらか。

(3) 電極Aからは何という物質が生じたか。

4 物質の性質

●ポイント

気体の発生と性質については，よく出題されている。特に，酸素，二酸化炭素，水素，アンモニアの出題頻度が高いため，確実に理解しておく必要がある。溶液の性質については，そのもの自体が出題されることは少ないが，「物質の変化」の分野や気体の性質などと合わせて出題されることもあるため，最低限の知識を把握しておこう。金属については，炎色反応が重要である。

1 気体の製法と性質

Point Check

1 主な気体の性質

気体	色	におい	水への溶解性(液性)	空気と比較した重さ	捕集方法	その他の特徴
酸素 O_2	無色	無臭	×	わずかに重い	水上置換	ものを燃やす働き(助燃性)がある
二酸化炭素 CO_2	無色	無臭	○ (弱酸性)	重い(空気の約1.5倍)	下方置換(水上置換)	石灰水を白く濁らせる
水素 H_2	無色	無臭	×	非常に軽い	水上置換	空気中でよく燃え(可燃性)，燃えると水ができる
アンモニア NH_3	無色	刺激臭	◎ (弱アルカリ性)	軽い	上方置換	水溶液はアルカリ性
窒素 N_2	無色	無臭	×	わずかに軽い	水上置換	空気中の体積の約80%を占める
塩素 Cl_2	黄緑色	刺激臭	○ (酸性)	かなり重い	下方置換	水溶液は漂白作用・殺菌作用をもつ
塩化水素 HCl	無色	刺激臭	◎ (強酸性)	重い	下方置換	水溶液は塩酸

2 気体の捕集方法

捕集方法	適する気体の性質	しくみ	例
水上置換法	水に溶けにくい気体	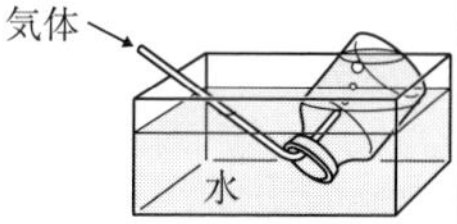	酸素，水素，窒素 など
下方置換法	水に溶けやすく， 空気より重い気体	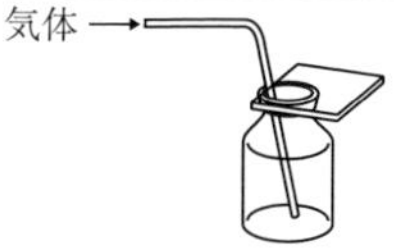	二酸化炭素，塩素， 塩化水素　　など
上方置換法	水に溶けやすく， 空気より軽い気体	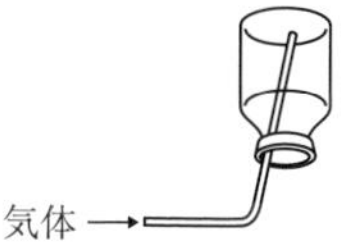	アンモニア

〈主な気体の性質〉

(1)　**酸素**

①　発生方法

・**二酸化マンガンにオキシドール（うすい過酸化水素水）を加える。**

$$2H_2O_2 \xrightarrow{MnO_2} 2H_2O + O_2$$　（二酸化マンガン MnO_2 は触媒）

・酸化銀を加熱する。

$$2Ag_2O \longrightarrow 4Ag + O_2$$

②　捕集方法

水に溶けにくいため，**水上置換法**で集める。

③　性質

・無色・無臭。

・**空気よりやや重く，水に溶けにくい。**

・ものを燃やす働き（**助燃性**）がある。

(2) 二酸化炭素

① 発生方法

・**炭酸カルシウム（石灰石や大理石，貝殻など）に希塩酸を加える。**

$$CaCO_3 + 2HCl \longrightarrow CaCl_2 + H_2O + CO_2$$

・炭酸水素ナトリウム（重曹）を加熱する。

$$2NaHCO_3 \xrightarrow{\text{加熱}} Na_2CO_3 + H_2O + CO_2$$

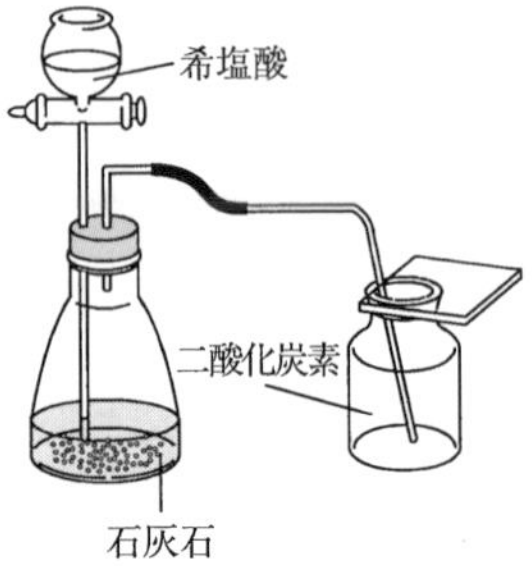

② 捕集方法

水に少ししか溶けないため**水上置換法**，あるいは空気より重いため**下方置換法**で集める。

③ 性質

・無色・無臭。

・**空気の約1.5倍の重さ。**

・水に少し溶け，**水溶液（炭酸水）は弱酸性**を示す。

・他の物質は二酸化炭素中では燃焼しない。

・**石灰水に通すと，炭酸カルシウム$CaCO_3$の白色沈殿**を生じる。

$$Ca(OH)_2 + CO_2 \longrightarrow CaCO_3 + H_2O$$

(3) 水素

① 発生方法

亜鉛やアルミニウムなどの金属に希硫酸や希塩酸を加える。

$$Zn + H_2SO_4 \longrightarrow ZnSO_4 + H_2$$

$$2Al + 6HCl \longrightarrow 2AlCl_3 + 3H_2$$

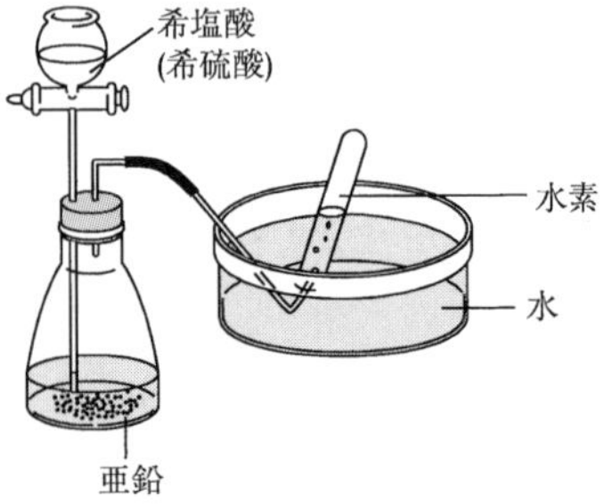

② 捕集方法

水に溶けにくいため，**水上置換法**で集める。

③ 性質

・無色・無臭。

・**すべての気体の中で最も軽い。**

・**水に溶けにくい。**

・自身が燃える性質（**可燃性**）がある。点火すると，うすい炎をあげて燃え，水になる。

・水素と酸素の混合物に火をつけると，爆発することがある。

(4) アンモニア

① 発生方法

・**塩化アンモニウムに水酸化カルシウム（消石灰）を加えて加熱する。**

$$2NH_4Cl + Ca(OH)_2 \xrightarrow{\text{加熱}} CaCl_2 + 2H_2O + 2NH_3$$

・アンモニア水を加熱する。

② 捕集方法

水に非常に溶けやすく，空気より軽いので，**上方置換法**で集める。

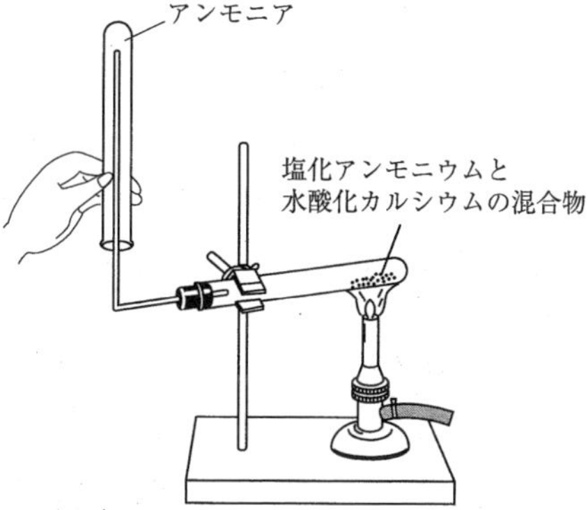

③ 性質

・無色で，**刺激臭**がある。

・**空気より軽い。**

・水に非常によく溶け，**水溶液（アンモニア水）はアルカリ性**を示す。

・濃塩酸と反応してNH_4Clの白煙によって検出する。

(5) 窒素

① 性質

・無色・無臭で，水に溶けにくい。

・常温では化学変化をおこしにくいが，高温ではいろいろな元素と化合する。

例　$N_2 + O_2 \longrightarrow 2NO$

・**空気中の体積の約80％**を占める。

・**空気より少し軽い。**

(6) **塩素**

① 発生方法

・二酸化マンガンに濃い塩酸を加えて加熱する。

$$MnO_2 + 4HCl \xrightarrow{\text{加熱}} MnCl_2 + 2H_2O + Cl_2$$

・さらし粉〔主成分は$CaCl(ClO) \cdot H_2O$〕に塩酸を加える。

$$CaCl(ClO) \cdot H_2O + 2HCl \longrightarrow CaCl_2 + 2H_2O + Cl_2$$

② 捕集方法

水に溶けやすく，空気より重いので，**下方置換法**で集める。

③ 性質

・**黄緑色で，刺激臭がある**。

・空気よりかなり重い。

・水に溶け，**水溶液（塩素水）は酸性**を示し，漂白剤や殺菌剤として使われる。

・化学的に活発で，他の元素と直接化合して塩化物をつくる。

・強い酸化作用があり，いろいろな物質を酸化する。

(7) **塩化水素**

① 発生方法

塩化ナトリウムに濃硫酸を加えて加熱する。

$$NaCl + H_2SO_4 \xrightarrow{\text{加熱}} NaHSO_4 + HCl$$

② 捕集方法

水に溶けやすく，空気より重いので，**下方置換法**で集める。

③ 性質

・無色で，**刺激臭**がある。

・水によく溶け，**水溶液（塩酸）は強い酸性**を示す。

・湿った空気中で白煙を生じる。この白煙は，塩化水素が水分を吸収してできた塩酸の微粒子である。

(8) 硫化水素

① 発生方法

硫化鉄に希塩酸や希硫酸を加える。

$$FeS + 2HCl \longrightarrow FeCl_2 + H_2S$$

$$FeS + H_2SO_4 \longrightarrow FeSO_4 + H_2S$$

② 捕集方法

水に溶けやすく，空気より重いので，**下方置換法**で集める。

③ 性質

・無色で，**腐卵臭**がある。猛毒性をもつ。

・水にやや溶けて，**水溶液（硫化水素水）は弱い酸性**を示す。

・点火すると，うすい青色の炎をあげて燃える。

例題1 〈気体の性質〉

次の文はどの気体について述べたものか，気体名を書け。

(1) 鼻をさすような刺激臭があり，水によく溶けて水溶液はアルカリ性を示す。

(2) 気体の中で最も軽く，この気体を集めた試験管にマッチの炎を近づけると，気体が燃えて水になる。

(3) 空気よりわずかに軽い。空気の体積の約80％を占め，常温ではほとんど化学変化をしない。

(4) 水に少し溶けて，水溶液は酸性を示す。石灰水の中に通すと白く濁る。

(5) 無色無臭で水に溶けにくく，気体そのものは燃えないが他の物質を燃やす働きをもつ。

解答 (1) アンモニア　(2) 水素　(3) 窒素　(4) 二酸化炭素　(5) 酸素

例題2 〈気体の発生〉

次のうち，水素が発生するものを選べ。

① アルミニウムに希塩酸を加える。

② 炭酸水素ナトリウムを加熱する。

③ 希硫酸に水酸化バリウム水溶液を加える。

④ 二酸化マンガンにオキシドールを加える。

⑤ 炭酸アンモニウムを加熱する。

解答　①

解説　②　二酸化炭素の発生方法である。

③　硫酸バリウムの沈殿が生成する。

④　酸素の発生方法である。

⑤　アンモニアと二酸化炭素が発生する。

例題3　〈気体の捕集方法〉

次の気体を実験室でつくるとき，その気体の捕集方法を答えよ。

(1)　水素　　(2)　アンモニア　　(3)　二酸化炭素

解答　(1)　水上置換法　　(2)　上方置換法　　(3)　下方置換法

解説　水に溶けない(溶けにくい)気体は水上置換法で捕集する。また，水に溶ける(溶けやすい)気体は，その気体の分子量が空気の平均分子量(約29)より小さいときは上方置換法で，大きいときは下方置換法で捕集する。

2　溶液の性質

Point Check

1　主な酸性の水溶液

①　**濃硫酸　H_2SO_4**

・重い粘性のある無色の液体で，高い沸点(388℃)をもち，**不揮発性**。

・ほとんど電離していないので，亜鉛などの金属と反応しない。

・水と混ぜると，激しく発熱する。

・**脱水作用**(化合物からH原子とO原子をH_2Oとして奪う性質)があり，有機物を炭化させるため，乾燥剤として使われる。

②　**濃硝酸　HNO_3**

・無色・発煙性の液体で，刺激臭がある。

・酸化作用が強く，塩酸や希硫酸には溶けない銅や銀なども溶かす。

$$4HNO_3 + Cu \longrightarrow 2NO_2 + 2H_2O + Cu(NO_3)_2$$

・**光や熱で分解**して二酸化窒素を生じる。そのため，褐色のビンに保存。

$$4HNO_3 \longrightarrow 4NO_2 + 2H_2O + O_2$$

③　**濃塩酸　HCl**

・塩化水素の水溶液。

・無色の液体で，液面から塩化水素を出すので刺激臭がある。

・亜鉛やマグネシウムなどの金属と反応して，水素を発生する。

・アンモニアを近づけると，白煙を生じる。

$$NH_3 + HCl \longrightarrow NH_4Cl$$

2　主なアルカリ性の水溶液

①　**水酸化ナトリウム　NaOH**

・白色の半透明の固体で，粒状か棒状につくられる。

・空気中に放置すると水分を吸収してべとべとになる（潮解性）。

・二酸化炭素を吸収する働きがある。

$$2NaOH + CO_2 \longrightarrow Na_2CO_3 + H_2O$$

②　**水酸化カルシウム　$Ca(OH)_2$**

・白色の粉末で，**消石灰**ともいう。

・水にわずかに溶け，水溶液は**石灰水**という。石灰水は二酸化炭素と反応すると，水に溶けにくい**炭酸カルシウム$CaCO_3$**という白色の物質が生成するため，二酸化炭素の検出に使われる。

$$Ca(OH)_2 + CO_2 \longrightarrow CaCO_3 + H_2O$$

③　**水酸化バリウム　$Ba(OH)_2$**

・白色の固体。

・水酸化バリウム水溶液に希硫酸を加えると，水に溶けない**硫酸バリウム$BaSO_4$**という白色の物質が生成するため，硫酸イオンの検出に使われる。

$$Ba(OH)_2 + H_2SO_4 \longrightarrow BaSO_4 + 2H_2O$$

④　**アンモニア水**

・アンモニアが水に溶けると，アンモニウムイオンNH_4^+と水酸化物イオンOH^-を生じる。

$$NH_3 + H_2O \longrightarrow NH_4^+ + OH^-$$

例題4 〈硫酸と硝酸〉

次の性質は，硫酸，硝酸いずれのものか分類せよ。

ア．重い粘性がある。　　イ．不揮発性をもつ。　　ウ．揮発性をもつ。

エ．酸化作用が強い。　　オ．光や熱で分解する。

解答 硫酸：ア，イ　　硝酸：ウ，エ，オ

例題5 〈石灰水〉

石灰水に二酸化炭素を吹き込むと白く濁った。発生した物質を次から選べ。

① 炭酸水素ナトリウム　② 炭酸マグネシウム　③ 炭酸カリウム

④ 炭酸カルシウム　⑤ 炭酸ナトリウム

解答 ④

解説 石灰水に二酸化炭素を吹き込むと，水に溶けにくい炭酸カルシウムという白色の物質が生成する。

$$Ca(OH)_2 + CO_2 \longrightarrow CaCO_3 + H_2O$$

3 金属の性質

Point Check

1 主な金属の特色

	アルカリ金属	アルカリ土類金属	遷移元素
金属の種類	Li, Na, K, Rb, Cs, Fr	Ca, Sr, Ba, Ra	Cu, Ag, Au　など
特色	・比較的軟らかく，融点が低い **・価電子が1個で，1価の陽イオンになりやすい** ・水溶液は強い**アルカリ性** ・水と反応して水素を発生 ・酸化されやすい ・特有な**炎色反応**あり	・銀白色の軽金属 ・価電子が2個で，2価の陽イオンになりやすい ・水溶液はアルカリ性 ・水と反応して水素を発生 ・特有な炎色反応あり	・高融点，高沸点，高密度 **・展性・延性が大きい** **・熱をよく伝える** **・電気の伝導性が大きい** ・磨くと独特の輝き(金属光沢)がみられる

2 炎色反応

アルカリ金属，アルカリ土類金属および一部の遷移元素を，炎の中に入れると，炎にその元素特有の色が現れる反応。

元素	Li	Na	K	Ca	Sr	Ba	Cu
炎色	**深赤**	**黄**	**赤紫**	**橙赤**	**紅**	**黄緑**	**青緑**

例題6 〈アルカリ金属の性質〉

アルカリ金属の性質に関する次の文のうち，正しいものをすべて選べ。

① 炎色反応を呈し，電気の導体でもある。

② 空気中で酸化されやすいので，水中で保存する。

③ 価電子数が1個で，1価の陽イオンになりやすい。

④ 常温で水と激しく反応し，その水溶液は酸性を示す。

⑤ 融点が高く，比較的硬い金属である。

解答 ①，③

解説 ② 水と激しく反応するため，石油中に保存する。

④ 水溶液はアルカリ性を示す。

⑤ 融点は低く，軟らかい金属である。

例題7 〈炎色反応〉

炎色反応に関する次の文の空欄にあてはまる語句を答えよ。

炎色反応の色は，水溶液中に含まれる物質の種類によって異なり，塩化ナトリウム水溶液などナトリウムを含むものは（　A　）色，硫酸銅水溶液など銅を含むものは（　B　）色になる。

解答 A．黄　　B．青緑

確認問題

14 図のように，4種類の気体A～Dを発生させ，それらの性質を調べた。次の各問いに答えよ。

＜図1＞

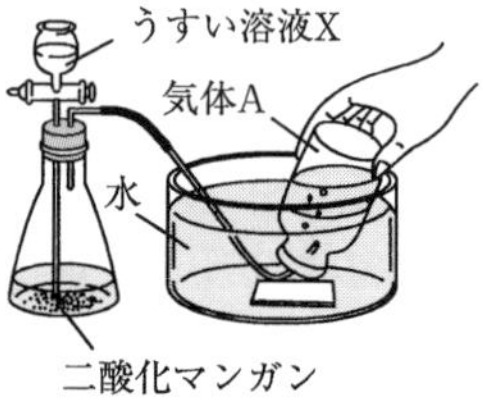

＜図2＞

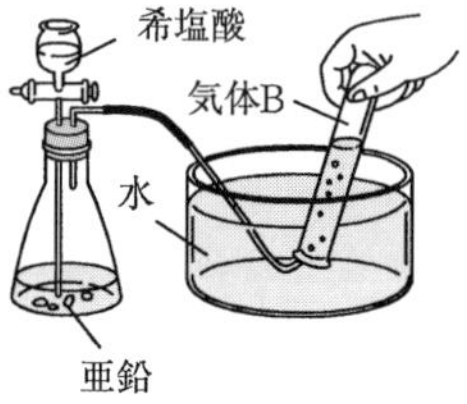

⑴　図1のように，気体Aを集めた集気ビンに火のついた線香を入れたところ，線香は音を立てて明るい炎をあげて燃えた。この気体Aは何か。また，水溶液Xは何か。

⑵　図2のように，気体Bを集めた試験管の口を下に向けてマッチの炎を近づけたところ，試験管の口の周りで気体Bが燃えた。この気体Bは何か。

＜図3＞

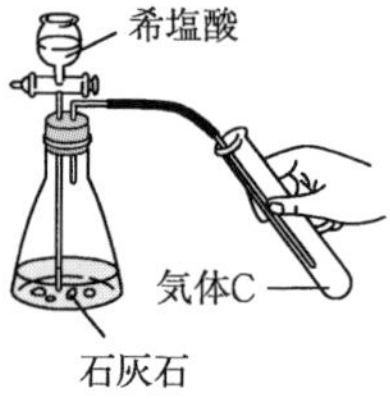

＜図4＞

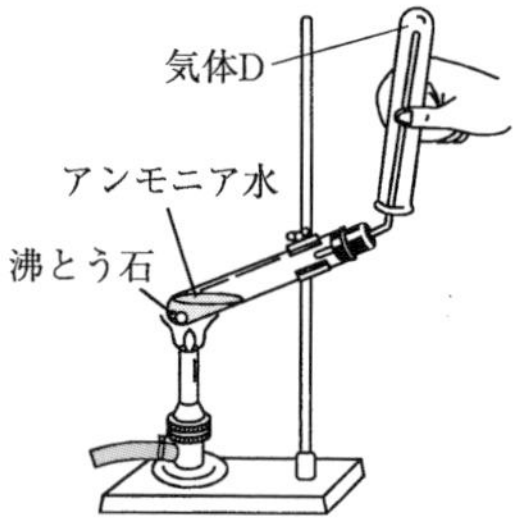

⑶　図3のように，試験管にある水溶液を入れて気体Cを通じたところ，水溶液は白く濁った。この水溶液は何か。

⑷　図4において，気体Dの集め方を何というか。また，これは気体Dのどのような性質のためか，2つ挙げよ。

15 次の物質の中からアルカリ金属であるものをすべて選べ。

①　ナトリウム　　②　マグネシウム　　③　バリウム
④　カルシウム　　⑤　カリウム

16 次の各金属イオンの炎色反応の色を答えよ。

⑴　Ba^{2+}　　⑵　Ca^{2+}　　⑶　Li^{+}　　⑷　K^{+}　　⑸　Na^{+}　　⑹　Cu^{2+}

4
生物

Open Sesame

1 植物の世界

●ポイント

植物の分類についてが頻出分野である。被子植物と裸子植物，被子植物の双子葉類と単子葉類，シダ植物などの特徴や具体的な植物名を確実に覚えておこう。そのほか，顕微鏡の操作，光合成についても一通り確認しておく必要がある。いずれも中学レベルの知識で十分対応できる。

1 顕微鏡の操作

Point Check

1 顕微鏡操作の手順

① **接眼レンズをつけ，次に対物レンズを**つける。

② 反射鏡の角度としぼりを調節し，視野全体を明るくする。

③ プレパラートをステージにのせる。

④ **横から見ながら調節ねじを回し**，対物レンズをプレパラートに近づける。

⑤ 接眼レンズをのぞきながら調節ねじを回して鏡筒を上げ，ピントを合わせる。

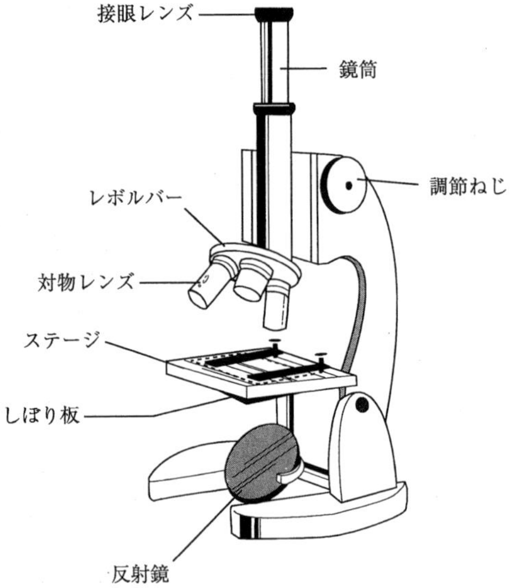

2 顕微鏡の倍率

顕微鏡の倍率＝**接眼レンズの倍率×対物レンズの倍率**

3 顕微鏡の倍率と視野の広さ，視野の明るさ

顕微鏡の倍率	低倍率	高倍率
視野の広さ	広い ⟷ 狭い	
視野の明るさ	明るい ⟷ 暗い	

例題1 〈顕微鏡の観察〉

顕微鏡について，次の各問いに答えよ。

(1) 顕微鏡で観察しようとしたところ，視野全体が暗かった。視野を明るくするためには，顕微鏡のどの部分を調節すればよいか。その部分の名称を2つ答えよ。

(2) 顕微鏡の倍率を上げると，視野の明るさと見える範囲はどのように変化するか。

(3) 「×10」の接眼レンズと「×20」の対物レンズを使用した場合，「×5」の接眼レンズと「×10」の対物レンズを使用した場合と比較して，視野の面積は何倍になるか。

解答 (1) しぼり，反射鏡

(2) 視野の明るさ：暗くなる。　　見える範囲：狭くなる。

(3) $\frac{1}{16}$倍

解説 (2) 高倍率のレンズは口径が小さく，視野の中に入る光の量が少なくなるため，見える範囲が狭くなり，視野が暗くなる。

(3) 面積は，(接眼レンズの倍率×対物レンズの倍率)^{2}で求められる。

$$\left(\frac{5\times10}{10\times20}\right)^2=\left(\frac{1}{4}\right)^2=\frac{1}{16}$$

2　水中の微小生物

Point Check

<table>
<tr><th colspan="3">葉緑体をもち，光合成を行う</th><th colspan="3">動物的特徴をもつ
（動く，ほかの生物や有機物を食べる）</th></tr>
<tr><td>単細胞生物</td><td>多細胞生物</td><td colspan="2">単細胞生物</td><td>単細胞生物（原生動物）</td><td>多細胞生物</td></tr>
<tr><td>ミカヅキモ
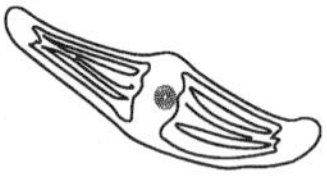
ケイソウ
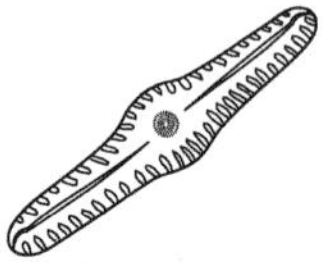</td><td>アオミドロ
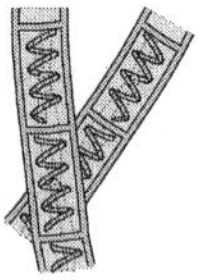</td><td colspan="2">ミドリムシ
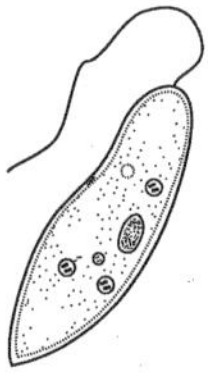</td><td>アメーバ
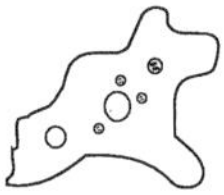
ゾウリムシ
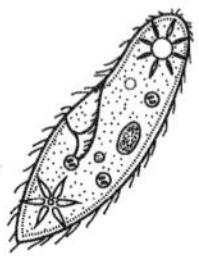</td><td>ミジンコ
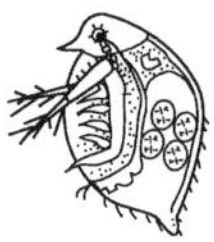</td></tr>
</table>

例題2　〈水中の微小生物〉

次のうち，多細胞生物をすべて選べ。

①　ミカヅキモ　　②　ミジンコ　　③　アオミドロ

④　ゾウリムシ　　⑤　ケイソウ

解答　②，③

3　花のつくりとその働き

Point Check

1　**種子植物**：花が咲き，種子をつくってふえる植物。被子植物と裸子植物に分類される。

①　**被子植物**…胚珠が子房に包まれている。双子葉類と単子葉類に分類。

例　サクラ，アサガオ，アブラナ，タンポポ，キク，ユリ，イネ

② **裸子植物**…**子房がなく，胚珠がむき出し**になっている。

例 マツ，スギ，イチョウ，ソテツ

2 被子植物

① 花のつくり…花の中心にはめしべがあり，**めしべ**(柱頭，子房)を囲むように，**おしべ**(やく)，**花びら**，**がく**がついている。

② **受粉**…めしべの柱頭におしべの花粉がつくこと。

③ 種子のでき方…受粉後，**子房は果実，胚珠が種子**になる。

〈アブラナの花〉

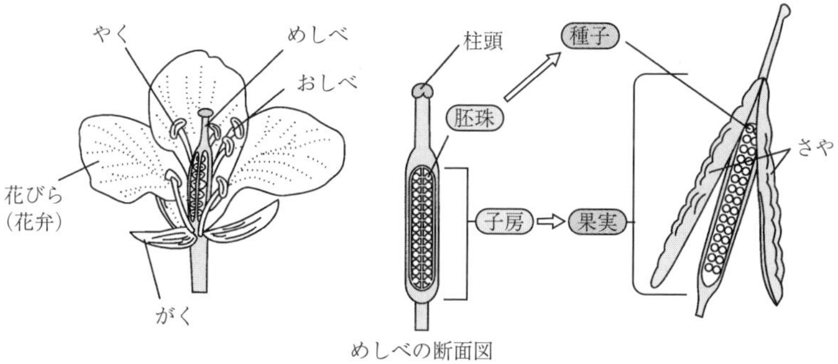

3 裸子植物

① 花のつくり…雌花と雄花に分かれる。

② 種子のでき方…雌花の**胚珠に花粉がつくと，種子**になる。子房がないので果実はできない。

〈マツ〉

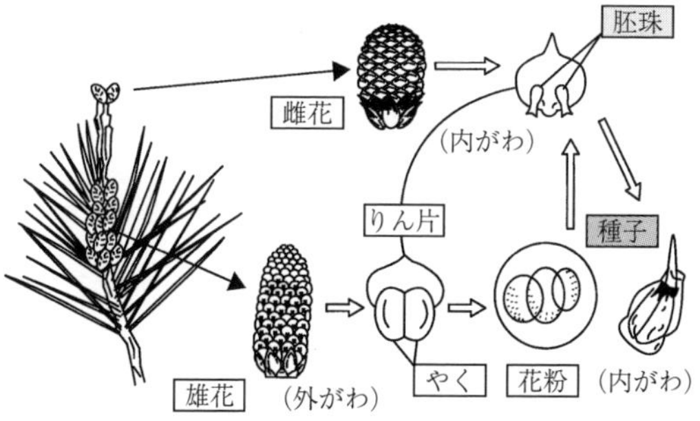

例題3 〈種子植物〉

次の記述の空欄にあてはまる語句を入れよ。

エンドウは（　Ａ　）があるので（　Ｂ　）植物とよばれ，マツは（　Ａ　）がないため（　Ｃ　）植物とよばれる。しかし，どちらの植物も（　Ｄ　）をつくり，（　Ｄ　）によってふえるということでは共通している。

解答　Ａ．子房　Ｂ．被子　Ｃ．裸子　Ｄ．種子

例題4 〈被子植物〉

右の図は，ある種子植物の花の断面を表した模式図である。

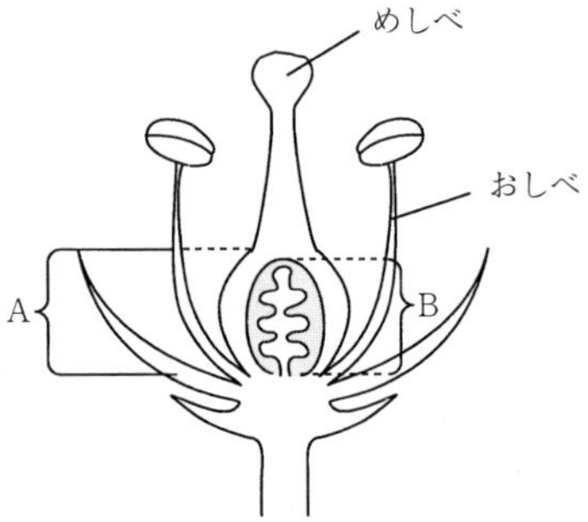

(1)　めしべのもとの膨らんだ部分Ａを何というか。

(2)　Ａの中にあるＢの部分を何というか。

(3)　次の中から，図のような花のつくりをもつ植物を2つ選べ。

①　アサガオ　②　ソテツ　③　ワラビ
④　スギ　⑤　スイカ　⑥　イチョウ

(4)　図のような花のつくりをもつ植物では，受粉すると，やがてＡ，Ｂの部分はそれぞれ何になるか。

(5)　花粉がめしべのどの部分につくことを受粉というか。

解答　(1)　子房　(2)　胚珠　(3)　①，⑤
(4)　Ａ．果実　Ｂ．種子　(5)　柱頭

解説　(1)，(2)　被子植物は，胚珠が子房に包まれている。
(4)　受粉すると，子房は果実に，胚珠は種子にそれぞれ成長する。

例題5 **〈裸子植物〉**

右の図は，マツの花と種子をスケッチしたものである。

(1) マツの種子は，A～Eのどの部分が変化したものか。また，その名称を答えよ。

(2) 図のように子房がない植物を何植物というか。

(3) 次のうち，マツと同じなかまのものをすべて選べ。

① サクラ　② イチョウ

③ ヒノキ　④ タケ　⑤ ホウセンカ

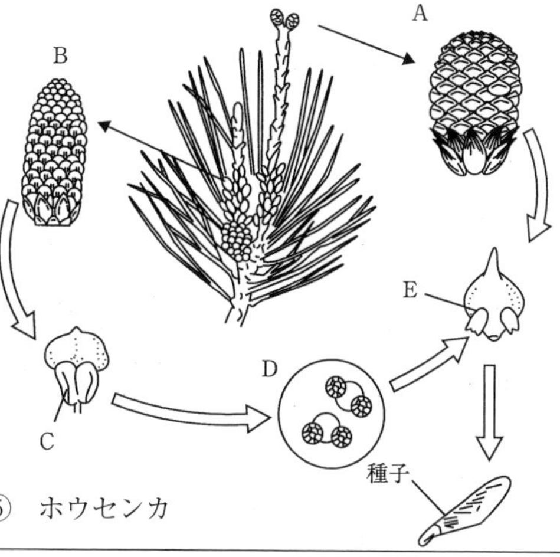

解答 (1) E，胚珠　(2) 裸子植物　(3) ②，③

4 葉と茎の働き

Point Check

1 光合成のしくみ

① **光合成**

光のエネルギーを使い，**葉緑体の中で二酸化炭素と水などの無機物から，グルコース（ブドウ糖）やデンプンなどの有機物**を合成し，酸素を発生する働き。

$$6CO_2 + 12H_2O + \text{光エネルギー} \longrightarrow (C_6H_{12}O_6) + 6H_2O + 6O_2$$

有機物

② **葉緑素（クロロフィル）**

葉緑体に含まれる色素で，光合成に必要な光エネルギーを吸収している。**マグネシウム**を含み，**青紫と赤の光**をよく吸収する。

③ **光合成と環境要因**

〈温度〉温度の上昇に伴って光合成速度が増大し，**約30～40℃で最大**となる。

〈光の強さ〉ある光量までは，光の強さが強くなるほど，光合成速度は大きくなる。

〈CO_2濃度〉あるCO_2濃度までは，濃度が高くなるほど，光合成速度は大きくなる。

2 蒸散のしくみ

① **気孔**…葉の表皮にある孔辺細胞に囲まれたすきま。葉の表側よりも裏側の方に多い。水蒸気や酸素，二酸化炭素の出入り口となる。

② **蒸散**…植物が葉の気孔から，水を水蒸気として排出する働き。

3 茎の維管束の働き

〈双子葉類の茎の断面図〉　〈単子葉類の茎の断面図〉

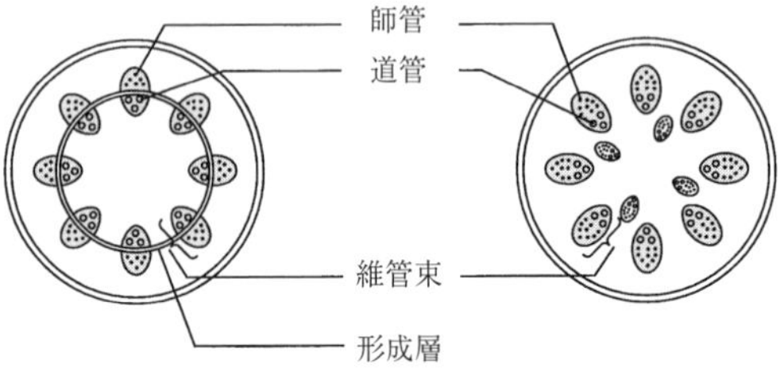

道管や師管の集まりをまとめて**維管束**という。

① **道管**…根から吸収した**水や養分**を運ぶ管。死細胞である。

② **師管**…葉で作られた**栄養分**を運ぶ管。

③ **形成層**…茎の肥大・成長にかかわる組織。双子葉類にみられる。

例題6 〈光合成〉

右の図は，光合成のしくみを示したものである。図中の物質A・Bは光合成の原料として，また物質C・Dは光合成の結果できるものである。

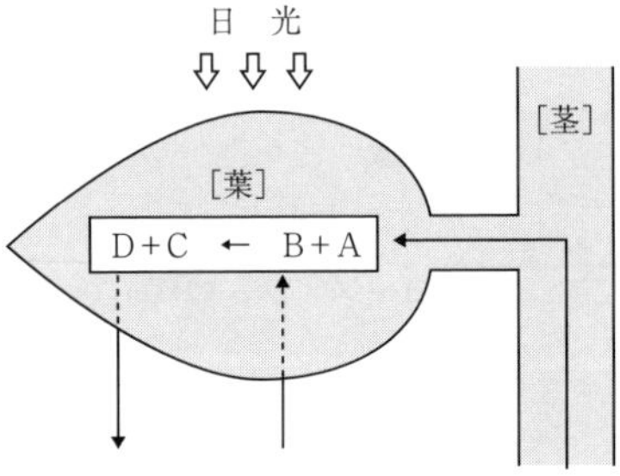

(1) 根から吸収される物質Aは何か。

(2) 空気中から取り入れられる気体Bは何か。

(3) つくられた栄養分の物質Cは何か。

(4) 空気中に放出される気体Dは何か。

(5) この反応は，葉のどこでおこっているか。

解答 (1) 水　(2) 二酸化炭素　(3) グルコース(デンプン)　(4) 酸素　(5) 葉緑体

解説 植物の体では，根から吸収した水と，葉の気孔から取り込んだ二酸化炭素を原料にして光合成を行い，グルコース(デンプンなどの有機物)と酸素が作られる。

例題7 〈蒸散〉

次の各問いに答えよ。

(1) 植物体内の水は，葉の何という部分から空気中に排出されるか。

(2) 植物体内の水が水蒸気となって排出されることを何というか。

解答 (1) 気孔　(2) 蒸散

例題8 〈茎のつくりと働き〉

次の記述の空欄にあてはまる語句を答えよ。

茎は，体をささえるとともに水などが移動する通り道になっており，根から吸収した水や養分などが通る（　A　）と，葉でつくられた栄養分が通る（　B　）がある。（　A　）の集まりと（　B　）の集まりが束をつくっており，この部分を（　C　）という。

解答 A．道管　B．師管　C．維管束

5 植物の分類

Point Check

1 植物・藻類などの種類

<table>
<tr><th colspan="3">種類</th><th colspan="3">特徴</th><th>例</th></tr>
<tr><td rowspan="3">種子でふえる</td><td rowspan="2">被子植物</td><td>双子葉類</td><td rowspan="2">・根・茎・葉が発達
・胚珠が子房に包まれている</td><td>子葉2枚</td><td rowspan="6">葉緑体あり</td><td>アサガオ, アブラナ, エンドウ, キク, スイカ, サクラ, タンポポ, ヒマワリ</td></tr>
<tr><td>単子葉類</td><td>子葉1枚</td><td>イネ, サトイモ, スイセン, タケ, チューリップ, トウモロコシ, ムギ, ユリ</td></tr>
<tr><td colspan="2">裸子植物</td><td colspan="2">・根・茎・葉が発達
・子房がなく, 胚珠はむき出し
・雄花と雌花の区別がある</td><td>イチョウ, スギ, ソテツ, ヒノキ, マツ, モミ</td></tr>
<tr><td rowspan="4">胞子でふえる</td><td colspan="2">シダ植物</td><td colspan="2">・根・茎・葉の区別がある
・維管束がある
・湿ったところに多く生育</td><td>イヌワラビ, スギナ(ツクシ), ゼンマイ, ノキシノブ, ベニシダ</td></tr>
<tr><td colspan="2">コケ植物</td><td colspan="2">・根・茎・葉の区別がない
・維管束はない
・雄株と雌株の区別がある</td><td>スギゴケ, ゼニゴケ, ミズゴケ</td></tr>
<tr><td rowspan="2">原生生物</td><td>藻類</td><td colspan="2">・根・茎・葉の区別がない
・水中で生活する
・多くのものが胞子でふえる</td><td>アオサ, アオミドロ, クロレラ, ケイソウ, テングサ, ワカメ</td></tr>
<tr><td>菌類</td><td colspan="2">・からだは菌糸でできている
・寄生生活をする</td><td rowspan="2">葉緑体なし</td><td>アオカビ, クロカビ, シイタケ, マツタケ, ミズカビ</td></tr>
<tr><td>分裂</td><td colspan="2">細菌類</td><td colspan="2">・単細胞で非常に小さい
・寄生生活をする</td><td>大腸菌, 結核菌, コレラ菌, 乳酸菌, ブドウ状球菌</td></tr>
</table>

〈シダ植物〉

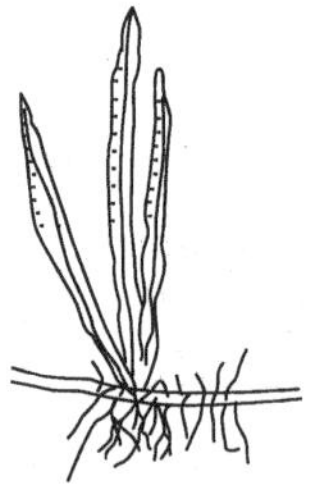

ノキシノブ

スギナ(ツクシ)

イヌワラビ

〈コケ植物〉

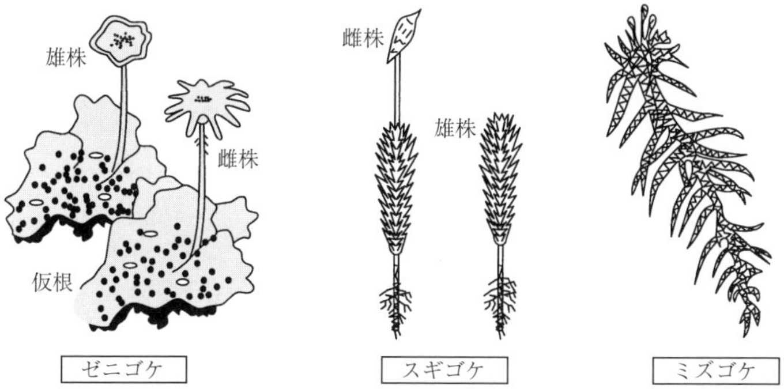

2 双子葉類と単子葉類

被子植物は，**双子葉類**と**単子葉類**に分けられる。

	子葉の数	花びらの数	葉脈	茎の維管束	根のようす	例
双子葉類	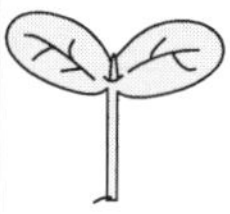 2枚	 4枚～5枚	 網状脈	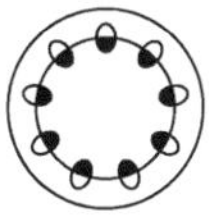 輪状の形に並ぶ	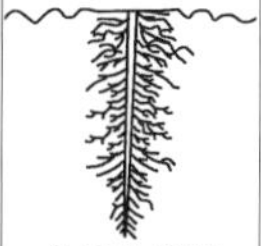 主根と側根	アサガオ アブラナ サクラ ダイコン タンポポ ヒマワリ　など
単子葉類	 1枚	 3枚かその倍数	 平行脈	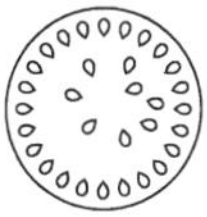 散らばっている	 ひげ根	イネ，サトイモ タケ，チューリップ トウモロコシ ムギ ユリ　　　など

3 合弁花類と離弁花類

双子葉類は，合弁花類と離弁花類に分けられる。

① **合弁花類**：花びらがくっついている。

例　アサガオ，タンポポ，ツツジ，ヘチマ

② **離弁花類**：花びらが離れている。

例　アブラナ，エンドウ，サクラ，バラ

例題9 〈種子植物〉

次の表は，種子植物についてまとめたものである。

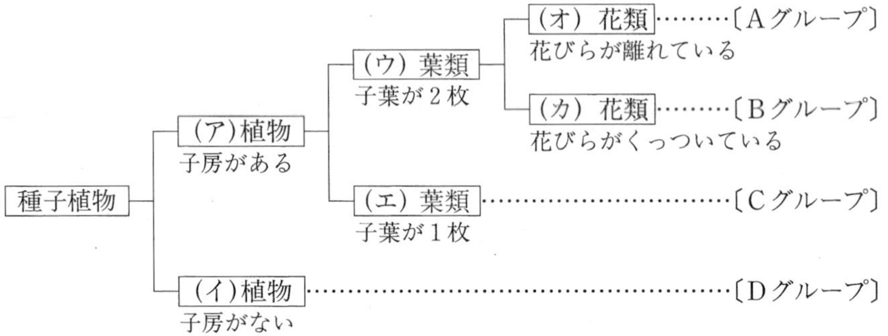

(1) 表のア～カにあてはまる語句を答えよ。

(2) 次の植物は，A ～ Dのどのグループに属するか。

① マツ ② エンドウ ③ タンポポ

④ イネ ⑤ アブラナ ⑥ トウモロコシ

解答 (1) ア．被子 イ．裸子 ウ．双子

エ．単子 オ．離弁 カ．合弁

(2) ① D ② A ③ B

④ C ⑤ A ⑥ C

例題10 〈双子葉類と単子葉類〉

被子植物は双子葉類と単子葉類に分けられるが，双子葉類のみにあてはまる特徴を，次からすべて選べ。

① 根はひげ根である。

② 茎の維管束は輪の形に並んでいる。

③ 胚珠は子房に包まれている。

④ 葉脈は網目状である。

⑤ 花を咲かせる。

⑥ 子葉は1枚である。

解答　②，④

解説　双子葉類は子葉が2枚，根は主根と側根からなり，茎の維管束は輪状の形に規則正しく並んでいる。また，葉脈は網目状の網状脈である。①と⑥は単子葉類，③と⑤は双子葉類と単子葉類に共通する特徴である。

例題11 〈シダ植物とコケ植物〉

次のそれぞれの文について，シダ植物のみにあてはまるものはA，コケ植物のみにあてはまるものはB，いずれにもあてはまるものは○，いずれにもあてはまらないものは×とせよ。

(1)　根・茎・葉の区別がある。
(2)　葉緑体をもち，自分で栄養をつくる。
(3)　胞子でふえ，胞子が発芽して成長する。
(4)　花が咲き，種子をつくってふえる。
(5)　維管束がある。
(6)　雄株と雌株の区別がある。

解答　(1)　A　(2)　○　(3)　○　(4)　×　(5)　A　(6)　B

確認問題

1 次に示した顕微鏡の操作を，正しい順序に並べ替えよ。

ア．プレパラートをステージにのせる。

イ．横から見ながら，対物レンズをプレパラートに近づける。

ウ．対物レンズを取り付ける。

エ．接眼レンズをのぞきながら，対物レンズをプレパラートから遠ざけていき，ピントを合わせる。

オ．反射鏡の角度としぼりを調節し，視野全体が明るく見えるようにする。

カ．接眼レンズを取り付ける。

2 右の図は，アブラナの花を模式的に表したものである。

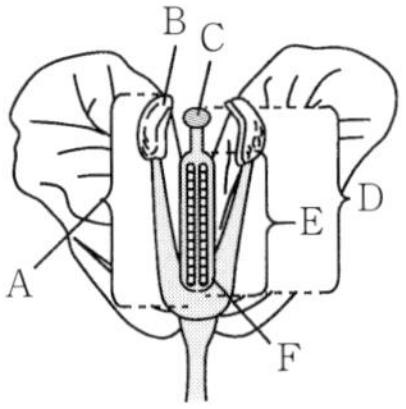

(1) 果実になるのはA～Fのうちどの部分か。

(2) 種子になるのはA～Fのうちどの部分か。

3 次の中から，胚珠が子房に包まれず，むき出しになっている植物を選べ。

① ユリ ② イチョウ ③ アブラナ ④ エンドウ ⑤ スギナ

4 図はある植物の葉で光合成が行われる様子を模式的に示したものである。

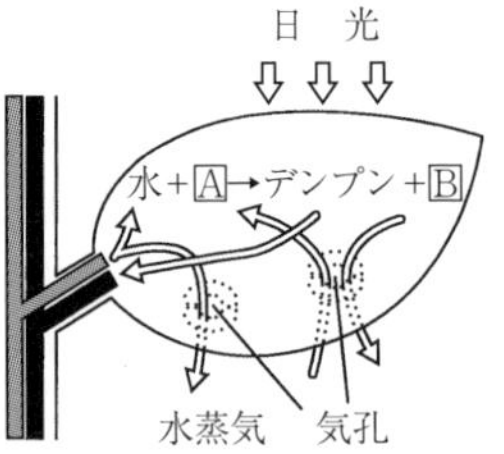

(1) 図中のA，Bのそれぞれにあてはまる気体の名称を答えよ。

(2) 根から吸収された水の一部は，葉の気孔から水蒸気となって大気中に放出される。この現象を何というか。

(3) 茎の中で，葉で作られた栄養分が通る管を何というか。

5 次の図は，植物の分類を示したものである。空欄A～Eにあてはまる分類上の名称を答えよ。

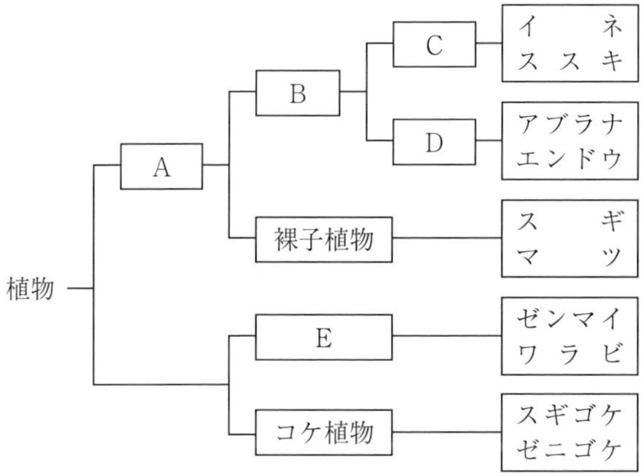

2 動物の世界

●ポイント

動物については，ヒトの血液の成分，血液循環，消化酵素，動物の分類についての出題が多く見られる。基本的な知識について問われる場合がほとんどであるため，基礎知識の把握に努めよう。

1 血液の循環

Point Check

1 血液の成分と働き

成　分	形	働き	1mm^{3}中の数	割合
赤血球	中央がくぼんだ円盤状。無核。 	**ヘモグロビン**を含み，**酸素を運搬**する。	男：約500万 女：約450万	
白血球	アメーバ状。自由に形を変える。 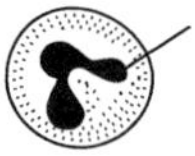	体内に侵入した細菌を捕食して殺す（**食作用**）。	6000 ～ 8000	**45％**
血小板	決まった形がなく，小さい。 	傷口で血液を凝固させる（**血液凝固作用**）。	20万～ 40万	
血しょう	液体成分。淡黄色で透明。	**栄養分**，**老廃物**（二酸化炭素・尿素），ホルモン，抗体，熱などを**運搬**。	水：約90％ タンパク質：約7％	55％

2 心臓のつくりと働き

ヒトの心臓：**2心房・2心室**の4つの部屋からなる。

① **心房**…静脈から戻った血液を心室に送る。

② **心室**…心房からきた血液を，強い圧力で動脈に送り出す。壁の筋肉は心房よりも厚い。

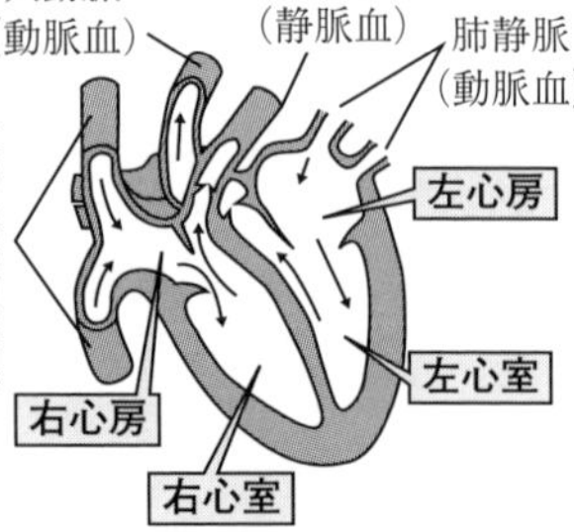

3 血液の循環

① **肺循環**…血液が心臓を出て，肺をめぐり心臓へ戻る経路。

右心室→肺動脈→肺→肺静脈→左心房

血液は，肺の毛細血管で二酸化炭素を捨て，酸素を受け取る。

② **体循環**…血液が心臓を出て，全身をめぐり心臓へ戻る経路。

左心室→大動脈→全身の毛細血管→大静脈→右心房

血液は，この間に全身の細胞に酸素や栄養分を与え，細胞から二酸化炭素や不要物を受け取る。

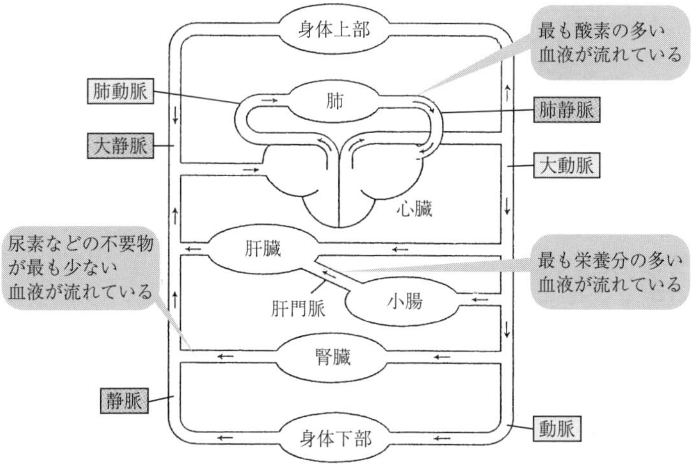

例題1	〈血液の成分と働き〉

血液の成分である赤血球，白血球，血小板，血しょうの働きを，次からそれぞれ選べ。

ア．食作用　　イ．二酸化炭素の運搬　　ウ．血液凝固作用

エ．酸素の運搬　　オ．栄養分・老廃物の運搬

解答　赤血球：エ　　白血球：ア

血小板：ウ　　血しょう：イ，オ

解説　赤血球は，ヘモグロビンの性質により，酸素の多い肺では酸素と結びつき，酸素の少ないからだの各部では酸素を離して細胞に酸素を渡す。

例題2 〈心臓のつくりと働き〉

右の図は，ヒトの心臓の断面を示したものである。

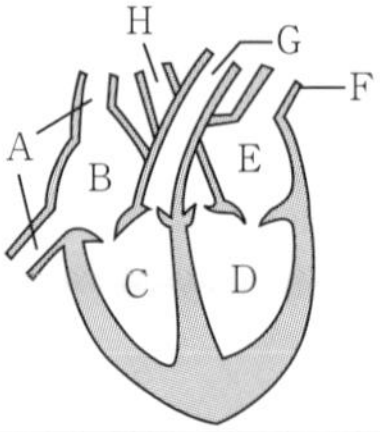

(1) 図のCの部分の名称を答えよ。

(2) 図のＡ～Ｈから静脈をすべて選べ。

(3) 酸素を多くとり入れた血液が通る道すじを，図のＡ～Ｈの記号で示せ。

解答 (1) 右心室　(2) Ａ，Ｆ

(3) Ｆ→Ｅ→Ｄ→Ｈ

解説 (1) Ｃは肺へ血液を送り出す右心室である。

(2) 毛細血管から心臓へ向かう血液が流れている血管が静脈である。心臓へ入る血液は，大静脈と肺静脈を通る。

(3) 酸素を多く取り入れた血液は，肺を通過したあとのものである。肺静脈から左心房へ運ばれ，左心室から大動脈を通って全身の毛細血管へと運ばれる。

例題3 〈血液の循環〉

右の図は，ヒトの血液の循環経路を示している。

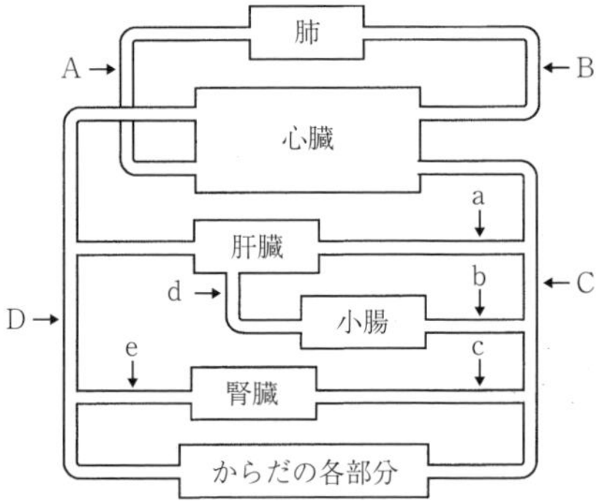

(1) 図中の血管Ａ～Ｄの中から静脈をすべて選べ。

(2) 図中の血管ａ～ｅのうち，グルコース（ブドウ糖）などの栄養分を最も多く含む血液が流れている血管を1つ選べ。

(3) 図中の血管ａ～ｅのうち，二酸化炭素以外の不要物が最も少ない血液が流れている血管を1つ選べ。

解答 (1) Ｂ，Ｄ　(2) ｄ　(3) ｅ

解説 (1) Ｂの肺静脈，Ｄの大静脈は，心臓に戻る血液が流れる血管で静脈である。

(2) グルコースなどの栄養分は，小腸の柔毛から吸収され，門脈を通って肝臓へ運ばれる。

(3) 尿素などの不要物は，腎臓で血液からこし出される。

2　消化と吸収

Point Check

1　消化管

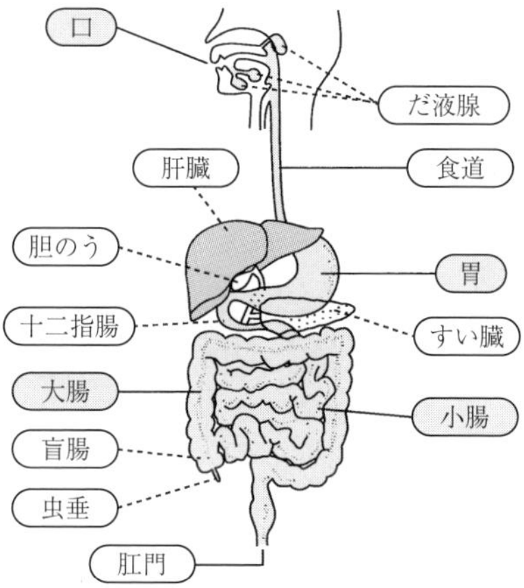

口→食道→胃→小腸→大腸→肛門

① **口**…歯で食物をかみ砕き，だ液腺から出ただ液と食物を舌で混ぜ合わせる。

② **胃**…複雑な運動によって，強酸性の胃液と食物を混ぜ合わせ，タンパク質を消化する。

③ **小腸**…内壁に多数のひだがあり，その表面には柔毛（柔突起）があって，栄養分の消化と吸収を効率よく行う。

④ **大腸**…水分を吸収し，不要なものは排泄物として体外に出される。

2　酵素の性質

① 種類によって，特定の基質にしか働かない（基質特異性）。

② **35℃前後で最もよく働く。**低温になると，反応速度は遅くなる。

③ 温度が60～70℃を超えると，本体であるタンパク質の立体構造が変化するため酵素作用を失い（失活），常温に戻してもその働きが再びあらわれることはない。

④ 反応の前後で，消化酵素自身は変化せず，何度でも働く。

消化器官・消化腺	消化液	消化酵素	酵素の種類	酵素の働き
だ液腺	だ液	**アミラーゼ**	炭水化物分解酵素	**デンプンをマルトースに分解**
胃腺	胃液	**ペプシン**	タンパク質分解酵素	**タンパク質を分解**
すい臓	すい液	アミラーゼ トリプシン **リパーゼ**	炭水化物分解酵素 タンパク質分解酵素 脂肪分解酵素	デンプンをマルトースに分解 ペプトンを分解 **脂肪を脂肪酸とモノグリセリドに分解**
小腸	腸液	**マルターゼ** ペプチダーゼ	炭水化物分解酵素 タンパク質分解酵素	マルトースをグルコースに分解 ポリペプチドを分解

＜酵素による養分の消化とその吸収・移動＞

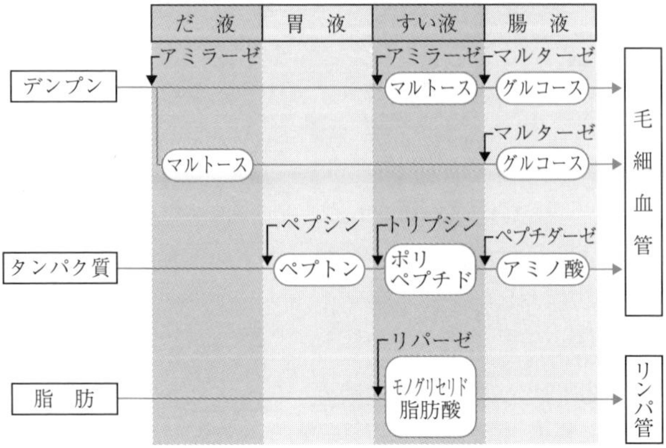

3 栄養分の吸収

消化された栄養分は，**小腸の柔毛（柔突起）**から吸収される。

① グルコース…柔毛の毛細血管から吸収され，血流によって肝臓に運ばれ，その一部は肝臓でグリコーゲンにつくり変えられる。

② アミノ酸…柔毛の毛細血管に吸収される。

③ 脂肪酸・モノグリセリド…柔毛から小さな脂肪の粒になり，リンパ管に吸収される。

例題4 〈消化と消化酵素〉

消化酵素について，次の各問いに答えよ。

(1) だ液中の消化酵素で，デンプンをマルトースに変える働きをもつものを何というか。

(2) 消化によってデンプンは，最終的には何という物質に分解されるか。

(3) 消化によってタンパク質は，最終的には何という物質に分解されるか。

(4) 脂肪を脂肪酸とモノグリセリドに分解する消化酵素を何というか。

(5) デンプン，タンパク質，脂肪のうち，胃液の働きを受けるものはどれか。

解答 (1) アミラーゼ　(2) グルコース　(3) アミノ酸
(4) リパーゼ　(5) タンパク質

例題5 〈栄養分の吸収〉

栄養分の吸収について，次の各問いに答えよ。

(1) 消化された栄養分は体のどの器官から吸収されるか。

(2) 次のうち，(1)の器官の柔毛の内壁を通り抜けて毛細血管に入る物質を2つ選べ。

① デンプン　② グルコース　③ タンパク質　④ 脂肪

⑤ アミノ酸

解答 (1) 小腸　(2) ②，⑤

3 呼吸と排出

Point Check

1 呼吸器のつくりと働き

① ヒトの呼吸器官のつくり

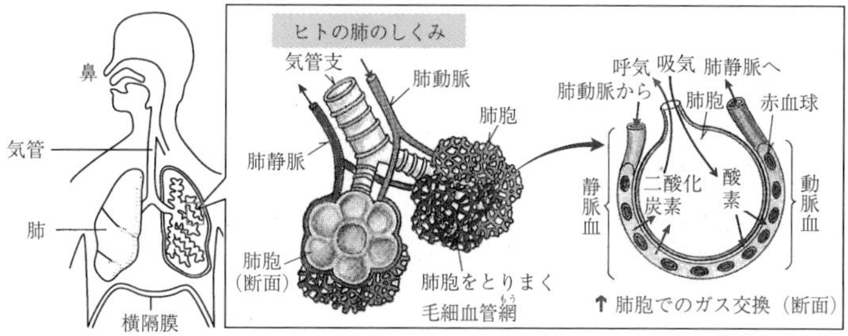

・**気管**…のどから入ってきた空気を肺へと通す管。

・**気管支**…気管が細かく枝分かれしたもの。

・**肺**…肋骨とその間をつなぐ筋肉と，横隔膜に囲まれた胸腔の中にある。肺の中には，気管支と無数の肺胞がある。

・**肺胞**…周囲の毛細血管により，酸素と二酸化炭素のガス交換を行っている。

② 呼吸運動のしくみ

肺には筋肉がないため，肋骨とそれをつなぐ筋肉と，横隔膜の働きで呼吸運動は行われる。

{ 息を吸う…胸腔が広がり，肺も広がる。
{ 息を吐く…胸腔が狭くなり，肺が縮む。

③　呼吸の働き

呼吸によって得た酸素を使って，グルコースや脂肪は二酸化炭素と水に分解される。

2　肝臓と腎臓

① **肝臓の働き**

・タンパク質の分解によって生じた**アンモニアを，毒性の弱い尿素**に作りかえる。

・体内に入った有害物質（アルコール）を無毒化する（**解毒作用**）。

・**胆汁**を生成し，小腸で脂肪の消化を助ける。

・グルコースをグリコーゲンに作りかえて貯蔵し，必要に応じてグルコースにかえて血液中に送り出す。

② **腎臓の働き**

・毛細血管中の血液から，水や尿素などの老廃物をこしとって尿を生成する。

・尿は輸尿管を通って，ぼうこうに一時ためられ，尿道から体外へ排出される。

例題6　〈呼吸運動のしくみ〉

ヒトの呼吸について，次の各問いに答えよ。

(1)　ヒトが空気を吐き出すときの，横隔膜と肋骨の動きについて，正しいものを選べ。

①　横隔膜と肋骨がともに上がる。
②　横隔膜が下がり，肋骨が上がる。
③　横隔膜が上がり，肋骨が下がる。
④　横隔膜と肋骨がともに下がる。

(2)　肋骨と横隔膜に囲まれ，肺や心臓の入っている部屋を何というか。

(3)　吸気中の酸素は，血液の何という血球に取り込まれるか。

解答　(1)　③　　(2)　胸腔　　(3)　赤血球

解説　(1)　横隔膜を上げ，肋骨を下げて胸腔を縮めるようにする。
(2)　哺乳類は，横隔膜により胸腔と腹腔に分かれている。
(3)　赤血球中のヘモグロビンと酸素が結合する。

例題7　〈老廃物の排出〉

老廃物の排出に関する次の記述の空欄にあてはまる語句を答えよ。

タンパク質の分解によって生じたアンモニアは，血液によって（　A　）に運ばれ，（　B　）という毒性の弱い物質に変えられる。（　B　）は，（　C　）で血液中からこしだされ，（　D　）を通って一時（　E　）にためられ，尿として排出される。

解答　A．肝臓　　B．尿素　　C．腎臓　　D．輸尿管　　E．ぼうこう

4　中枢神経系と末梢神経系

Point Check

1　ヒトの神経系のつくり

①　**中枢神経**…脳や脊髄など神経細胞がたくさん集まったところ。刺激に対する命令を出す。

②　**末梢神経**…中枢神経から細かく枝分かれした神経。感覚神経と運動神経に分けられる。

・感覚神経：感覚器官が受けた刺激を，中枢神経に伝える。

・運動神経：脳や脊髄からの命令を，筋肉に伝える。

2　脳と脊髄の主な働き

脳	**大脳**	記憶・言語などの高度な精神活動や，本能行動の中枢。運動・感覚・視覚・聴覚の中枢。
	間脳	自律神経系の中枢。体温や血液中の糖分，内臓の運動の調節の中枢。
	中脳	眼球の反射運動，こう彩の収縮調節，姿勢保持の中枢。
	小脳	からだの平衡を保つ中枢。手足などの随意運動の調節。
	延髄	呼吸，消化，血液循環の調節の中枢。
脊髄		反射の中枢。感覚器官と脳との刺激や命令の連絡路。

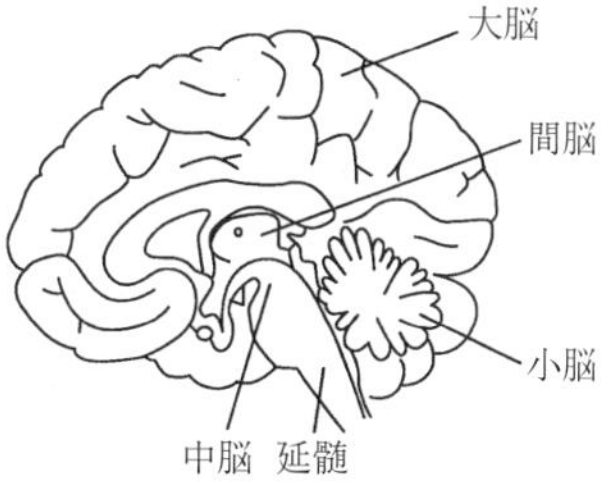

3 刺激に対する反応のしくみ

① **意識的な反応**…刺激に対する命令を大脳が出す。

〔刺激〕→感覚器官→感覚神経→脊髄→大脳→脊髄→運動神経→筋肉→〔反応〕

② **無意識的な反応**（**反射**）…刺激に対する命令を主に脊髄が出す。大脳を経由しないぶん，反応がすばやく起こる。

〔刺激〕→感覚器官→感覚神経→脊髄→運動神経→筋肉→〔反応〕

例・熱いものに手を触れると，思わず手を引っ込める。
・目の前に虫が飛んでくると，思わず目を閉じる。
・ひざの下をたたくと，足が跳ね上がる（**しつがい腱反射**）。

4 自律神経系

末梢神経の1つで，間脳の視床下部の支配のもと，意思とは無関係に内臓の働きを自律的に調節する。交感神経と副交感神経の2種類があり，多くの器官ではその両方が分布し，互いにほぼ正反対の働きを行う（拮抗作用）。

① **交感神経**…ノルアドレナリンが分泌され，緊張したりしているときに働く。

② **副交感神経**…アセチルコリンが分泌され，交感神経の反応をやわらげ，安静時に働く。

	瞳孔	心臓拍動	血圧	呼吸運動	消化作用	皮膚の血管	立毛筋
交感神経	拡大	促進	上昇	促進	抑制	収縮	収縮
副交感神経	縮小	抑制	下降	抑制	促進	（分布せず）	（分布せず）

例題8 〈脳と脊髄の主な働き〉

次の働きを調節している中枢を答えよ。

(1) 体温・血糖量などの調節

(2) 眼球の反射運動やこう彩の収縮調節

解答 (1) 間脳　(2) 中脳

例題9 〈刺激に対する反応〉

右の図は，ヒトの神経系を模式的に示したものである。

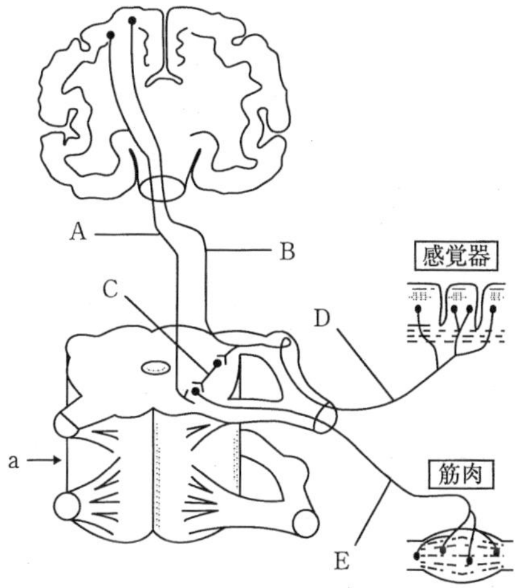

(1) 図中のD，Eの神経の名称をそれぞれ答えよ。

(2) 図のaで示した部分の名称を答えよ。

(3) 次の2つの反応について，刺激が伝達する道筋をア～エからそれぞれ選べ。

① 熱いものに触れたので，思わず手を引っ込めた。

② 熱いものに触れたので，すぐに手を冷たい水道の水で冷やした。

ア．D→B→A→E　　イ．D→C→E

ウ．E→A→B→D　　エ．E→C→D

(4) (3)の①のような反応を何というか。

解答 (1) D．感覚神経　E．運動神経　(2) 脊髄
(3) ① イ　② ア　(4) 反射

例題10 〈自律神経系〉

ヒトの自律神経は，交感神経と副交感神経とからなるが，次のうち，交感神経の働きによるものを選べ。

① 呼吸運動の抑制　② 瞳孔の縮小　③ 血圧の下降

④ 消化作用の促進　⑤ 皮膚の血管の収縮

解答 ⑤

解説 ①～④は副交感神経の働きによるものである。

5 動物の分類

Point Check

動物の種類			特徴						例
セキツイ動物		哺乳類	2心房2心室，体内受精，毛でおおわれる	陸上	胎生	肺呼吸	恒温	背骨がある	イルカ，クジラ，コウモリ，ラッコ
		鳥類	2心房2心室，体内受精		卵生				カラス，フクロウ，ペンギン
		は虫類	2心房2心室（不完全），体内受精，うろこやこうら				変温		イグアナ，カメ，トカゲ，ヘビ，ヤモリ，ワニ
		両生類	2心房1心室，体外受精，皮膚が裸出，子はえらで，親は肺で呼吸	水中		えら呼吸			イモリ，カエル，サンショウウオ
		魚類	1心房1心室，体外受精						サメ，ナマズ，フナ，メダカ
無セキツイ動物	棘皮動物		からだは放射状で，殻やとげをもつものが多い					背骨がない	ウニ，ナマコ，ヒトデ
	節足動物	昆虫類	からだは頭部・胸部・腹部に分かれ，胸部に3対のあしと羽をもつ（羽がないものもあり）。卵生	変態する	羽がある	外骨格をもつ			アリ，カ，カブトムシ，ゴキブリ，セミ，チョウ，トンボ，ハチ，バッタ
		甲殻類	外骨格でおおわれる。卵生		羽がない				エビ，カニ，ヤドカリ
		多足類	単眼	変態しない					ムカデ，ゲジ
		クモ類	からだは頭胸部・腹部に分かれる。書肺という気管の変化したもので呼吸						クモ，サソリ，ダニ
	軟体動物	頭足類	からだが外とう膜でおおわれ，節も外骨格ももたない。貝殻をもつものもある。卵生			外骨格がない			イカ，タコ
		貝類							アサリ，ナメクジ，ハマグリ，マイマイ

例題11〈恒温動物と変温動物〉

次の動物のうち，外界の温度が変化しても体温が変わらないものをすべて選べ。

① イルカ　② サメ　③ ペンギン

④ イグアナ　⑤ カエル

解答 ①，③

解説 ①は哺乳類，③は鳥類で恒温動物，②は魚類，④はは虫類，⑤は両生類で変温動物。

例題12〈動物の分類〉

次のうち，外骨格をもつものを選べ。

① アサリ　② ウニ　③ イカ　④ ヒトデ　⑤ カニ

解答 ⑤

確認問題

6 右の図は，ヒトの血液を顕微鏡で観察したものである。次の説明文にあてはまるものを図から選んで記号を書き，また，その名称を答えよ。

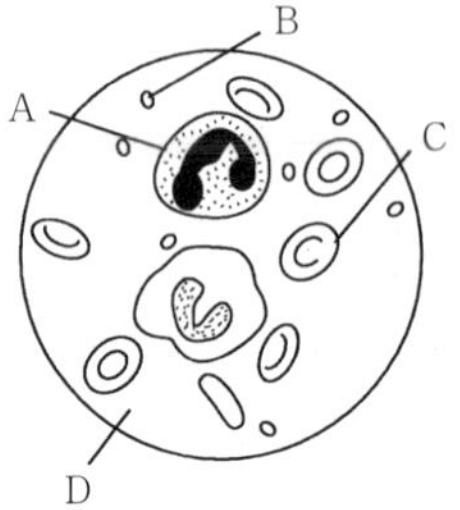

(1) ヘモグロビンという色素を含んでいる。

(2) 血液を凝固させる。

(3) 栄養分や老廃物を運ぶ。

(4) 体内に侵入した細菌を捕食して殺す。

7 右の図は，ヒトの心臓のつくりをからだの前面から見た模式図である。

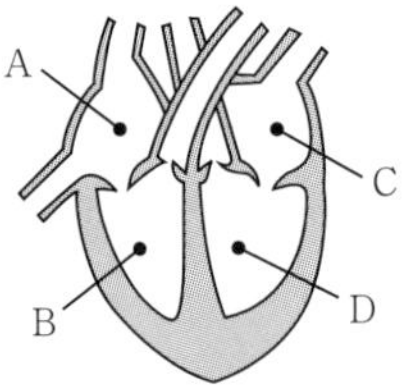

(1) 図のAの部分の名称を答えよ。

(2) 図のA～Dのうち，静脈と直接つながっており，酸素を多く含む動脈血の流れているものを選べ。

8 タンパク質を分解する酵素を次から選べ。

① リパーゼ　② アミラーゼ　③ マルターゼ　④ ペプシン

9 ヒトの大脳および小脳の働きを，次からそれぞれ選べ。

ア．呼吸運動や心臓の働きを調節する。

イ．からだのつりあいを保ち，運動を調節する。

ウ．体温を一定に保つ。

エ．ものを考えたり記憶したりする。

10 次の動物と動物の分類名の組合せとして正しいものを選べ。

① イモリ ―――― は虫類

② ヤモリ ―――― 両生類

③ サンショウウオ ― 魚類

④ コウモリ ―――― 鳥類

⑤ クジラ ―――― 哺乳類

3 生物のつながり

●ポイント

細胞，遺伝，食物連鎖，物質の循環とも例年よく見られる。特に遺伝に関するヒトのABO式血液型とメンデルが発見した遺伝についての性質については，出題頻度が高いため，完全にマスターしておく必要がある。基本事項を押さえ，出題されるパターンに慣れておこう。

1 細胞と生物

Point Check

1 細胞の構成元素

酸素，炭素，水素，窒素の4つで細胞全体の95％を占める。

2 細胞のつくり

生物の種類によって異なるが，一般に次のものからできている。

<動 物 細 胞>　　　　　　<植 物 細 胞>

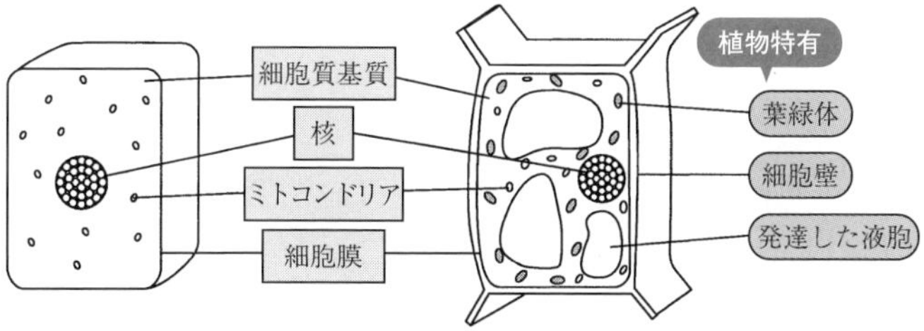

① **核**…生命活動の中心。核膜や遺伝子の本体DNAを含む染色体，核小体からなる。**酢酸カーミン液**や**酢酸オルセイン液**で**赤色**に染まる。

② **細胞質**…細胞の核以外の部分で，実際の生命活動をおこなう。ミトコンドリアや葉緑体などの細胞小器官の間を細胞質基質が満たしており，葉緑体，発達した液胞は植物細胞にみられる。

・**葉緑体**：光合成の場で，クロロフィルを含み，水と二酸化炭素からグルコースを合成する。

・**ミトコンドリア**：細胞内のエネルギー発生の場で，呼吸によって ATPを生成する。

③ **細胞膜**…細胞質の一部で，細胞質をつつむ薄い膜。溶液中の溶媒は通すが，溶質は通さないという半透性を示す。

④ **細胞壁**…植物細胞にみられる細胞膜の外側をつつむしっかりした膜。多糖類のセルロースを主成分とする。溶媒も溶質も通す**全透性**を示す。

3 細胞の浸透現象

① 低張液…細胞内より薄い溶液。細胞を浸すと，細胞内へ水が浸透して細胞が膨張する。

例 赤血球を低張液に入れると，吸水してふくらみ，ついには破裂する(溶血)。

② 高張液…細胞内より濃い溶液。細胞を浸すと，細胞内の水が細胞外へ浸透して細胞が収縮する。植物細胞では原形質分離がおこる。

例 赤血球を高張液に入れると，赤血球内の水が細胞外へ出て，赤血球は縮む。

<動物細胞>

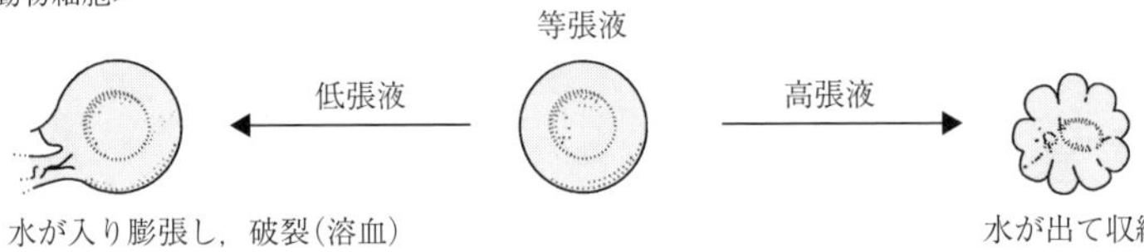

<植物細胞>

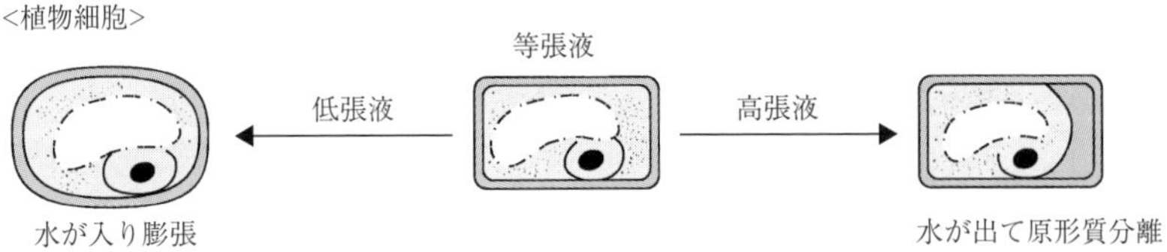

4 細胞分裂

① 生物の成長

細胞の数が増え(体細胞分裂)，それらが成長することにより，生物は成長する。

② 体細胞分裂の過程（植物細胞）

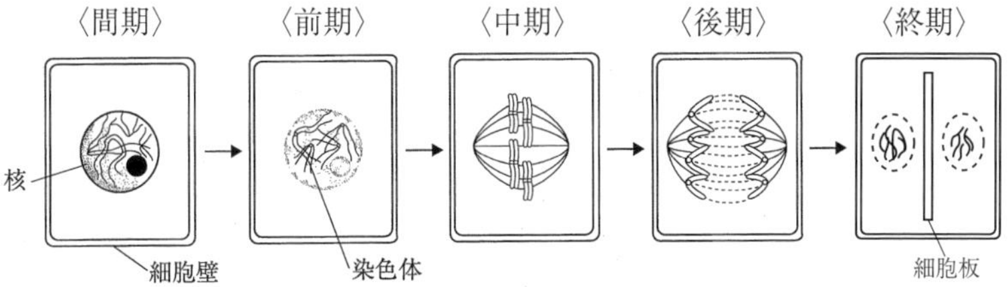

間期：染色体が複製される。

前期：糸状の染色体が凝縮して，太く短い染色体になる。

中期：染色体が赤道面に並ぶ。

後期：染色体が分かれて両極に移動する。

終期：中央にしきり（細胞板）ができ，細胞が2分される。

※動物細胞では，細胞表面からくびれが生じ2分される。

例題1 〈植物細胞〉

右の図は，植物の細胞のつくりを表したものである。

(1) A～Fのうち，酢酸カーミン液で特によく染まるのはどれか。

(2) A～Fのうち，動物細胞には見られないものを2つ選べ。

(3) A～Fのうち，光合成が行われるのはどこか。

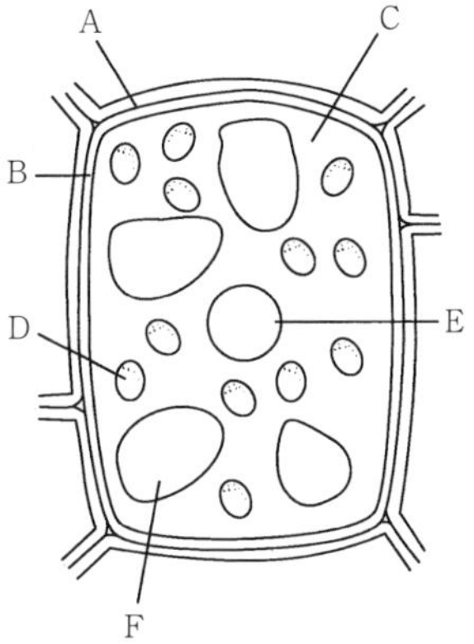

解答 (1) E　(2) A，D　(3) D

解説 Aは細胞壁，Bは細胞膜，Cは細胞質基質，Dは葉緑体，Eは核，Fは液胞である。

2 遺伝と遺伝子

Point Check

1 遺伝用語の知識

◇**対立形質**…エンドウの種子の形が丸形・しわ形のように，互いに対をなす形や性質。
◇**遺伝子**…親から子へと形質を伝え，それを発現するもとになるもの。核の染色体に存在する。
◇**純系**…AA，aaのように同じ遺伝子の組合せをもつ個体。
◇**雑種**…Aaのように異なる遺伝子の組合せをもつ個体。
◇**顕性（優性）形質と潜性（劣性）形質**
雑種について，現れる形質が顕性形質，隠れて現れない形質が潜性形質。
◇**顕性遺伝子と潜性遺伝子**
顕性遺伝子は大文字で表し，AA，Aaのように1つでもAがあると顕性形質となる。潜性遺伝子は小文字で表し，aaになったとき潜性形質となる。
◇**自家受精**…同一個体の配偶子間での受精。

2 メンデルが発見した遺伝についての性質

・顕性の形質をもつ親と潜性の形質をもつ親をかけ合わせると，雑種第一代F_1には顕性形質のみが現れる。
例 純系のエンドウで，種子の形が丸形と，しわ形とをかけ合わせると，F_1はすべて丸形の種子になる。
・配偶子がつくられるとき，1対の対立遺伝子は分離して別々の配偶子に入る。**（分離の法則）**

<エンドウの種子の形（丸形・しわ形）>

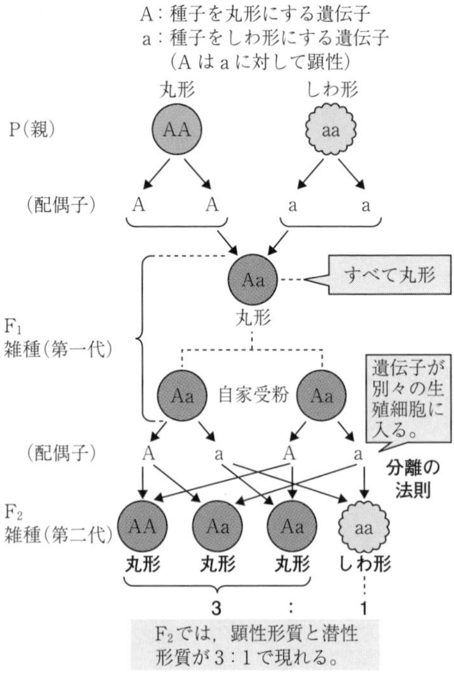

・対立形質が2つ以上ある場合，各対立遺伝子は互いに独立して各配偶子に配分される。

例 純系のエンドウで，種子が丸形で子葉が黄色のものと，種子がしわ形で子葉が緑色のものとをかけ合わせると，F_1ではすべて丸形・黄色のものができる。このF_1を自家受精させてできるF_2では，次のようになる。

丸形・黄色：丸形・緑色：しわ形・黄色：しわ形・緑色＝9：3：3：1

<エンドウの種子の形(丸形・しわ形)と子葉の色(黄色・緑色)>

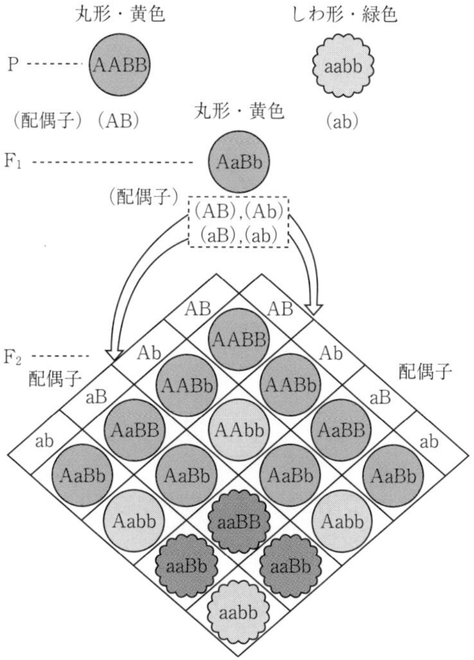

丸形・黄色：丸形・緑色：しわ形・黄色：しわ形・緑色
9　：　3　：　3　：　1

3 不完全顕性

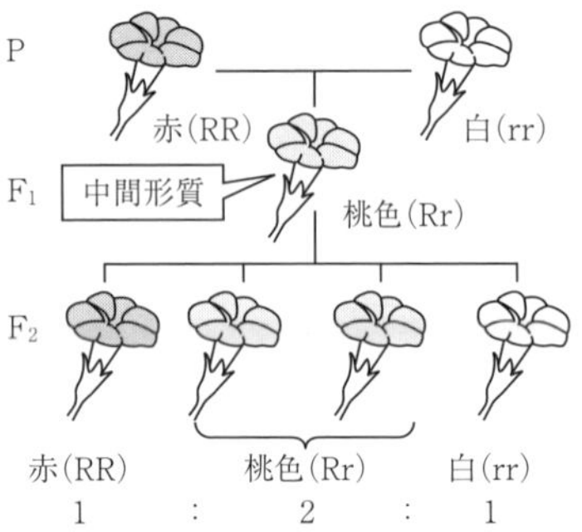

対立する遺伝子の関係が不完全なためにおこる現象。

例 マルバアサガオの赤色の花をつける個体(RR)と，白色の花をつける個体(rr)をかけ合わせると，F_1はすべて中間の桃色(Rr)になる。F_2では，次のようになる。

赤色(RR):桃色(Rr):白色(rr)＝1:2:1

4 ヒトのABO式血液型

① ABO式血液型の遺伝子は，A，B，Oの3つ。A，Bはそれぞれ O に対して顕性である。A = B>O

② ABO式血液型の遺伝子型

表現型	A型	B型	AB型	O型
遺伝子型	AA，AO	BB，BO	AB	OO
配偶子	A，O	B，O	A，B	O

5 遺伝子の本体 —— DNA(デオキシリボ核酸)

① **DNAの構造**

・DNA分子の基本構造は，糖(デオキシリボース)・塩基・リン酸が結合したヌクレオチド。

・DNA分子は，2本のヌクレオチド鎖が塩基どうしで結合した二重らせん構造をしている。

・塩基対どうしは，**水素結合**によって結びついている。

② **ヒトゲノム**…ヒトがもつ全遺伝情報のセットのこと。日欧米など6カ国が参加する国際ヒトゲノム計画として解読作業が行われ，2003年にすべての解読が完了した。

③ **クローン**…遺伝子が全く同じ細胞や個体のこと。1996年にイギリスで作製された核移植による体細胞クローン羊「ドリー」が世界初の成功例である。

例題2 〈遺伝の性質〉

ある植物の種子について，親から子へ独立して遺伝する形質のうち，色について赤の形質の遺伝子をA，白をa，形について丸をB，しわをbで表すとする。このとき，赤色と丸形は顕性，白色としわ形は潜性とする。AABbの親とaaBbの親をかけ合わせたときの子の形質の割合を表現型で表すと，赤色・丸形：赤色・しわ形：白色・丸形：白色・しわ形の割合はどうなるか。

解答 赤色・丸形：赤色・しわ形：白色・丸形：白色・しわ形＝3：1：0：0

解説 AABbが作る配偶子の遺伝子型は，AB：Ab＝1：1
aaBbが作る配偶子の遺伝子型は，aB：ab＝1：1
AaBB，AaBbの表現型は〔AB〕で3個体，Aabbの表現型は〔Ab〕で1個体だから，
〔AB〕：〔Ab〕：〔aB〕：〔ab〕＝3：1：0：0

	aB	ab
AB	AaBB	AaBb
Ab	AaBb	Aabb

例題3 〈ヒトのABO式血液型〉

両親の血液型がA型とB型の場合，何型の子どもが生まれる可能性があるか。

解答 A型，B型，O型，AB型

解説 子どもに生まれる血液型を考える場合，A型はAO，B型はBOで考えればよい。A型AOの配偶子の遺伝子型は，A：O＝1：1，B型BOの配偶子の遺伝子型は，B：O＝1：1であるから，これをかけ合わせると，遺伝子AとBはそれぞれ遺伝子Oに対して顕性であるから，遺伝子型AOとBOはそれぞれA型，B型となる。よって，A型，B型，O型，AB型の子どもが生まれる可能性がある。

	B	O
A	AB	AO
O	BO	OO

例題4 〈遺伝子〉

遺伝子に関する次の記述の空欄にあてはまる語句を答えよ。

(1) 人間の遺伝子に組み込まれたすべての情報のことを（　A　）といい，近年，その解読が完了した。

(2) 遺伝的な構成が全く同一の個体のことを（　B　）といい，イギリスで作製された（　B　）羊が世界初の成功例である。

解答 A．ヒトゲノム　　B．クローン

3 生物どうしのつながり

Point Check

1 生物界のなりたち

① **生産者**…光合成によって無機物から有機物をつくり出すことのできる緑色植物や植物プランクトン。食物連鎖の出発点となる。

② **消費者**…生産者がつくり出した有機物を，直接食べる草食動物，または間接的に食べる肉食動物。

③ **分解者**…生物の死がいや排出物に含まれる有機物を無機物に分解する菌類・細菌類。

2 食物連鎖

生産者(緑色植物)を出発点とする「**食う・食われる**」の関係。

例・陸上で生活する生物の食物連鎖：イネ→バッタ→カエル→ヘビ→イヌワシ

・水中で生活する生物の食物連鎖：ケイソウ→ミジンコ→フナ

〈生物の量的な関係〉

食物連鎖で生物どうしの量的関係は，生産者を底辺とする**ピラミッド**の形になる(生態ピラミッド)。

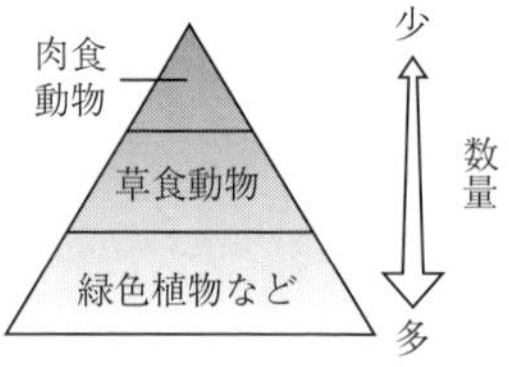

〈生物界のつり合い〉

何らかの原因で特定の生物が異常に増えたり減ったりしても，やがてもとのピラミッドの形になる。

3 生物濃縮

外界から取り込んだ特定の物質が，食物連鎖を重ねる順に高濃度で生体内に蓄積される現象。

例　DDTなどの農薬や水銀などの重金属といった有害物質が水中に放出されると，まず，そこにすむプランクトンや藻類に取り込まれ，食物連鎖によって高次の消費者の体内により高濃度で蓄積される。

例題5 〈食物連鎖〉

右の図は，ある湖にすむ小形の魚，水鳥，植物プランクトン，動物プランクトンの個体数の関係を模式的に表したものである。

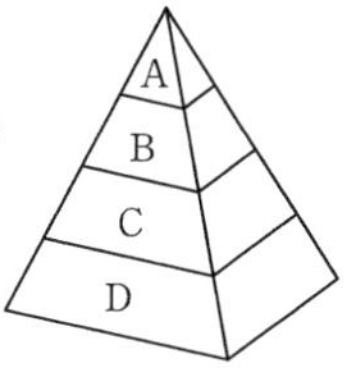

(1)　A～Dはある関係でつながっている。この関係を何というか。

(2)　Dの部分には，一般的にはどのような生物が含まれるか。

(3)　A～Dのうち，小形の魚の個体数を表しているのはどれか。

(4)　短期間にBの生物を捕獲し，図の半分の個体数にした。その後のAとCの個体数についての記述として正しいものをそれぞれ選べ。

①　増加して，図よりもかなり多い状態で安定化する。

②　減少して，図よりもかなり少ない状態で安定化する。

③　最初増加するが，やがて減少し，図と同じくらいの個体数にもどる。

④　最初減少するが，やがて増加し，図と同じぐらいの個体数にもどる。

解答　(1)　食物連鎖　　(2)　緑色植物・植物プランクトン

(3)　B　　(4)　A．④　　C．③

解説　(4)　Cは自分を食べる動物が減ることになるので最初は増加する。しかし，Cが増えることにより，その食物であるDが減ってしまうため，やがてCも減り始める。Aは食物であるBが減るので最初は減少するが，やがてBの個体数が回復するとAも増え始める。

4　物質の循環

Point Check

1　炭素の循環

炭素は，大気中の**二酸化炭素やすべての有機物**に含まれている。次の①～③を繰り返して循環する。

①　光合成植物が光合成によって大気中の二酸化炭素から炭素を取り込み，有機物を合成する。

②　炭素は有機物に取り込まれた形で，食物連鎖により生物間を移動する。

③　すべての生物が行う呼吸によって有機物が水と二酸化炭素に分解され，有機物中の炭素が二酸化炭素の形で大気中に放出される。

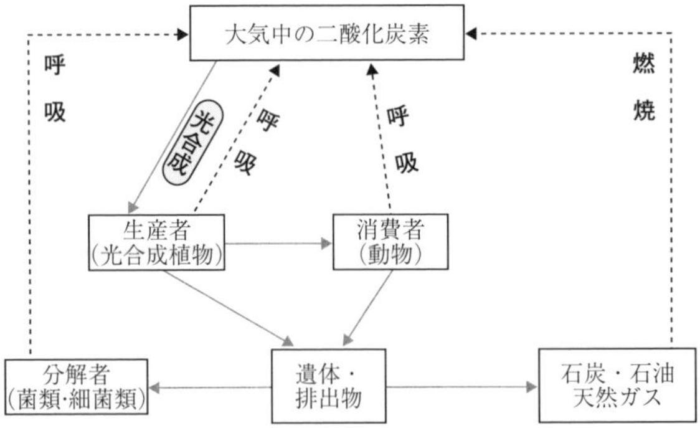

2 窒素の循環

窒素は，**タンパク質や土壌中の窒素化合物**などに含まれている。次の①～③を繰り返して循環する。

① 植物が，土壌中の窒素化合物を取り入れてタンパク質を合成する。

② 窒素はタンパク質に取り込まれた形で，食物連鎖により，生物間を移動。

③ **分解者**によって，タンパク質が窒素化合物と二酸化炭素に分解され，土壌中に放出される。

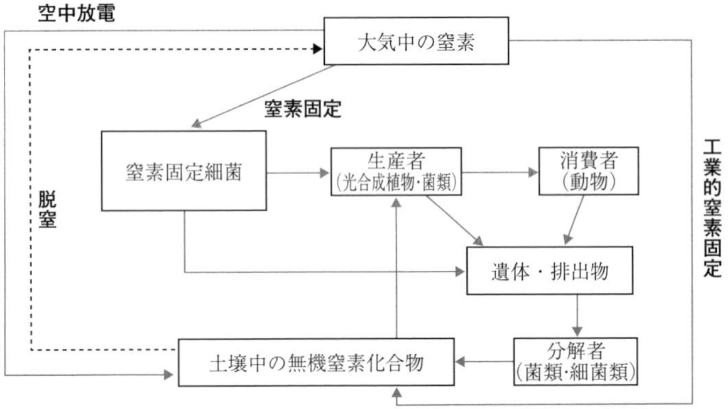

3 窒素同化作用

① **窒素同化**…植物が土壌中や水中に存在するアンモニウム塩や硝酸塩などの無機窒素化合物と，光合成や呼吸の過程で生じた有機物を材料にしてアミノ酸などの有機窒素化合物を合成すること。

② **窒素固定**…大気中や水中の窒素を体内にとり入れ，窒素同化に必要なアンモニア（無機窒素化合物）を合成すること。根粒菌など特定の細菌やシアノバクテリア（ラン藻の一種）が行う。

例題6 〈物質の循環〉

右の図は，自然界での生物のつながりと，物質の循環のようすをまとめたものである。

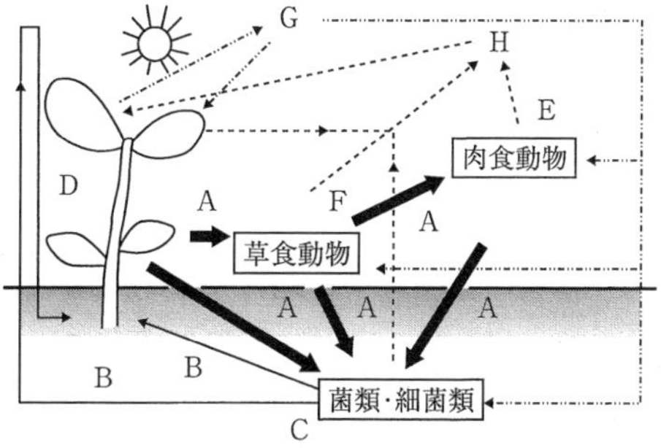

(1) 図中のAの矢印は何の移動を示しているか。次から選べ。

① 有機物　② 無機物

③ 細胞　　④ 葉緑体

(2) 図中のBの矢印は何の移動を示しているか，その物質名を答えよ。

(3) 図中のCのなかまを次から選べ。

① ゼニゴケ　② ゾウリムシ　③ アオカビ　④ ワカメ

(4) 図中のDを自然界において「生産者」というとき，C，Eはそれぞれ何とよばれるか。

(5) 図中のGとHはある気体を表している。それぞれの気体名を答えよ。

解答 (1) ①　(2) 窒素　(3) ③

(4) C．分解者　E．消費者　(5) G．酸素　H．二酸化炭素

解説 (1) Aは生物間だけを移動しているので，有機物である。

(2) Bは，緑色植物と動物の遺体や排出物が菌類・細菌類によって分解され，植物の根から吸収されているので窒素である。

(5) Gは緑色植物が光合成によって放出しているので酸素，Hは緑色植物が光合成によって吸収し，すべての生物が呼吸により放出しているので二酸化炭素である。

5 気候とバイオーム

Point Check

1 バイオームの水平分布

植物や生物の分布は生育地の年平均気温と年間降水量によって決まり，それをバイオームという。日本では降水量が多いので，気温によって決まる。

照葉樹林：九州地方から関東地方の平地に分布する**常緑広葉樹**が優占する森林。 例 シイ，カシ，クスノキ，タブノキ

夏緑樹林：東北地方から北海道南部の平地に分布する**落葉広葉樹**が優占する森林。例 ブナ，ミズナラ，カエデ

針葉樹林：北海道東部・北部の平地に分布する針葉樹が優占する森林。
例 エゾマツ，トドマツ

2 バイオームの垂直分布

海抜高度が100m高くなるごとに気温は約0.6℃低くなるので，海抜高度によって植物の分布が変化する。本州の中部山岳地帯での植物の垂直分布は丘陵帯，山地帯，亜高山帯，高山帯に分けられる。

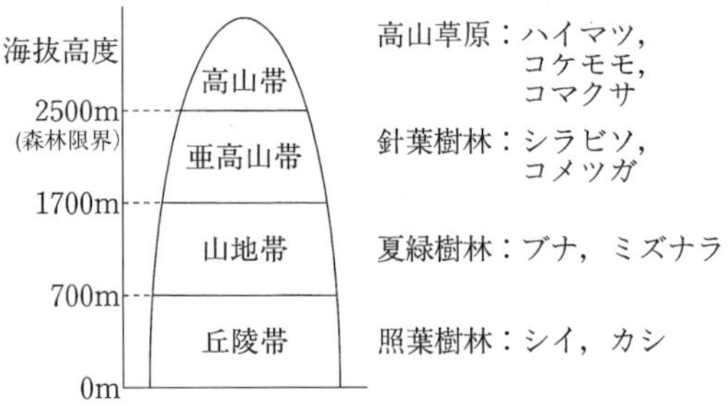

例題7 〈植物の分布〉

バイオームの分布に関する次の記述の空欄にあてはまる語句を答えよ。

日本のバイオームの分布は（　A　）の影響が大きく，緯度が高くなるほど（　A　）が低くなるので，東北地方の平地では（　B　）広葉樹のブナ，ミズナラなどが優占する（　C　）樹林が見られる。

解答 A．気温　B．落葉　C．夏緑

確認問題

11 エンドウの種子の子葉の色が黄色の個体と，緑色の個体を交雑したところ，雑種第一代F_1はすべて子葉の色が黄色になった。子葉の色に関する顕性遺伝子を**A**，潜性遺伝子を**a**として，次の各問いに答えよ。

(1) 黄色と緑色のどちらが顕性形質か。

(2) F_1を自家受精して得られるF_2の黄色：緑色の比を求めよ。

(3) F_2のうち，黄色の個体と緑色の個体を交雑したところ，その子は黄色：緑色＝1：1になった。交雑に使ったF_2の黄色の個体の遺伝子型を答えよ。

12 父親が**O**型で母親が**A**型の場合，生まれてくる子が**O**型である確率を求めよ。

13 生物のつながりに関する次の各問いに答えよ。

(1) 自然界の生物どうしが「食う・食われる」といった関係にあることを何というか。

(2) (1)を重ねる順に，外界から取り込んだ物質が高濃度で生体内に蓄積される現象のことを何というか。

14 右の図は，自然界における**2**種類の元素の循環を表したものである。図中の**A**～**D**は生物を，**E**と**F**は物質を表している。これについて，次の各問いに答えよ。

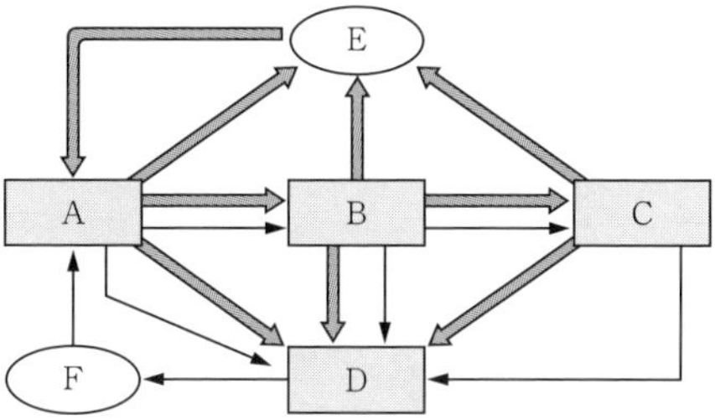

(1) 太い線と細い線は，それぞれ何という元素の循環を表しているか。

(2) 図では，物質の移動のうち重要なものが1つ欠けている。それを，A→Bのような書き方で示せ。

(3) A～Fにあてはまる生物や物質を，次からそれぞれ選べ。

ア．細菌類・菌類　　イ．肉食動物　　ウ．草食動物　　エ．緑色植物
オ．酸素　　カ．二酸化炭素　　キ．窒素を含む無機物

5

地学

Open Sesame

1 大地の変化

●ポイント

火山の形，火山岩・深成岩といった火成岩の分類や組織，地震についてが頻出事項である。特に地震については，P波・S波，初期微動継続時間が問われやすい。基本的な知識さえ身についていれば，十分対応できる問題がほとんどであるため，確実に得点できるよう基礎知識の把握に努めよう。

1 火山

Point Check

1 火山とマグマ

① **火山**

地下の深いところで岩石が溶けてできる高温で液状の物質（**マグマ**）が，地表に噴出してできた山。

② **火山噴出物**

噴出時にマグマからつくられる物質。

〈溶岩〉火山からマグマが液体状になって流れ出るものや，それが冷えて固まったもの。

〈火山ガス〉マグマに含まれていたガスが気体として噴出されたもの。水蒸気がそのほとんどを占めるが，二酸化硫黄，硫化水素などが含まれており，人体に有毒。

〈火山岩塊・火山れき・火山灰〉火山砕屑物。火山岩塊が最も大きく，火山灰が最も小さい。

③ **火砕流**

溶岩の破片と高温の火山ガスが混じり合って，斜面を高速で流れ下る現象。

2 溶岩の性質と火山の形

火山の形と噴火のようすは，マグマの粘性によって異なる。二酸化ケイ素 SiO_2 含有量が多いほど粘性が大きい。

粘性	噴火の様子	火山の形	火山の特徴	火山の例
粘性の**小さい**溶岩	穏やか	**盾状火山**	溶岩が薄く広がって流れるため，**傾斜のゆるい**火山になる。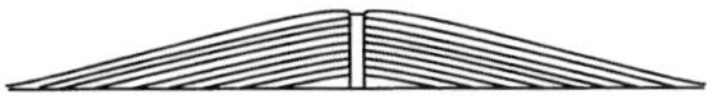	マウナロア山，キラウェア山
中程度の溶岩	比較的激しい	**成層火山**	溶岩が流れにくいため，傾斜の急な**円錐形**の火山になる。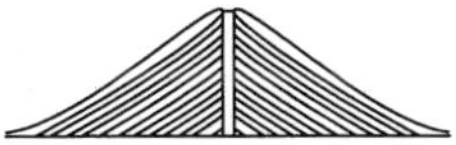	**富士山**，桜島，浅間山
粘性の**大きい**溶岩	激しく爆発的	**溶岩円頂丘**（溶岩ドーム）	溶岩がもり上がって**ドーム型**の火山になる。	**有珠山**，昭和新山，

例題1 〈火山の形〉

火山の形や噴火の様子は，マグマの粘性により違ってくる。この粘性が大きいと激しく爆発的に噴火しドーム型の火山が形成されるが，このようにしてつくられた火山を次から選べ。

① 富士山　② 有珠山　③ マウナロア山　④ 桜島　⑤ 浅間山

解答 ②

2 火成岩

Point Check

1 火成岩とその種類

火成岩は，マグマが冷え固まった岩石で，マグマの冷え固まり方により火山岩と深成岩に分けられる。

	でき方	例
火山岩	マグマが**地表または地表近くで，急に冷やされて**できる。	**流紋岩，安山岩，玄武岩**
深成岩	マグマが地下の深いところで，**ゆっくりと冷えて**できる。	**花こう岩，せん緑岩，斑れい岩**

2 火成岩のつくり

① 火山岩 ⇒ **斑状組織**

小さな鉱物（**石基**）の中に比較的大きな結晶（**斑晶**）が散らばっている。

② 深成岩 ⇒ **等粒状組織**

粒径が大きくほぼそろった結晶が組み合わさっている。

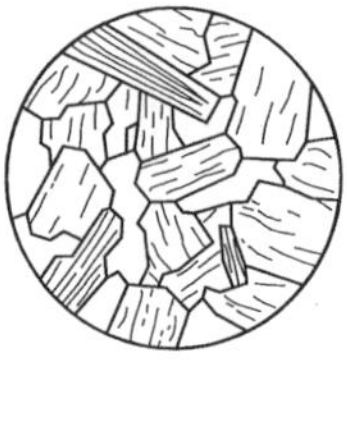

3 火成岩をつくる鉱物

① **無色鉱物…石英，斜長石**

これらを多く含む流紋岩や花こう岩は白っぽい色をしている。

② **有色鉱物…黒雲母，角閃石，輝石，かんらん石**

これらを多く含む玄武岩や斑れい岩は黒っぽい色をしている。

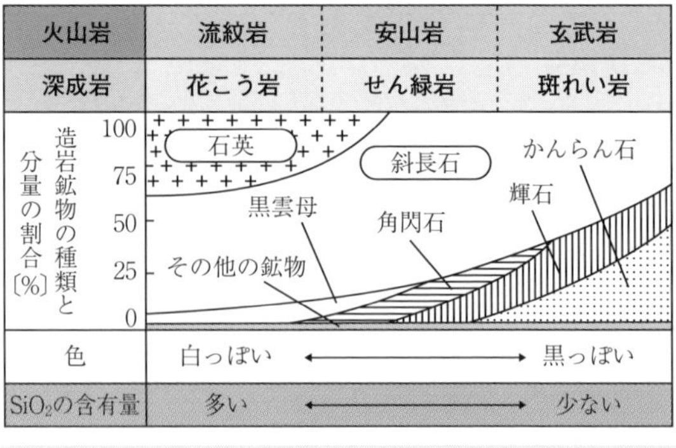

例題2　〈火成岩とその種類〉

次のうち，マグマが地表または地表近くで急に冷やされてできた岩石をすべて選べ。

①　せん緑岩　　②　斑れい岩　　③　玄武岩　　④　流紋岩　　⑤　花こう岩

解答　③，④

例題3　〈火成岩のつくり〉

次の文の空欄にあてはまる語句を答えよ。

安山岩は，その大部分が肉眼では分からないような細かい粒からできており，この部分を（　A　）という。また，その中のところどころに比較的大きな粒がちらばっているのが見られる。この粒を（　B　）という。このような岩石のつくりを（　C　）組織という。

解答　A．石基　　B．斑晶　　C．斑状

3　地震

Point Check

1　地震の揺れ

①　震源と震央

・**震源**…地下で地震が発生した場所。

・**震央**…震源の真上に位置する地表面の地点。

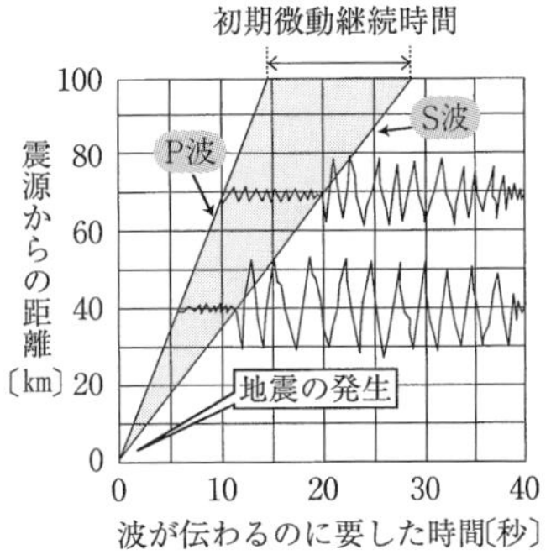

②　地震波：地震発生と同時にP波とS波の2種類の地震波が発生する。

・**P波**…縦波。伝わる速度が**速い波**。固体・液体・気体中を伝わる。

・**S波**…横波。伝わる速度が**遅い波**。固体中のみ伝わる。

地震波の速度〔km/秒〕＝震源からの距離〔km〕÷所要時間〔秒〕

③　地震の揺れ方

・**初期微動**…地震のはじめに起こる**小さな揺れ**。P波が到着すると初期微動が始まる。

・**主要動**…初期微動に続いて起こる**大きな揺れ**。S波が到着すると主要動が始まる。

地震計の記録

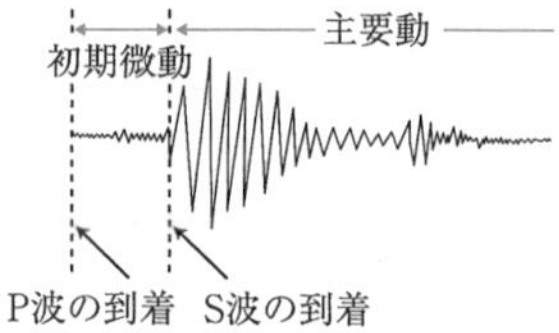

④　初期微動継続時間

初期微動が続く時間で，**P波が到着してからS波が到着するまでの時間**に等しいので，震源からの距離に比例する。

$$\text{初期微動継続時間〔秒〕} = \frac{\text{震源からの距離〔km〕}}{\text{S波の速度〔km/秒〕}} - \frac{\text{震源からの距離〔km〕}}{\text{P波の速度〔km/秒〕}}$$

⑤　揺れの伝わり方

ほぼ一定の速さで，震央から同心円状に伝わっていく。

2　地震の表し方

①　**震度**…ある観測点での，地震による**揺れの大きさ**の程度。0，1，2，3，4，5弱，5強，6弱，6強，7の10段階に分けられる。

②　**マグニチュード**…地震が放出する**エネルギーの大きさ**を表す尺度。

※震度は，通常マグニチュードが大きいほど大きくなるが，震源距離や地盤の強弱によって異なる。

③　**地震のエネルギーとマグニチュード**

マグニチュードが1大きくなると，地震のエネルギーは**約32倍**（$10\sqrt{10}$倍）大きくなる。

3　地震の原因

地震は地球の内部構造と密接な関係があり，プレートが移動することによって起こる。

①　地球の内部構造

外側より**地殻，マントル，核**に分けられ，地殻とマントルとの境を**モホロビチッチ不連続面**という。

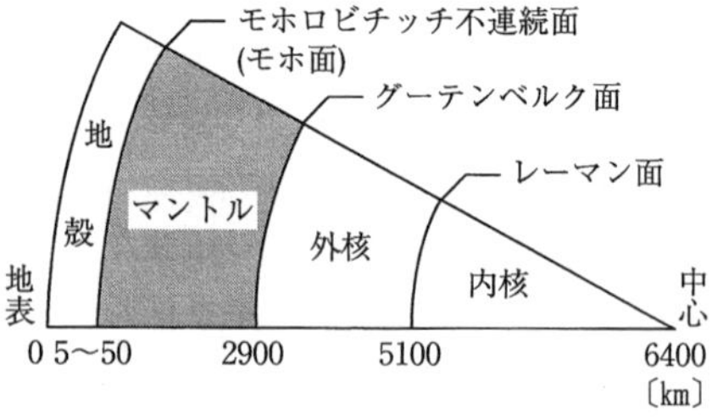

② リソスフェアとアセノスフェア

・リソスフェア…プレートの実体。地殻とマントル最上部からなり，低温で硬い層。地球の表層は10数枚のプレートで構成されており，アセノスフェアの上をゆっくり移動している。

・アセノスフェア…リソスフェアの下の高温でやわらかいマントルの層。流動しやすい。

③ 海嶺と海溝

・**海嶺**…プレートが生成されるところ（小さい規模の地震発生地）。

・**海溝**…プレートが沈み込むところ（巨大地震発生地）。

④ 日本列島付近での地震の主な原因

1）日本列島付近には日本海溝があり，**海洋プレートが大陸プレートの下に沈み込んでいる**。そのため，大陸プレートが海洋プレートに引きずられてたわみ，限界を超えるとはね上がって破壊が起こり，地震や津波が発生する。

2）大陸プレート内部の活断層の活動により，震源の浅い地震が発生する。

※活断層…過去の地震によって，地表のひずみが蓄積されて残った地形（断層）のうち，今後も地震が発生すると予測されている断層。

例題4 〈地震〉

右の図は，ある地点アで発生した地震の揺れを，地点アから120km離れた地点イで地震計によって記録したものである。地点イで図のAの揺れが始まった時刻は14時15分32秒であり，図のBの揺れが始まった時刻は14時15分45秒であった。

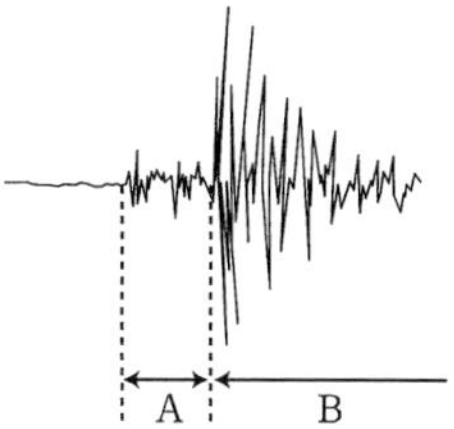

⑴ 図のA，Bの揺れをそれぞれ何というか。

⑵ この地震のP波の伝わる速度を7.5km/秒とすると，S波の伝わる速度は何km/秒か。

解答 ⑴ A．初期微動　B．主要動　⑵ 4.1km/秒

解説　(2)　S波の伝わる速度をx km/秒とすると，

S波が地点アから地点イまで伝わるのにかかる時間は，$\frac{120}{x}$〔秒〕

P波が地点アから地点イまで伝わるのにかかる時間は，$\frac{120}{7.5}$〔秒〕

この差が，45－32＝13〔秒〕であるから，

$$\frac{120}{x}-\frac{120}{7.5}=13$$

$$x \fallingdotseq 4.1\text{〔km/秒〕}$$

例題5　〈初期微動継続時間〉

P波の速度が7km/秒，S波の速度が3km/秒，初期微動継続時間が10秒のとき，震源までの距離は何kmか。

解答　52.5km

解説　初期微動継続時間＝$\frac{\text{震源からの距離}}{\text{S波の速度}}-\frac{\text{震源からの距離}}{\text{P波の速度}}$より，震源までの距離を$x$ kmとすると，

$$10=\frac{x}{3}-\frac{x}{7}$$

$$x=52.5\text{〔km〕}$$

例題6　〈マグニチュード〉

マグニチュード7の地震が放出したエネルギーはマグニチュード5の地震が放出したエネルギーの何倍になるか。

解答　1000倍

解説　マグニチュードが1大きくなると，地震のエネルギーは約32($10\sqrt{10}$)倍大きくなる。マグニチュードが2大きくなると，$(10\sqrt{10})^2=1000$〔倍〕大きくなる。

4 地層

Point Check

1 地層とその特徴

① 地層

水によって運ばれた土砂（れき，砂，泥）が，湖や海の底で層状に堆積したもの。

② 地層累重の法則

地層が逆転していなければ，一般に上位の地層ほど新しい。

③ 地層の新旧関係

1）貫入している火成岩は周囲の地層より新しい。

2）貫入した火成岩が変成を与えているときは，変成を受けた岩石より火成岩の方が新しい。

3）ある地層が別の異なる地層の破片を含んでいれば，破片を含む地層の方が新しい。

4）断層があれば，ある層よりその上のない層の方が新しい。

〈地層の新旧の決定（順序）〉

① C層の堆積
② 花こう岩の貫入
③ B層の堆積
④ 断層Fの形成
⑤ 不整合面a—a′の形成
⑥ A層の堆積

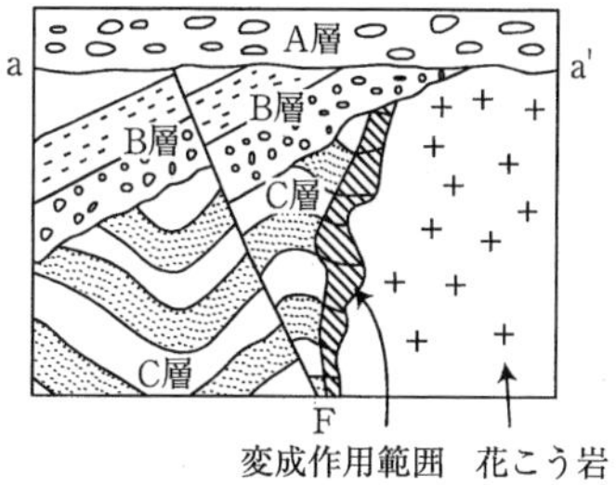

2 堆積岩

① 堆積岩…海底や湖底に堆積した堆積物が長い年月をかけておし固められてできた岩石。

② 堆積岩と火成岩の違い

	堆積岩	火成岩
粒の形	丸みをおびている。	角ばっている。
化石	含むことがある。	含むことはない。
粒の大きさ	ほぼ同じ大きさ。	大きさはいろいろ。

③　堆積岩の種類

種　類	特　　　徴	でき方
れき岩	れき(直径2mm以上)が固まったもの。	風化・侵食による岩石の破片が堆積
砂岩	砂(直径0.06～2mm)が固まったもの。	
泥岩	泥(直径0.06mm未満)が固まったもの。	
石灰岩	フズリナ・サンゴなど石灰質の殻をもつ生物の死がいそのものが堆積したり，海水中に溶けている**炭酸カルシウム**$\mathbf{CaCO_3}$が沈殿し固まったりしたもの。	生物の死がいなどが堆積
チャート	ケイ酸質の殻をもつ生物の死がいそのものが堆積したり，海水中に溶けている二酸化ケイ素SiO_2が沈殿し固まったりしたもの。	
凝灰岩	火山灰や軽石が堆積して固まった岩石。	火山噴出物が堆積

3　化石

①　**示準化石**…地層が**堆積した時代**を知る手がかりとなる化石。

例　古生代の示準化石：サンヨウチュウ，フズリナ，ハチノスサンゴ

中生代の示準化石：アンモナイト，恐竜，シソチョウ

新生代の示準化石：ナウマンゾウ，マンモス，ビカリア(巻き貝の一種)

②　**示相化石**…地層が**堆積した当時の自然環境**(気候・地域など)を知る手がかりとなる化石。

例　アサリ(浅い砂浜の海)

サンゴ(暖かく浅い海)

シジミ(湖や河口)

例題7 〈堆積岩の種類〉

次のうち，堆積岩をすべて選べ。

① 石灰岩 ② 花こう岩 ③ 玄武岩 ④ 凝灰岩 ⑤ 安山岩

解答 ①，④

解説 ③の玄武岩，⑤の安山岩は火成岩のうちの火山岩，②の花こう岩は火成岩のうちの深成岩である。

例題8 〈示準化石と示相化石〉

次のア～キの化石のうち，どの化石が含まれていれば(1)，(2)の地層で堆積したといえるか。

ア．フズリナ　イ．アサリ　ウ．シジミ　エ．アンモナイト
オ．サンゴ　カ．ビカリア　キ．ハマグリ

(1) 河口や湖の水底で堆積した地層

(2) 恐竜が生きていた時代に堆積した地層

解答 (1) ウ　(2) エ

解説 (1) 示相化石についての記述である。

(2) 示準化石についての記述であり，恐竜が生きていた時代とは中生代である。

確認問題

1 次の火山と火山の形の組合せとして正しいものはどれか。

① 富士山――――――溶岩円頂丘
② 浅間山――――――盾状火山
③ 昭和新山――――盾状火山
④ キラウェア山――成層火山
⑤ 有珠山――――――溶岩円頂丘

2 次のうち，火山岩であるものをすべて選べ。

① 流紋岩　② 安山岩　③ 花こう岩　④ 斑れい岩　⑤ 玄武岩

3 次のグラフはある地震の**P**波と**S**波の進む距離と時刻との関係を示したものである。次の各問いに答えよ。

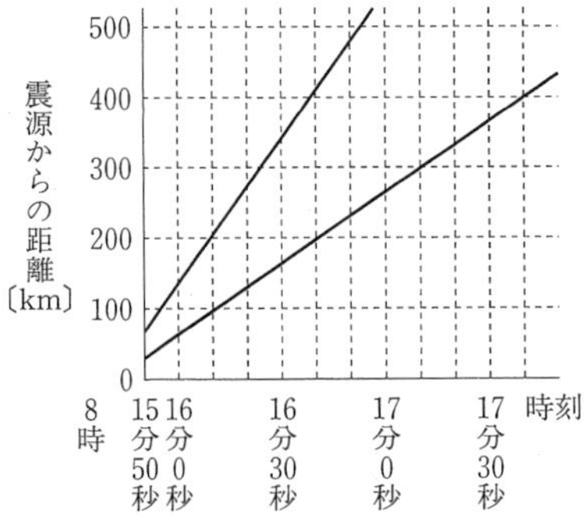

(1) P波の速度は何km/秒か。答えは小数第1位まで求めよ。

(2) 地震の発生した時刻は何時何分何秒か。

4 次のうち，示準化石をすべて選べ。

① アンモナイト　② シジミ　③ フズリナ　④ サンゴ
⑤ アサリ

2 大気の変化

●ポイント

この分野では，湿度を求める問題，前線や日本の天気に関する問題が最も多い。天気については，総合問題として等圧線，前線，気団，台風など様々な要素が盛り込まれている問題もみられるため，一通り学習しておく必要がある。内容的には中学レベル程度であるため，基礎問題に慣れておくことが大切である。

1 大気中の水蒸気の変化

Point Check

1 大気中の水蒸気

① **飽和水蒸気量**

空気1 m^3中に含むことができる水蒸気の最大量。**気温が高いほど飽和水蒸気量は大きい**。

② **露点**

空気中の水蒸気が凝結しはじめるときの温度。空気中の水蒸気量が多いほど露点は高くなる。

③ **湿度**…空気の湿りぐあい。

〈気温の変化と露点〉

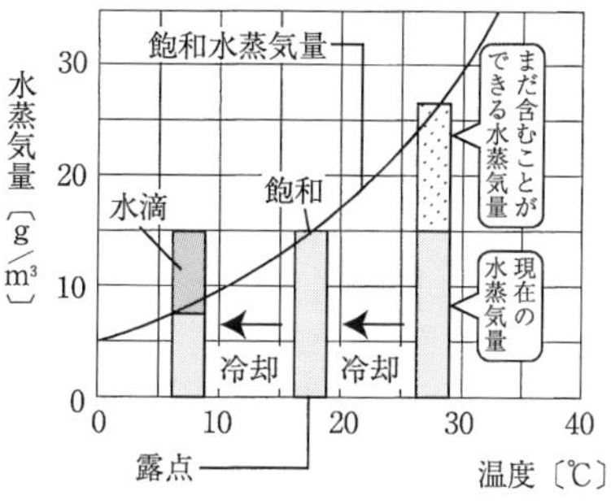

$$湿度〔\%〕=\frac{空気1\,m^3中の水蒸気量〔g/m^3〕}{その気温での飽和水蒸気量〔g/m^3〕}\times 100$$

2 雲のでき方

1）水蒸気を含んだ空気塊が上昇すると，上空ほど**気圧が低下**するので，空気塊は**膨張して温度が下がる**。

2）温度が露点以下になると，空気中の水蒸気の一部が，ちりなどを核として小さな水滴や氷の結晶となり，雲ができる。

3 フェーン現象

湿った空気塊が山を越えて吹き降りたとき，高温で乾燥した空気になる現象。

※日本では特に春先に，太平洋側の高温多湿な空気が日本列島の脊梁山脈を越えて日本海側に吹き降りるときに，日本海側の地域でみられることがある。

例題1 〈湿度と露点〉

気温が30℃のとき，$1\,m^3$中に17.3gの水蒸気を含んでいる空気がある。ただし，飽和水蒸気量は30℃で$30.4\,g/m^3$，20℃で$17.3\,g/m^3$，10℃で$9.4\,g/m^3$とする。

(1) 30℃での湿度はいくらか。

(2) この空気の露点は何℃か。

(3) この空気$1\,m^3$を10℃まで冷却すると，何gの水滴を生じるか。

解答 (1) 57%　　(2) 20℃　　(3) 7.9g

解説 (1) 30℃では30.4gの水蒸気を含むことができる。この空気は$1\,m^3$中に17.3gの水蒸気を含んでいるから，

$$\text{湿度〔\%〕} = \frac{\text{空気}1\,\mathrm{m^3}\text{中の水蒸気量〔}\mathrm{g/m^3}\text{〕}}{\text{その気温での飽和水蒸気量〔}\mathrm{g/m^3}\text{〕}} \times 100$$

$$= \frac{17.3}{30.4} \times 100 \fallingdotseq 57\text{〔\%〕}$$

(2) 露点とは，空気中の水蒸気が水滴になりはじめるときの温度である。これは，空気中の水蒸気量と飽和水蒸気量とが等しくなる温度であり，飽和水蒸気量が$17.3\,g/m^3$となっている気温20℃が露点となる。

(3) 気温10℃での飽和水蒸気量は$9.4\,g/m^3$である。これ以上の水蒸気を含むことはできないので，空気 $1\,m^3$あたり$17.3-9.4=7.9$〔g〕が水滴になる。

例題2 〈フェーン現象〉

20℃の空気塊が1000mの山を越えるとき，高度500mで雲が発生し，頂上で雲が消えて山の反対側へ吹き降りた。このときの空気塊の温度を求めよ。ただし，湿度<100%のとき，100mにつき1.0℃気温が下がり，湿度＝100%のとき，100mにつき0.5℃気温が下がるものとする。

解答　22.5℃

解説　0 ～ 500mでは，100mにつき1.0℃気温が下がるから，

$$20-1\times\frac{500}{100}=15〔℃〕$$

500 ～ 1000mでは，雲が発生していることから湿度＝100％となり，100mにつき0.5℃気温が下がるから，

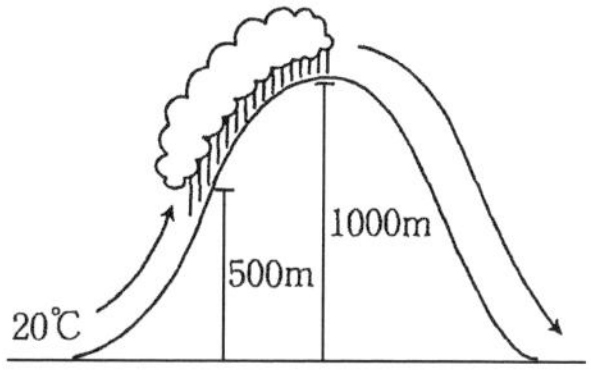

$$15-0.5\times\frac{500}{100}=12.5〔℃〕$$

1000mから山を下降するときは，温度が上昇するが，その場合100mにつき1.0℃気温が上がるから，

$$12.5+1\times\frac{1000}{100}=22.5〔℃〕$$

2　大気とその動き

Point Check

1　大気圏

地上からおよそ500kmまでを大気圏といい，その高度の気温変化によって下から対流圏，成層圏，中間圏，熱圏の各圏に細分されている。

① **対流圏**…地上から10数kmの高さ。上空になるほど気温は下がり，100mごとに0.6℃下降する。雲の発生や降水などの気象現象が生じる。

② **成層圏**…地上から10数km ～ 50kmの高さ。気温は高さとともに上昇し，空気の対流がほとんどない。高さ20 ～ 30kmには紫外線を吸収する**オゾン層**がある。

③ **中間圏**…地上から約50 ～ 80kmの高さ。気温は高さとともに下降する。高緯度地方では夜光雲が見られることがある。

④ **熱圏**…地上から約80 ～ 500kmの高さ。気温は高さとともに上昇する。電離圏ともよばれ，極地方で見られるオーロラは下層部に出現する。

2　等圧線と風

① 等圧線

気圧が等しい地点を結んだ線。一般に4hPa（ヘクトパスカル）ごとに引かれ，20hPaごとに太い線になっている。

② 気圧配置

高気圧や低気圧の分布の様子。

・高気圧：中心にいくほど気圧が高くなる所。

・低気圧：中心にいくほど気圧が低くなる所。

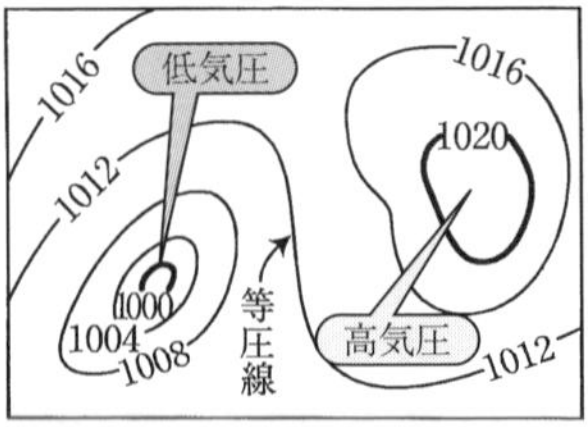

③ 等圧線と風

・**風は気圧の高いところから低いところへ向かって吹く**。

・風向きは等圧線に対して直角ではなく，右にそれる（北半球の場合）。

・**等圧線の間隔が狭いところほど，強い風が吹く**（風力が大きい）。

3 高気圧・低気圧と風（北半球の場合）

① 高気圧と風

・地表付近では，**高気圧の中心から風が時計回り（右回り）に吹き出す**。

・高気圧の中心付近では**下降気流**が生じ，天気がよい。

② 低気圧と風

・地表付近では，**低気圧の中心に風が反時計回り（左回り）に吹き込む**。

・低気圧の中心付近では**上昇気流**が生じ，雲ができやすく天気が悪い。

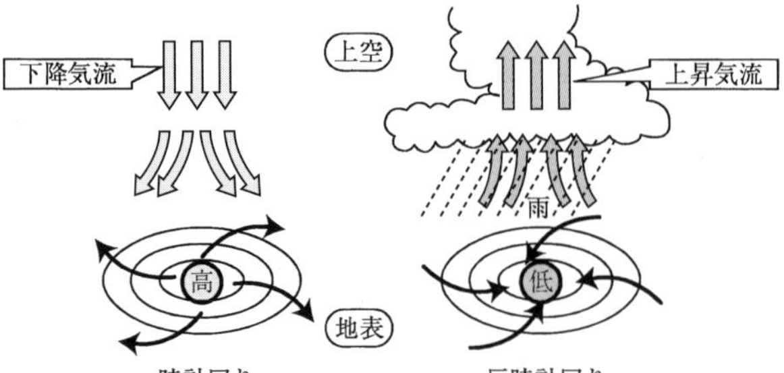

例題3 〈等圧線〉

次の文の空欄にあてはまる語句を答えよ。

天気図で，各地の同時刻における気圧の等しい地点を結んだ線のことを（　A　）といい，となりあう線の間隔が狭いところほど（　B　）い風が吹く。北半球の場合，高気圧の中心の地表付近では，風は（　C　）回りに吹き出す。高気圧と低気圧のうち，上昇気流が生じ，雲ができやすいのは（　D　）である。

解答　A．等圧線　　B．強　　C．時計　　D．低気圧

3 気団と前線

Point Check

1 気団とその性質

① 気団…気温や湿度がほぼ等しい一様な性質をもつ大気の大きなかたまり。

② 気団の発生する場所…海洋上や大陸上の高気圧の発達する地域。

気団名	発生地域	気団の性質	時期	日本への影響
シベリア気団	シベリア大陸	寒冷・乾燥	主に冬	北西の季節風
小笠原気団	日本の南方海上	温暖・湿潤	主に夏	南東の季節風
オホーツク海気団	オホーツク海	寒冷・湿潤	梅雨期	梅雨前線

2 前線とその特徴

① 前線面…性質の異なる2つの気団がぶつかるときにできる境界面。

② 前線…前線面が地面や海面と交わってつくる線のこと。

前線名	記号	特徴
温暖前線		暖気が寒気の上にはい上がり，寒気を押して進む。傾斜のゆるい前線面に沿って緩やかな上昇気流が生じ，**高層雲や乱層雲**が発生。
寒冷前線		寒気が暖気の下にもぐり込み，暖気を激しく押し上げて進む。傾斜のきつい前線面に沿って激しい上昇気流が生じ，**積乱雲**が発生。
停滞前線		寒気と暖気の勢力がほぼ等しいときにできる。ほぼ東西方向にのび，ほとんど動かない。
閉塞前線		寒冷前線が温暖前線に追いつき，暖気を上に押し上げる。地表面は寒気で覆われる。

〈温暖前線の構造〉

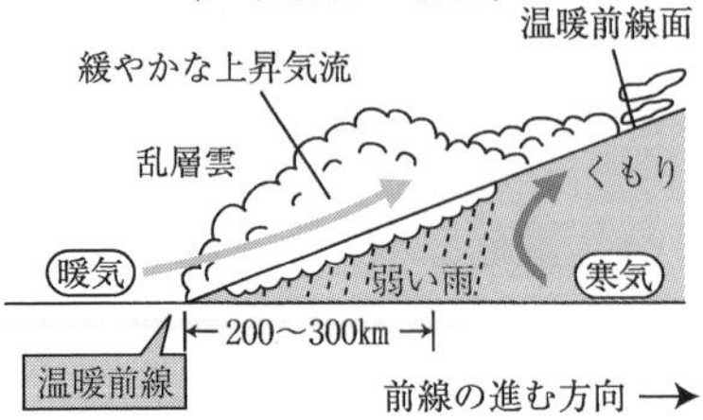

〈寒冷前線の構造〉

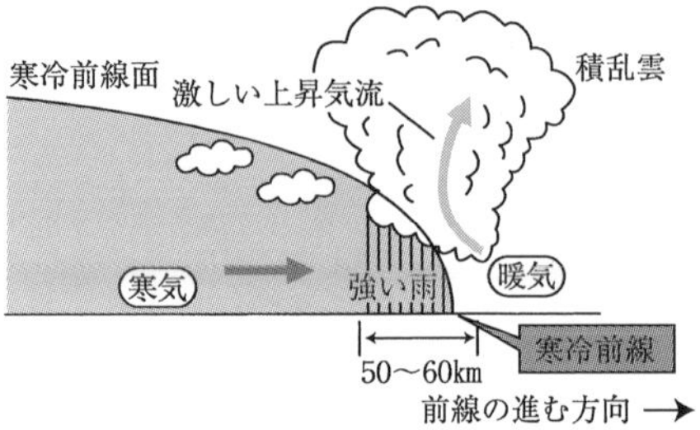

3　前線の通過と天気

	接近中の天気	通過中の天気	通過後の天気
温暖前線	層状の雲が次第に低く，厚くなる。 (地点A)	**弱いしとしと雨**が，**広い範囲で長時間**降り続く。 (地点B)	雨がやみ，**気温が上がり**，**南寄りの風**が吹く。 (地点C)
寒冷前線	西の空に塊状の雲が現れ，急速に近づく。 (地点C)	突風が吹き，**強い雨**が**狭い範囲で短時間**降る。 (地点D)	**気温が急に下がり**，天気は回復する。風は南寄りから**北寄り**に変わる。 (地点E)

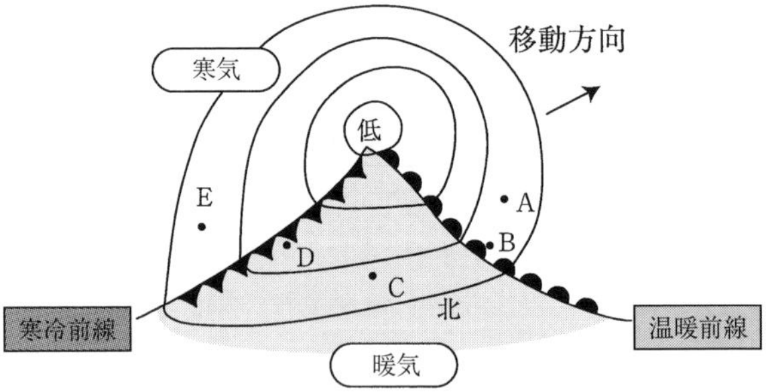

4　天気の移り変わり

高気圧・低気圧・前線などが偏西風の影響によりほぼ西から東へ移動するため，天気も**西から東へ変化**する。

例題4 〈気団〉

次の気団名を答えよ。

(1) 冬に大陸方面で発生し，日本列島に北西の季節風をもたらす。

(2) 夏に日本の南方海上で発生し，日本列島に高温多湿な気候をもたらす。

(3) 梅雨期に発生し，日本列島に低温で多湿な気候をもたらす。

解答 (1) シベリア気団　(2) 小笠原気団　(3) オホーツク海気団

例題5 〈温暖前線〉

温暖前線に関する次の文の空欄にあてはまる語句を答えよ。

(1) 温暖前線は，(A)気が(B)気の上をはい上がるように進むため，(C)な上昇気流ができる。

(2) 温暖前線による雲のできる範囲が(D)いため，雨の降る範囲も(D)く，降る時間も(E)い。

(3) 温暖前線では，(F)と雨が降る。

(4) 温暖前線が通過すると，天気が(G)し，気温が(H)がる。

解答 A．暖　B．寒　C．緩やか　D．広
E．長　F．しとしと　G．回復　H．上

例題6 〈寒冷前線〉

寒冷前線に関する次の文の空欄にあてはまる語句を答えよ。

(1) 寒冷前線は，(A)気が(B)気を押し上げるように進むため，(C)い上昇気流ができる。

(2) 寒冷前線が通過するとき，(D)雨や雷，突風を伴うことが多い。

(3) 寒冷前線による雲のできる範囲が(E)いため，雨の降る時間は(F)い。

(4) 寒冷前線が通過すると，(G)寄りの風に変わり，気温が急に(H)がる。

解答 A．寒　B．暖　C．激し　D．にわか
E．狭　F．短　G．北　H．下

例題7 〈天気の移り変わり〉

右の図は，日本付近に現れた低気圧で，A，B，Cは観測地点を示している。等圧線は2hPaごとに引かれている。

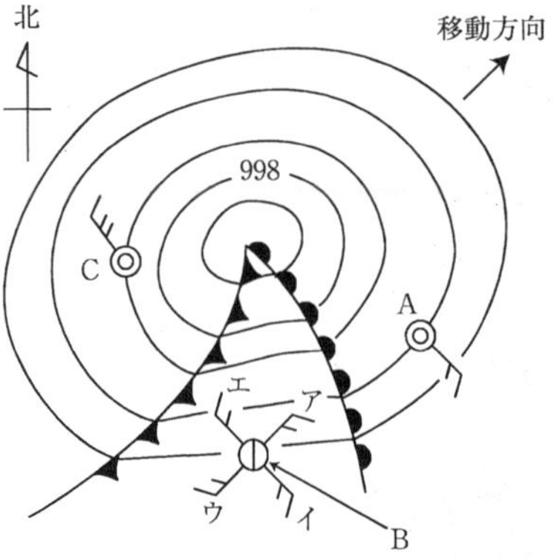

(1) A地点における風向き，風力，天気と気圧をそれぞれ答えよ。

(2) B地点の風向きを，図のア～エから選べ。

(3) A～C地点のうち，最も気温が高いのはどの地点か。

(4) A地点のこの後の天気の変化として正しいものを選べ。

① 暴風雨になる。

② 急に強い風が吹き，にわか雨となるが，じきにやむ。

③ 雲が次第に低くなり，静かに雨が降りはじめる。

④ 天気は変化しない。

(5) しばらくすると，激しいにわか雨が降り，気温が下がるのはA～Cのうちどの地点か。

解答 (1) 風向き：南東　風力：2　天気：くもり　気圧：1002hPa

(2) ウ　(3) B　(4) ③　(5) B

解説 (1) 天気記号と風力記号は右のように示される。

天気記号		
○ 快晴 ⦶ 晴れ ◎ くもり	⊙ 霧 ● 雨	⊗ 雪 ◒ 雷雨

風力記号	
風力	0 1 2 3 4 5 6 7 8 9 10 11 12
記号	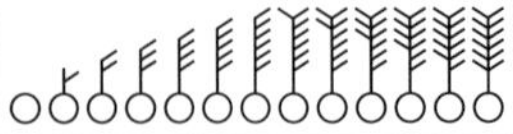

(2) 低気圧の地表付近では，低気圧の中心に向かって風が反時計回りに吹き込む。

(3) 2つの前線にはさまれた地域には，暖気がある。

(4) この後，A地点には温暖前線が通過する。温暖前線接近中は雲が次第に低く厚くなり，通過中は，弱いしとしと雨が広い範囲で長時間降り続く。

(5) 激しいにわか雨や気温の下降をもたらすのは寒冷前線である。しばらくすると寒冷前線が通過するのは，B地点である。

4 日本の天気

Point Check

1 冬の天気

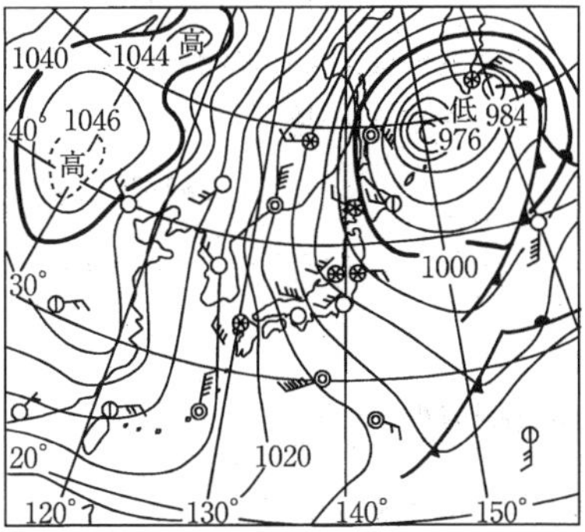

① 気圧配置

中国大陸に高気圧（シベリア気団），日本の北東海上に低気圧がある（**西高東低**）。**等圧線は南北方向に走り，間隔が狭い**。

② 天気の特徴

・寒冷で強い**北西の季節風**が吹く。

・日本海側は雪，太平洋側は乾燥した晴れの日が続く。

③ 真冬日

1日の最高気温が **0 ℃**以下の日。

2 夏の天気

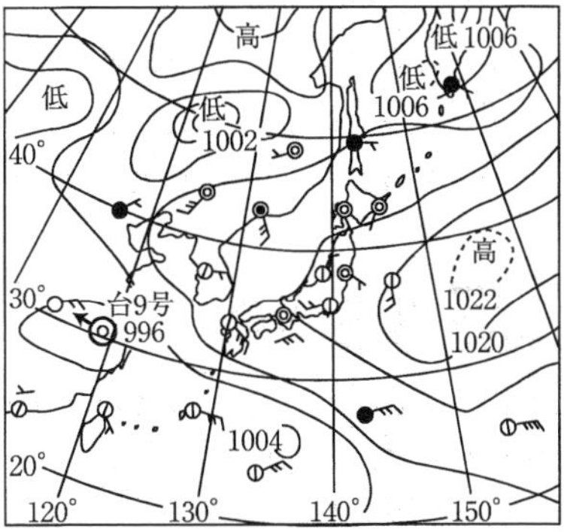

① 気圧配置

日本の東南海上に高気圧（小笠原気団），中国大陸に低気圧がある（**南高北低**）。

② 天気の特徴

・暖かく湿った**南東の季節風**が吹く。

・晴天が続き，湿度が高い。

・積乱雲が発達し，雷や夕立が発生しやすい。

③ 真夏日

1日の最高気温が**30℃**以上の日。

3 春と秋の天気

① 気圧配置

移動性高気圧が偏西風の影響で西から東へ移動する。移動性高気圧と次の移動性高気圧の間は，気圧の谷となり低気圧ができる。

② 天気の特徴

・3～5日ごとに**周期的に変化**する。

・高気圧通過時は晴れ，低気圧通過時はくもりや雨になる。

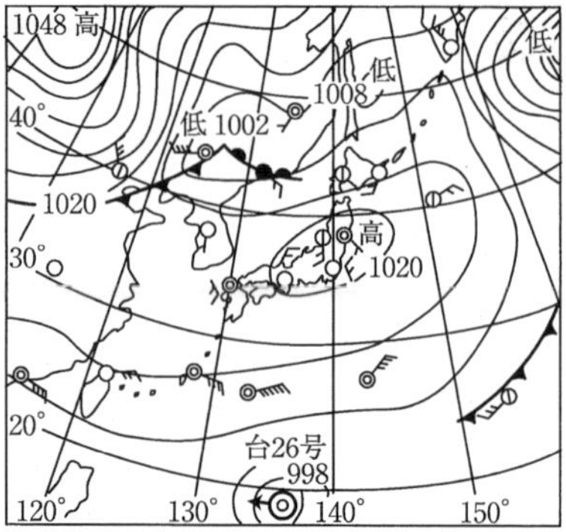

4 梅雨期の天気

① 気圧配置

オホーツク海気団と小笠原気団の勢力がつりあい，日本の南岸沿いに**停滞前線**（これを梅雨前線という）ができる。

② 天気の特徴

停滞前線上を低気圧が次々と東進するので，くもりや雨の日が続く。

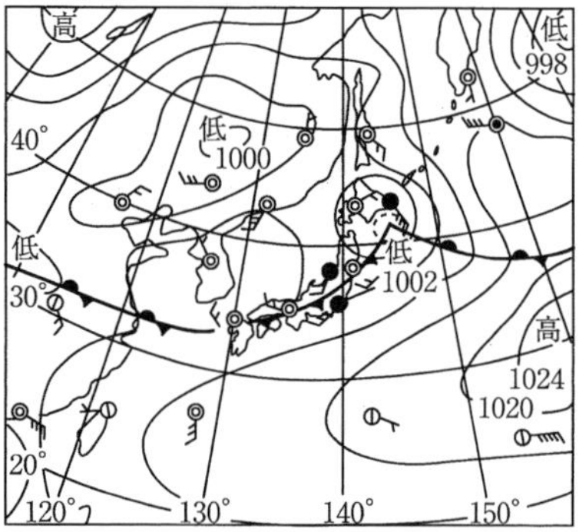

例題8 〈日本の天気〉

日本の天気に関する次の文の空欄にあてはまる語句をア～サから選べ。

(1) 冬には，（　A　）気団が発達して（　B　）の気圧配置となり，（　C　）の季節風が吹く。

(2) 夏には，（　D　）気団が発達し，（　E　）の気圧配置となり，（　F　）の季節風が吹く。

(3) 梅雨時には，（　G　）気団と（　D　）気団の勢力がつりあい，日本の南岸沿いに（　H　）前線ができる。

ア．オホーツク海　イ．シベリア　ウ．小笠原　エ．北西
オ．北東　カ．南東　キ．南高北低　ク．西高東低
ケ．停滞　コ．閉塞

解答 A．イ　B．ク　C．エ　D．ウ
E．キ　F．カ　G．ア　H．ケ

5 台風と天気

Point Check

1 台風とその構造

① 台風

熱帯地方の海上で発生する**熱帯低気圧**のうち，北太平洋西部で発達して**中心付近の最大風速がおよそ17m/秒（風力8）以上**になったもの。

※北太平洋東部と北大西洋ではハリケーン，南太平洋やインド洋ではサイクロンと呼ばれる。

② 台風の構造

・等圧線がほぼ同心円状で，**前線を伴わない**。

・中心に近づくと強い上昇気流が生じ，広範囲にわたって積乱雲が発達し，大雨が降り風も強い。しかし，中心のごく近くでは，ほとんど雲のない「台風の目」が形成される。

・巨大な空気の渦巻きになっており，地表付近では上から見て**反時計回りに強い風が吹き込む**。

2 台風の進路

通常，東風が吹いている低緯度では西へ流されながら次第に北上し，上空で強い西風（偏西風）が吹いている中・高緯度にくると速い速度で北東へ進む。

① 冬から初夏にかけて…大陸の高気圧に押されるので北上できず，中国大陸へ向かうことが多い。

② 夏から秋にかけて…太平洋高気圧の西のへりに沿って進むので，**日本列島に近づくことが多い**。

3 台風の種類

大きさと強さを組み合わせて，例えば「大型で強い台風」のようによぶ。

① 大きさの階級分け…強風域（風速15m/秒以上）の**半径**により，「大型」「超大型」

② 強さの階級分け…**最大風速**により，「強い」「非常に強い」「猛烈な」

4 台風の発生数

30年間（1992～2021年）の平均で年約25個発生し，そのうち**平均3個が日本に上陸**する。

例題9〈台風〉

台風に関する次の文の空欄にあてはまる語句を答えよ。

台風は，熱帯地方の海上で発生する（　A　）のうち，北太平洋西部で発達して中心付近の最大風速がおよそ（　B　）m/秒以上になったものをいう。台風は，温帯低気圧と異なり（　C　）を伴わない。地表付近では上から見て（　D　）回りに強い風が吹き込む。台風の種類は，「超大型」「大型」といった風速15m/秒以上の（　E　）の大きさと，「強い」「非常に強い」といった（　F　）による強さの組み合わせによって表される。

解答　A．熱帯低気圧　B．17　C．前線
D．反時計　E．強風域の半径　F．最大風速

確認問題

5 気温が**17℃**のとき，湿度が**80**%の空気がある。これを**22℃**まであたためると，湿度は約何%になるか。ただし，**17℃**における飽和水蒸気量は**14.5g/m³**，**22℃**における飽和水蒸気量は**19.4g/m³**とする。

6 右の図は，日本付近の主な気団**A**～**C**を示したものである。**A**～**C**の気団名を答えよ。また，それぞれの気団の特徴を次から選べ。

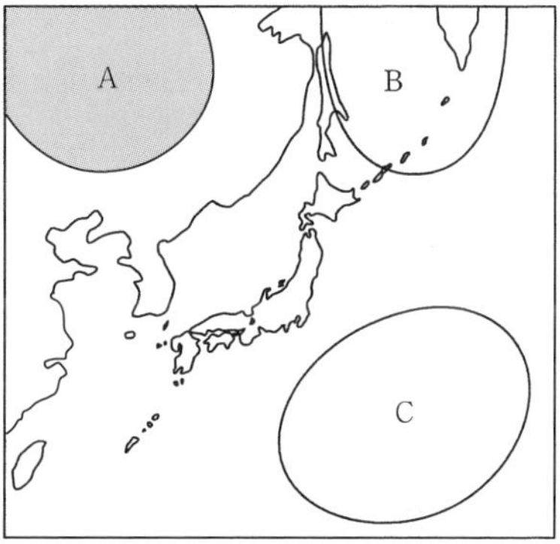

ア．日本列島に高温多湿な気候をもたらす。

イ．日本列島に低温で多湿な気候をもたらす。

ウ．日本列島に北西の季節風をもたらす。

7 次の天気図はどの季節のものか。

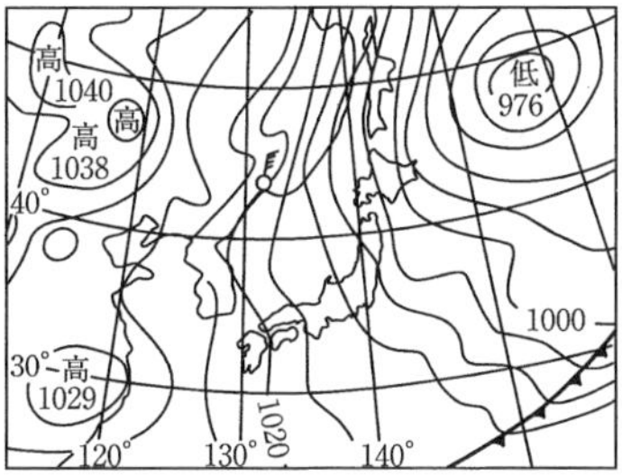

8 次の図は，ある地域のある日の天気図である。この天気図から予想されるA地点のその後の天気についての説明として正しいものを選べ。

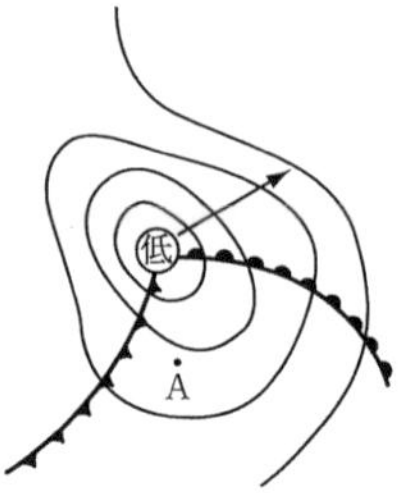

① 今降っている雨はしばらくするとやみ，急激に天気は回復し，気温も高くなり，乾燥してくる。

② 次第に雲が厚くなって低くたれこめ，長時間雨が降るが，その後天気は回復し気温も高くなる。

③ 引き続き雲がたれこめ，何日も雨やくもりの天気が続き，気温は次第に低くなってくる。

④ しばらくすると急にくもって強い雨が降りはじめるが，雨は比較的早くやみ，天気が回復すると気温は低くなる。

⑤ 今降っている雨は次第に強くなり，風も強まり，1日以上暴風雨が続き気温は高くなる。

9 台風に関する記述のうち，誤っているものを選べ。

① 台風は，熱帯地方の海上で発生した熱帯低気圧が発達したものである。

② 台風は，中心付近の最大風速がおよそ17m/秒（風力8）以上になったものである。

③ 台風は，通常，中心付近から南西に寒冷前線，南東に温暖前線を伴う。

④ 台風の中心付近では強い上昇気流が生じているので，広範囲にわたって積乱雲が発達し大雨が降る。

⑤ 夏から秋にかけては，太平洋高気圧の西のへりに沿って進むので，日本列島に近づくことが多い。

3 太陽系と宇宙

●ポイント

地球を含めた宇宙に関する出題は，地学分野の中でも多く見られる。地球の自転・公転による星の動き，太陽の南中高度，惑星についてがよく問われている。中学レベルの知識で十分対応できるので，基礎知識をしっかり身につけた上で，計算問題にも慣れておくようにしよう。

1 地球・月・太陽

Point Check

1 地球

① 地球の形と大きさ…赤道半径6378km，極半径6357kmで，**赤道半径の方が長い**。楕円形の球。

② 地球の年齢…約46億年。

2 月

① 月の形と大きさ…半径約1740kmの球形。半径は地球の約$\frac{1}{4}$。

② 月までの距離…地球から約38万km離れている。

③ 月の満ち欠け…月は太陽の光を反射させながら，地球の周りを回っているので満ち欠けして見える。**新月→三日月→上弦→満月→下弦→新月**を約29.5日で繰り返す。

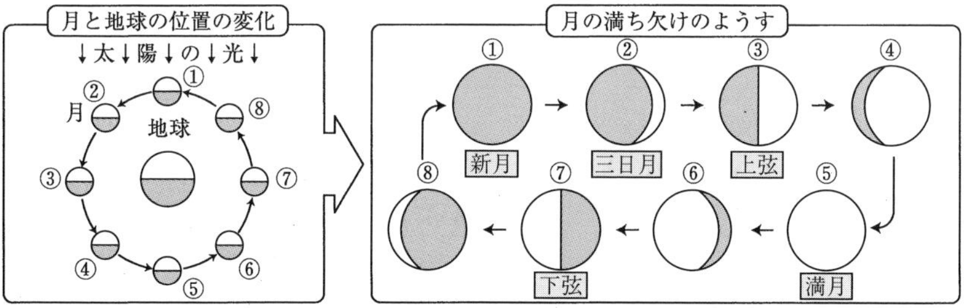

※月が左の図の①～⑧の位置にあるとき，地球から見ると右の図の①～⑧のように見える。

3 太陽

・半径約70万kmの球形。**地球の半径の約100倍**で，**月の半径の約400倍。**
・地球から約1億5千万kmの距離にある。**月と地球の距離の約400倍。**
・中心部は，高圧・高密度で，温度は約1500万℃に達する。
・核融合反応により，水素原子がヘリウム原子核に変化している。
・黒点数は，一定の周期で変動する。

4 日食と月食

太陽と月と地球が一直線上に並ぶときにおこる。地球の公転軌道面と月の公転軌道面が少し傾いているため，新月や満月のときでも一直線上に並ぶことは少ない。

① 日食…新月のとき，太陽・月・地球の順に並び，太陽が月にかくされること。太陽が月によって全部かくされるときには皆既日食，月のまわりから太陽がはみ出して見えるときには金環日食，太陽の一部しかかくされないときは部分日食とよばれる。

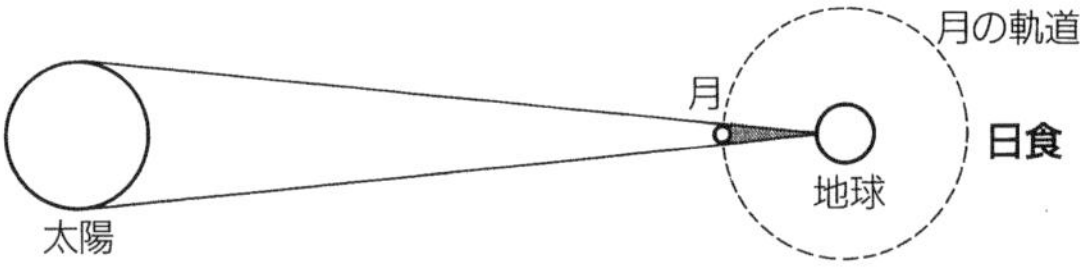

② 月食…満月のとき，太陽・地球・月の順に並び，月が地球の影に入り，かくされること。

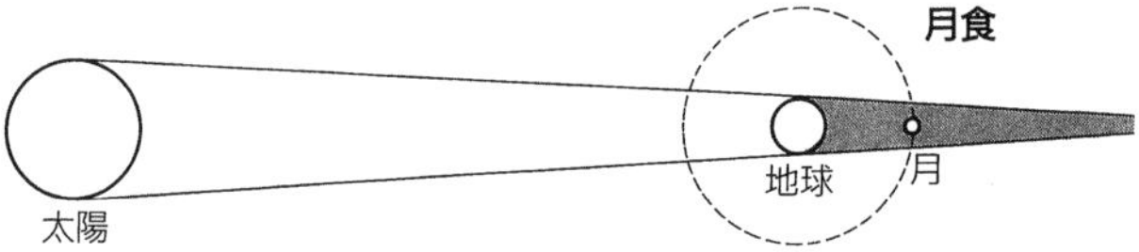

例題1 〈地球〉

次の地球に関する文の空欄にあてはまる語句を，ア～エから選べ。

地球はわずかに楕円形の球であり，赤道半径は（　A　）kmで，これは極半径よりも少し（　B　）い。

ア．6378　　イ．8357　　ウ．短　　エ．長

解答 A．ア　　B．エ

例題2 〈月の満ち欠け〉

右の図1は月の見え方を表したものであり，図2は月と地球との位置関係を示したものである。

(1) 図1のA～Dを，新月から変化していく順に並べよ。

(2) 図1のA～Dの月は，図2のア～クのどの位置のときか，それぞれ選べ。

〈図1〉

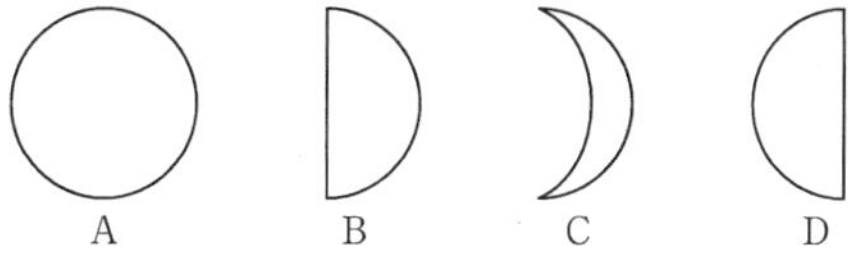

〈図2〉

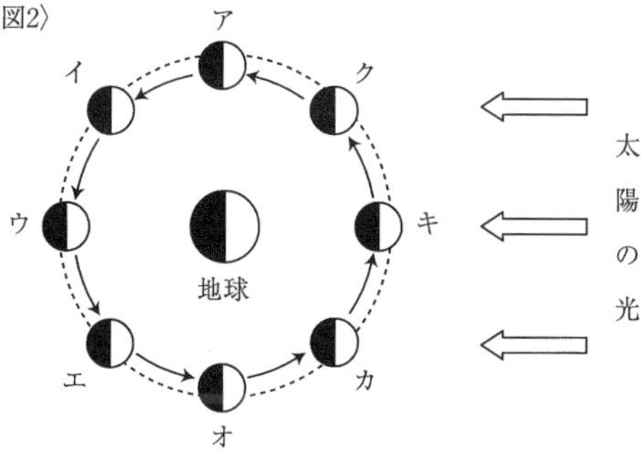

解答 (1) C→B→A→D

(2) A．ウ　B．ア　C．ク　D．オ

解説 (1) 月は，新月→三日月→上弦→満月→下弦→新月の順に満ち欠けする。

(2) 図2で，地球から月を見たときに，月のどれだけの部分が光っているかを考える。例えば，ウは月の光っている方だけが地球に向いているから満月である。

2　太陽の動き

Point Check

1　太陽の日周運動

① 太陽の日周運動

東から西へ動き，1日に約1回転する。地球が西から東に自転していることによって生じる見かけの動き。

② **南中高度**

太陽が観測地の真南の空にきたとき（南中）の高さ。太陽の高度が1日のうち一番高い。

③ 南中時刻と経度

東の地方ほど早く南中し，**経度が15°異なると1時間違う**。

2　太陽の日周運動の変化

① 季節による太陽の南中高度の変化

地軸が公転軌道面の垂線に対し約23.4°傾いた状態で地球が公転しているため，季節によって太陽の南中高度が変化する。

太陽の南中高度
- **春分・秋分＝90°－緯度**
- **夏至＝90°－緯度＋23.4°**
- **冬至＝90°－緯度－23.4°**

② 日の出と日の入りの位置の変化

・春分・秋分…真東から出て，真西に沈む。

・夏至…真東・真西より北側の点で出没する。

・冬至…真東・真西より南側の点で出没する。

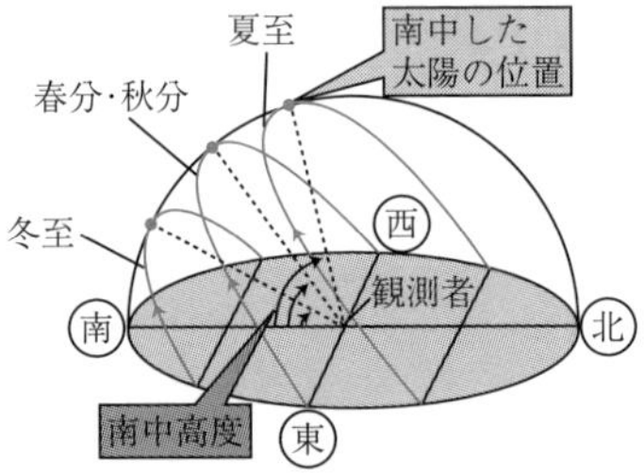

3　太陽の年周運動と季節

① **太陽の年周運動**

地球から見ると，太陽は1年かかって天球上を一周している。地球が太陽の周りを回っていることによって生じる見かけの動き。

② **黄道**

天球上における太陽の年周運動の経路。**天の赤道**（地球の赤道面を天球に延長してできる円）とは，23.4°の角度で交わっている。

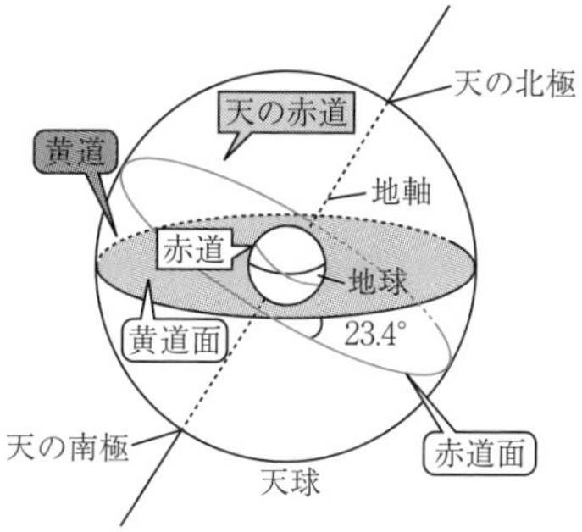

例題3 〈太陽の1日の動き〉

右の図は，日本国内のある地点で透明半球を使い，太陽の1日の動きを記録したものである。点Bは8時，点Cは10時，点Dは太陽が真南にきたときの位置であり，AB間は2.4cm，BC間は4.8cm，CD間は3.2cmであった。

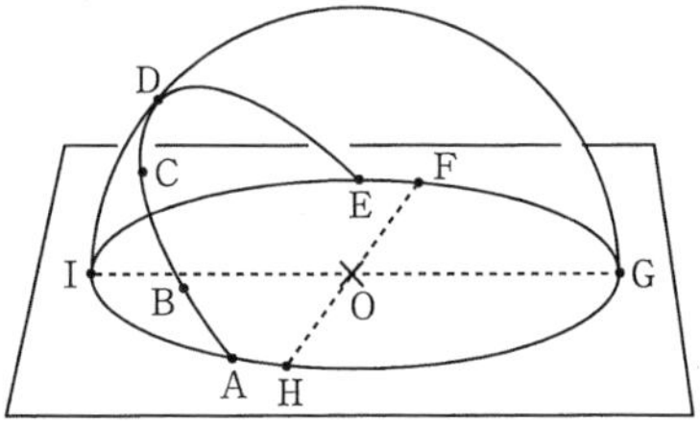

(1) 透明半球の中心Oから見て，真東にあたるのは図中のどの点か。
(2) この日のこの地点での日の出の時刻を求めよ。
(3) この日，太陽の高さが最も高くなったときの時刻を求めよ。

解答 (1) H　(2) 7時00分　(3) 11時20分

解説 (1) 太陽の高度は，真南にきたときに最高となるから，Iが南。したがって，Hが東，Fが西。

(2) この観測では，太陽は透明半球上を点Bから点Cまで2時間で4.8cm動いているから，1時間では2.4cm動く。点Aから点Bまで2.4cm動くのに要する時間は1時間であるから，点A（日の出）の時刻は，8時より1時間前の7時00分となる。

(3) 点Cから点Dまで3.2cm動くのに要する時間をx時間とすると，

$$2.4〔\mathrm{cm}〕:3.2〔\mathrm{cm}〕=1〔時間〕:x〔時間〕$$

$$\therefore x=1\frac{1}{3}〔時間〕=1時間20分$$

したがって，この日，太陽が点D（南中）にきた時刻は，10時より1時間20分後の11時20分となる。

例題4 〈太陽の南中高度と時刻〉

東経135°の兵庫県明石市で，12時に太陽が南中した。

(1) 東経130°の地点での太陽の南中時刻を求めよ。

(2) 日本のある地点で，太陽が11時40分に南中した。この地点は東経何度か。

解答 (1) 12時20分　(2) 東経140°

解説 太陽は東の地方ほど早く南中し，経度が15°異なると1時間違う。

(1) 東経130°の地点は明石市よりも5°だけ西にあるため，明石市の12時の20分後に南中する。

(2) 12時の20分前に南中しているから，東経135°より5°だけ東の地点である。

例題5 〈季節による太陽の南中高度の変化〉

右の図は，北緯40°の地点におけるある日の太陽の動きを模式的に示したものである。

(1) ある日とはいつのことであるか。

(2) この日の太陽の南中高度を求めよ。

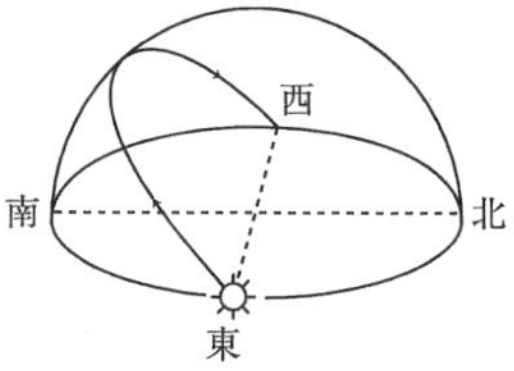

解答 (1) 春分の日，または秋分の日　(2) 50°

解説 (1) 真東から太陽が昇り，真西に没していることから，春分の日，または秋分の日である。

(2) 春分の日，または秋分の日の南中高度は，

$$90^\circ - 観測地の緯度 = 90^\circ - 40^\circ = 50^\circ$$

3　星の動き

Point Check

1　星の日周運動

地球の自転によって，**1時間に15°ずつ東から西へ**動いて見える。

〈東の空〉南寄りに**斜め上向き**に昇る。

〈西の空〉北寄りに**斜め下向き**に沈む。

〈南の空〉大きな弧で，**東から西へ**動く。

〈北の空〉**北極星を中心に，反時計回りに回転**する。

（北極星はほとんど位置を変えない。）

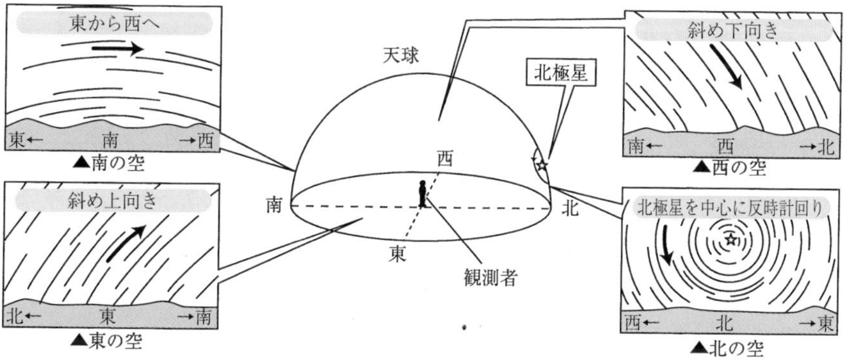

2　星の年周運動

① 星の1年の動き

・同じ星を同じ時刻に見ると，地球が太陽を中心に公転しているため，星は**1ヵ月に30°**ずつ東から西へ動くように見える。

・同じ星が同じ位置に見える時刻は，**1日に約4分**ずつ，**1ヵ月に2時間**ずつ早くなる。

② 四季に見える星座

・星座は，1日に約1°ずつ東から西へ移動し，1年で約1回転する。

・真夜中に見える星座は，季節により異なる。地球から見て，太陽と反対方向にある星座はよく見え，太陽と同じ方向にある星座は見ることができない。

季節	代表的な星座
春	しし座，おとめ座
夏	さそり座(心臓部にアンタレス)，いて座
秋	うお座，ペガスス座
冬	オリオン座，ふたご座，おうし座

〈夏の大三角〉 こと座のベガ，はくちょう座のデネブ，わし座のアルタイル

〈冬の大三角〉 オリオン座のベテルギウス，おおいぬ座のシリウス，こいぬ座のプロキオン

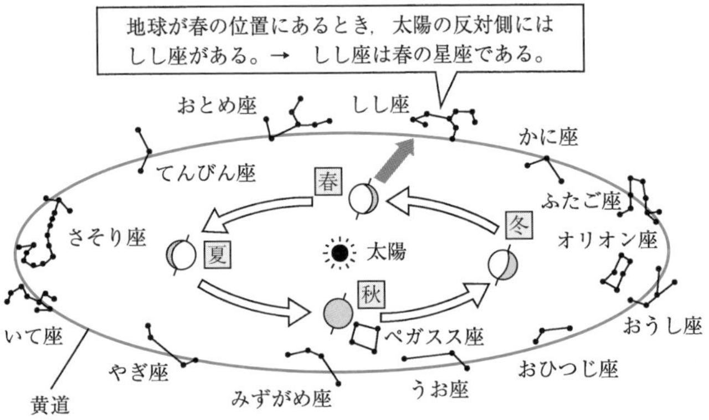

例題6 〈星座の1日の動き〉

右の図は，北緯36°の地点で，ある日，北の空に見える星座の位置を，時間をおいて2回観測し，その位置をA，Bで示したものである。

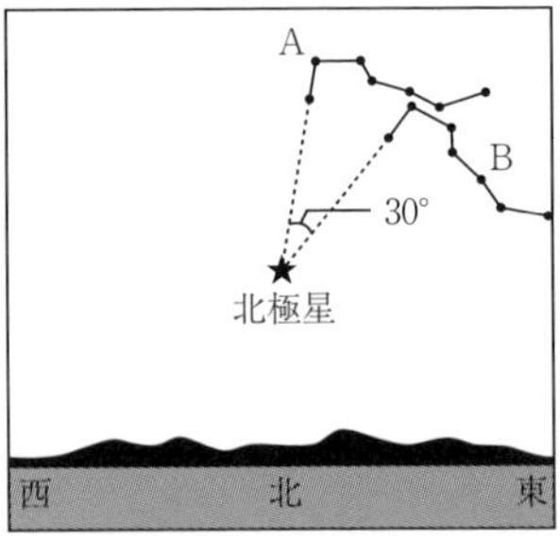

(1) 第1回目の観測は20時におこなった。このときの星座の位置は図のA，Bのどちらか。

(2) 第2回目の観測は何時におこなったか。

(3) この地点における北極星の高度は何度か。

解答 (1) B (2) 22時 (3) 36°

解説 (1) 北の空では，すべての星は北極星を中心にして反時計回りに動くから，B→Aの順となる。

(2) 1時間に15°動くから，30°動くのに要する時間は2時間であり，20時の2時間後の22時となる。

(3) 北極星の高度＝その地点の緯度

例題7 〈星の1年の動き〉

ある年の2月5日の20時に，オリオン座が真南の空に見えた。このあと，真夜中(午前0時)にオリオン座が真南の空に見えるようになるのは，何ヵ月後か。

解答 10ヵ月後

解説 星は日周運動により1時間に15°動くため，20時に真南に見えたオリオン座は，この日の真夜中(2月6日午前0時)には，4時間経っているので，15°×4〔時間〕＝60°で60°だけ回転している。

次に，午前0時の位置は，年周運動により1ヵ月に30°ずつ東から西へ動いていく。そして，再び真南に見えるためには，2月6日午前0時の位置から見て，360°－60°＝300°で300°回転する必要がある。300°回転するのに必要な日数は，1ヵ月に30°だから10ヵ月後とわかる。

別解 1ヵ月で2時間ずつ見える時刻は早くなるので，1ヵ月後の3月5日では，オリオン座が真南方向に見えるのは，午後6時である。真夜中(午前0時)に見えるのは，20時より，20時間早くなったときである。1ヵ月で2時間早くなるのだから，20時間早くなるのは10ヵ月後である。

例題8 〈星座〉

日本で，7月上旬の20時ごろ南の空に見ることができる星座を次から選べ。

ア．オリオン座　　イ．さそり座　　ウ．ペガスス座

エ．おとめ座　　オ．しし座

解答 イ

解説 オリオン座は冬，ペガスス座は秋，おとめ座としし座は春に南の空で見られる星座である。

4 太陽系と宇宙

Point Check

1 太陽系

太陽と，その周りを回る惑星や小惑星，衛星，すい星などの天体の集まり。

2 惑星

太陽の周りを公転している**8個**の天体。自らは光を出さず，太陽の光を反射して光る。太陽を中心として楕円運動をしている。

① 地球型惑星と木星型惑星

・**地球型惑星**…半径・質量は小さく，平均密度は大きい。

・**木星型惑星**…半径・質量は大きく，平均密度は小さい。水素が主成分。

② 内惑星と外惑星

・**内惑星**…地球より内側を公転している惑星。**水星と金星**がある。

・**外惑星**…地球より外側を公転している惑星。火星，木星，土星，天王星，海王星がある。

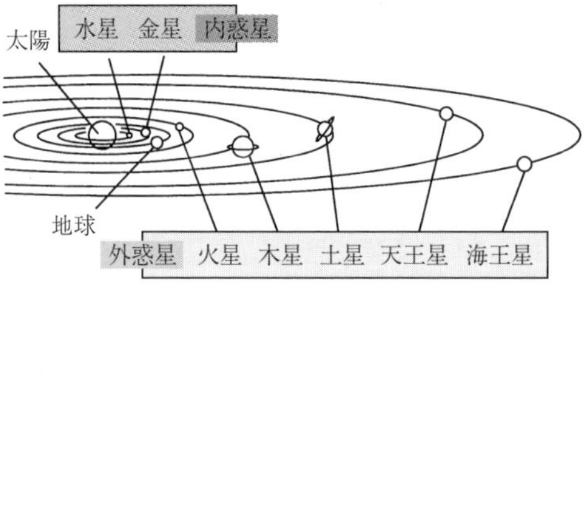

天体名	特徴		
水星	地球型惑星	内惑星	太陽に最も近い。大気は極めて薄い。表面にクレーターあり。表面温度は，昼間は高温（350℃以上），夜間は低温（－150℃以下）。
金星	地球型惑星	内惑星	大きさ，質量，密度などが地球によく似ている。二酸化炭素を主成分とする大気が存在し，地表温度は約400℃。反射能が大きく，最も明るい。公転と逆向きに自転する。
地球	地球型惑星		生物が存在できる環境。大気中の二酸化炭素濃度は，惑星中最も低い。
火星	地球型惑星	外惑星	赤茶色の地表で巨大火山，大峡谷がある。極に白い極冠。うすい大気が存在。昼夜と季節の変化あり。
木星	木星型惑星	外惑星	惑星中で最大の大きさ。密度は小さく，地球の$\frac{1}{4}$。水素とヘリウムを主成分とする大気が存在する。表面にしま模様や大赤斑がみられる。
土星	木星型惑星	外惑星	木星の次に大きいが，**密度は最小**。大気が存在。表面温度は約－190℃と超低温。無数の細粒物質からなる円盤状の環をもつ。衛星にタイタンなどがある。
天王星	木星型惑星	外惑星	軌道面に対して，横倒しの状態で自転。大気が存在。
海王星	木星型惑星	外惑星	メタンの雲があり，青みがかって見える。

※小惑星…火星と木星の間にあって公転している小さな天体。非常に多数。

3　金星の見え方

金星は内惑星であるため満ち欠けし，明け方と夕方のみ見える。太陽が出ている間は，明るすぎて見えない。

①　**明けの明星**

日の出前のしばらくの間だけ，**東の空**に見える。

②　**宵の明星**

夕方（日没直後）からしばらくの間だけ，**西の空**に見える。

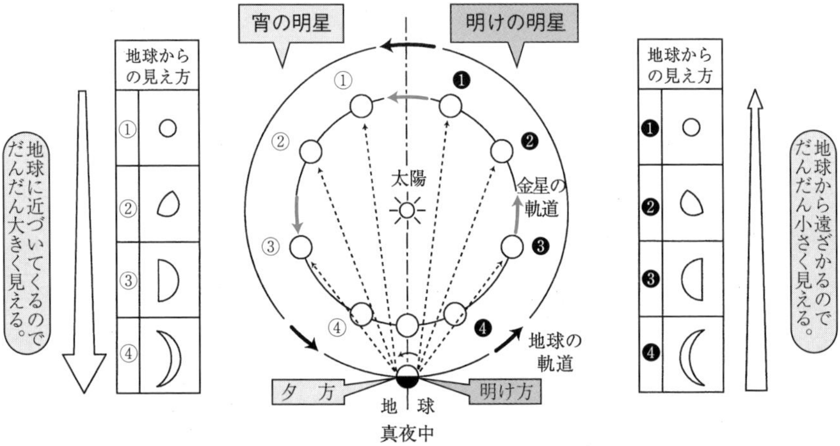

4　ケプラーの法則…惑星の空間運動に関する法則。

第1法則：すべての惑星は，太陽を焦点の1つとする楕円軌道を描く。

第2法則：惑星と太陽を結ぶ直線が一定時間に描く扇形の面積は一定。

第3法則：惑星と太陽の平均距離の3乗と惑星の公転周期の2乗との比は，すべての惑星で一定。

例題9 〈惑星〉

次の特徴をもつ惑星の天体名を答えよ。

(1) 惑星の中では最大の直径をもつ。

(2) 地球の外側にあって，時期によっては極冠とよばれる白い部分が表面に見える。

(3) 太陽に最も近い軌道を公転している。

(4) 「宵の明星」「明けの明星」とよばれる。

(5) 昔から環をもつことが知られていた。

解答 (1) 木星　(2) 火星　(3) 水星　(4) 金星　(5) 土星

解説 (1) 惑星の中で最も大きいのは木星，次いで土星。

(2) 火星の極冠は，季節に応じて大きさが変化する。

(3) 水星は，常に太陽のすぐ近くに位置しているので，観測するのは難しい。

(4) 金星は，内惑星なので，日の出前か日没直後の短い時間しか見られない。

(5) 木星や天王星も環をもつが，土星は昔から環をもつことが知られていた。

例題10 〈金星の動き〉

右の図1は，太陽・金星・地球の位置関係を示したものである。ただし，地球と金星は同じ平面上を公転しているものとする。

(1) 金星が図2のように見えるのは，どの位置にあるときか。図1のア～カから選べ。

(2) 金星が図1のエの位置にあるとき，その金星はいつごろ，どの方向に見えるか。次から選べ。

① 夕方，東の空　② 夕方，西の空

③ 夕方，北の空　④ 明け方，東の空

⑤ 明け方，西の空　⑥ 明け方，南の空

〈図1〉

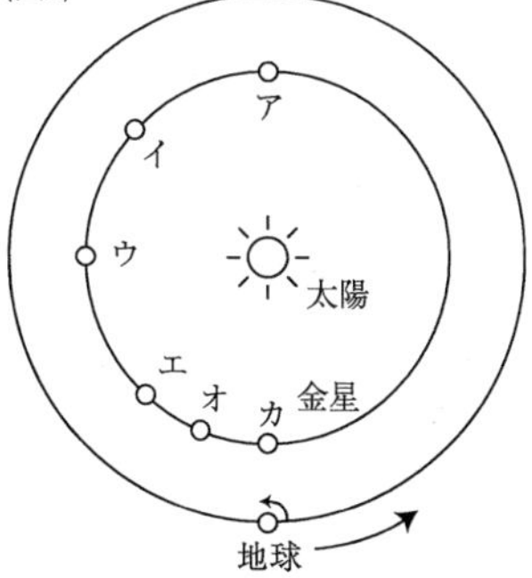

〈図2〉

解答 (1) オ　(2) ②

解説 (1) 金星が地球に近づいているときは，金星の光っている面を少ししか見ることができない。

(2) 金星がエの位置にあるときは，太陽の方が金星より早く地平線下に沈むので，見えるのは夕方の西の空である。

確認問題

10 太陽の南中時刻について，次の各問いに答えよ。

(1) 兵庫県明石市の東経135°の地点における太陽の南中時刻は12時00分である。沖縄県名護市の東経128°の地点における太陽の南中時刻を求めよ。

(2) 北緯36°の地点における冬至の日の太陽の南中高度を求めよ。

11 ある地点で，12月1日の20時に北の空を見たら，カシオペア座が北極星の真上の右の図のAの位置に見えた。次の日時にカシオペア座はどの位置に見えるか。図のA～Fからそれぞれ選べ。

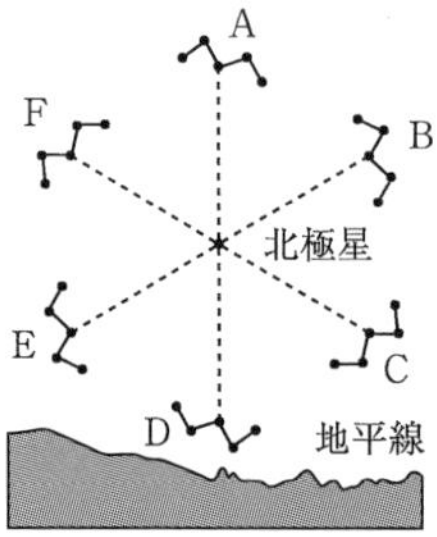

(1) 12月2日4時

(2) 2月1日20時

(3) 6月1日24時(6月2日午前0時)

12 次のうち，「冬の大三角」ではないものをすべて選べ。

① オリオン座のベテルギウス　② はくちょう座のデネブ
③ こと座のベガ　④ おおいぬ座のシリウス
⑤ こいぬ座のプロキオン

13 次の説明にあてはまる惑星を，ア～オからそれぞれ選べ。

(1) 惑星中最大の大きさであるが，密度は地球の約4分の1である。

(2) 極に白い極冠をもち，昼夜と季節の変化がある。

(3) 地球上では，真夜中に観測することができない。

(4) 惑星中密度が最小であり，無数の細粒物質でできた同心円リングをもつ。

ア．木星　イ．金星　ウ．土星　エ．火星　オ．水星

14 すべての惑星の空間運動にあてはまる3つの法則を発表した人物を次から選べ。

① コペルニクス　② ガリレイ　③ アルキメデス
④ ケプラー　⑤ プトレマイオス

6

コンピュータ・情報社会

Open Sesame

1 コンピュータ

●ポイント

コンピュータ用語に関する出題が多い。普段からコンピュータを活用している人にとっては聞き慣れた言葉ではあるが，似たような用語も多いため紛らわしい。しっかり整理して覚えておくようにしよう。ビット・バイトに関する問題や2進法に関する問題も見られるため，基本的なところを確認しておく必要がある。

1 コンピュータの基礎

Point Check

●**1ビット**…コンピュータが扱う情報量の最小単位。
●**バイト**…8ビットをひとまとまりにしたもの。8ビット＝1バイト
●コンピュータの基本構造…入力・記憶・演算・制御・出力装置から構成。

(1) 情報の単位

① ビット（bit）

コンピュータが扱う情報量の最小単位のことで，1つのビットは1桁の2進数として0か1で表される。

例 1ビット…0，1の2種類の情報を表す。
2ビット…00，01，10，11の4種類の情報を表す。

② バイト（byte）

8ビットをひとまとまりにしたものを1バイト（記号：B）という。**8ビット＝1バイト**。B（バイト）から**約1,000（1,024）倍ごと**に順に**KB**（キロバイト），**MB**（メガバイト），**GB**（ギガバイト），**TB**（テラバイト），**PB**（ペタバイト）と表記される。日本語文字コードは，英数文字は1バイト，かな・漢字は2バイト，あるいはそれ以上のバイト数で表されている。

(2) 2進法

① 2進法

0と1の2種類の数字を用いて数を表す方法である。

例 2進法での数の表し方

1	1	1	0	1
↑	↑	↑	↑	↑
2^4の位	2^3の位	2^2の位	2^1の位	2^0の位

② 10進法と2進法の変換

2進法の位は，2^0の位，2^1の位，2^2の位，…となっているので，2進法を10進法に変換するには次のように行う。例えば，2進法で11101と表される数を10進法にするには，

$$
\begin{aligned}
11101_{(2)} &= 1\times 2^4 + 1\times 2^3 + 1\times 2^2 + 0\times 2^1 + 1\times 2^0\\
&= 16 + 8 + 4 + 0 + 1\\
&= 29
\end{aligned}
$$

※2進法の数であることを示すために，$11101_{(2)}$のようにその数の右下に$_{(2)}$をつけて表すことがある。

逆に，10進法を2進法に変換するには，10進法で表された数を順に2で割っていき，余りを順に書いていく。

2) 29　余り
2) 14…1
2) 7…0
2) 3…1
2) 1…1
0…1

（↑ 下から上へ）

余りを最後から順に並べた「11101」が29を2進法で表した数となる。

(3) コンピュータの基本構造

コンピュータは，機能の面から，入力装置，記憶装置，演算装置，制御装置，出力装置の5つによって構成される。

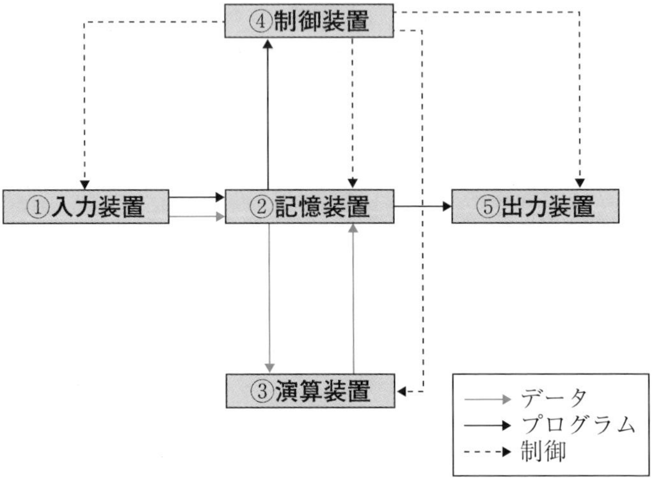

①入力装置	外部からプログラムやデータを取り込む装置。キーボード，マウス，スキャナ，デジタルカメラなど。
②記憶装置	入力装置からデータやプログラムなどを受け取り，記憶する装置。CPUで処理されるプログラムやデータを一時的に記憶させておく主記憶装置（RAM，ROMなどの半導体メモリ）と，文章などのデータを記憶させておく補助記憶装置（ハードディスク，USBメモリ，SDカードなど）がある。
③演算装置	記憶装置からデータを受け取り，処理を行う装置。CPU（中央処理装置）が担う。
④制御装置	コンピュータ全体の動きをコントロールする装置。演算装置とともに，CPU（中央処理装置）が担う。
⑤出力装置	記憶装置からデータを受け取り，その情報を外部に示す装置。ディスプレイ，プリンタ，スピーカーなど。

2 コンピュータ用語

Point Check

●CPU…中央処理（演算制御）装置。

●OS…基本ソフト。コンピュータの利用を援助するパソコンの最も基本的なソフトウェア。

●USB…キーボードやマウス，モデム，プリンタなどの周辺機器を接続する共通化の規格。

アイコン	操作の内容やファイルの種類が一目でわかるように，画面上に小さなイラストで表示したもの。
圧縮	専用のプログラムを使って，ファイルの容量を小さくすること。逆に圧縮したファイルを元に戻すことを「解凍」という。JPEGやMPEGといった非可逆符号方式では，展開した場合は完全に元のデータには復元されず，画質の劣化を伴う。
アプリケーション	ワープロ，表計算などコンピュータで実際に処理をするためのソフトウェア。OSを基盤として動作する。
インストール	コンピュータにOSや周辺機器のドライバ，アプリケーションなどを使用できるように組み込む作業。
インタフェース	入出力装置や補助記憶装置をパソコンに接続する手段。
ディスプレイ	テキストやグラフィックなどを表示する出力装置。
フォルダ（ディレクトリ）	ファイルを整理して保存する入れもの。
フラッシュメモリ	データの消去と書き込みを電気的に行う記憶装置のこと。SSDやUSBメモリ，SDカードなどで用いられている。
ユーザインタフェース（UI）	アプリケーションやコンピュータとユーザ間でのデータのやり取りの方法。
CD-R	1度だけ書き込めるCD。書き込んだデータは消去できない。
CD-ROM	読み出し専用CD。書き込むことができない。
CD-RW	何度でも書き込むことができるCD。データ消去が可能である。

CPU	**中央処理（演算制御）装置**のこと。コンピュータの5大装置のうち，演算装置と制御装置を合わせたもの。
CUI	文字による入力・出力を中心とし，すべての操作をキーボードを使ってコンピュータに指示するユーザインタフェース。
GUI	コンピュータの操作に，アイコンやメニューなどの視覚情報を利用するユーザインタフェース。初心者でも使いやすいというメリットがある。
JPEG	カラー静止画像を圧縮する国際規格。圧縮率が高いわりに画質の低下が少ないのが特徴。
MIDI	電子楽器同士，あるいはそれらとコンピュータを接続するための共通規格。
MPEG	デジタル動画と音声を圧縮する国際規格。高画質でDVDビデオだけでなくデジタル衛星放送にも利用されている。
OS（オペレーティングシステム）	コンピュータの利用を援助するパソコンの最も基本的なソフトウェア。**基本ソフト**ともいう。CPU，メモリ，ディスクなどのコンピュータ資源を管理する。
PDF	電子文書表示用のファイル形式。OSの違いなどに影響されず同一の文書表示を可能にする。
RAM	主記憶装置に使われ，データを一時的に保存するための半導体メモリ。CPUに接続して使い，書き込みと読み出しの両方ができる。
ROM	主記憶装置に使われる読み出し専用の半導体メモリ。内容を自由に書き換えできない。
USB	キーボードやマウス，モデム，プリンタなど周辺機器接続の共通化を図った規格。

確認問題

1 次の文の空欄にあてはまる数字を入れよ。

(1) 情報量の最小単位としてビットがあり，コンピュータは情報を，1桁の2進数として0と1で処理している。1ビットでは0，1の2種類の情報を，2ビットでは00，01，（ A ），11の4種類の情報を表す。

(2) 1バイトは（ B ）ビットにあたり，1ギガバイト(GB)は1メガバイト(MB)のおよそ（ C ）倍である。

2 **2進法の101011**$_{(2)}$**を10進法で表せ。**

3 コンピュータの主記憶装置に使われ，読み書きが自由にできるメモリを何というか。ア～エより選び，記号で答えよ。

ア．CPU　　イ．GUI　　ウ．RAM　　エ．ROM

4 次の説明にあてはまる用語をア～ケより選び，記号で答えよ。

(1) ワープロ，表計算などコンピュータで実際に処理をするためのソフトウェア。

(2) 1度だけ書き込めるCD。

(3) コンピュータとユーザ間でのデータのやり取りの方法。

(4) CPUやメモリなどのコンピュータ資源を管理するパソコンの最も基本的なソフトウェア。

(5) テキストやグラフィックなどを表示する出力装置。

ア．PDF　　イ．アプリケーション　　ウ．USB
エ．CD-R　　オ．インストール　　カ．ディスプレイ
キ．UI　　ク．CD-RW
ケ．オペレーティングシステム

2 ネットワークと情報社会

●ポイント

インターネットの機能とマナー，インターネットや情報社会の用語・略語についての出題が多い。基本的なところを確実におさえておこう。また，資料を授業で使用したりホームページに掲載したりする際の著作権に関する問題も見られる。著作権については，教師となったときに必要な知識でもあるため理解しておく必要がある。なお，できるだけ実際にパソコンに触れ，インターネットを利用して教育関連の資料や試験情報を収集するなど，自分で体験してみるのがよいだろう。

1 インターネット

Point Check

●**LAN**…企業内・学校内など比較的限られたエリア内でのコンピュータネットワーク。

●**ブロードバンド**…大容量のデジタルデータを双方向で円滑に送受信できる高速回線。

●ドメイン名の組織の分類…ac.は大学・学校法人，go.は政府機関。

(1) コンピュータネットワーク

コンピュータネットワークには，ローカルエリアネットワーク（LAN）と広域ネットワーク（WAN）がある。

① **LAN**

企業内・学校内など比較的限られたエリア内でのコンピュータネットワークのことである。LANには直接ケーブルでつなぐ有線LANと電波を通して接続する無線LANがある。無線LANの環境の下で情報通信ができる技術・方式のことをWi-Fiという。

② **WAN**

LANとLANをつないだ大きなネットワークのことであり，通信事業を行う会社によるサービスとして提供されている。

③　**ブロードバンド**

動画像や音楽など大容量のデジタルデータを双方向で円滑に送受信できる高速回線のこと。主に次のようなものがある。

ケーブルテレビ	CATV網(テレビ映像を流すための同軸ケーブル通信網)を利用する方法。
光回線	光ファイバーを利用する方法。他のブロードバンドに比べて圧倒的な通信速度を誇り，高画質な動画配信サービスを利用できる。

(2)　IPアドレスとドメイン名

①　**IPアドレス**

インターネットに接続されているコンピュータに割り当てられる番号。「111.111.111.1」のようにピリオドで区切った4つの数字で表記する。

②　**ドメイン名**

IPアドレスのような覚えにくい数字の列にかわり，文字列で表したインターネット上での所在を示すための名前のこと。IPアドレスとドメイン名は1対1で対応しており，IPアドレスとドメイン名との自動変換の処理を行うサーバをDNSサーバという。

URL（ホームページのアドレス）では，「http：//」を除いた部分，電子メールアドレスでは@以下の部分がドメイン名にあたる。

例　http://www.○○○○○.co.jp/

ドメイン名：www.○○○○○.co.jp

http：アクセス手段(プロトコル)　www：ウェブサーバ名　○○○○○：固有の名前　co：組織の分類　jp：国名

〈組織の分類〉

ac	大学・学校法人
ed	教育機関(小・中・高校など)
go	政府機関や自治体関連
co	企業
or	財団法人など

(3)　電子メールの注意点

・半角カタカナ文字は使わない。

（半角のカタカナは，機種によっては表示されないだけでなく，インターネット上の他のコンピュータを誤作動させる可能性があるため。）

・機種依存文字は使わない。

2 インターネットのセキュリティ

Point Check

●**マルウェア**…正常なシステムの動作を妨害する目的で作成されたプログラム。

●**不正アクセス**…ネットワークを経由して，他のコンピュータに許可なく侵入すること。

(1) マルウェア

正常なシステムの動作を妨害する目的で作成されたプログラムのこと。また，マルウェアのうち，他のコンピュータに感染するなどの機能をもったものをコンピュータウイルスという。悪質なものに感染すると，その種類によってはコンピュータやファイルが破壊されるなど，さまざまな障害が出る。

〈マルウェアの例〉

スパイウェア	ユーザが気付かないうちに，ユーザに関する情報などを収集し，第三者に送信する。
ランサムウェア	コンピュータのデータを読み出せないようにしたり，システムを利用不能にしたりすることで，この制限を解除するために身代金を要求する。

〈感染源〉

- 感染しているパソコンから，USBメモリなどを経由して感染。
- **ネットワーク**を経由した感染。例えば，悪質なウェブページにアクセスしたり，ダウンロードしたプログラムや電子メールの添付ファイルをひらいたりすることで感染する。添付ファイルがウイルスプログラムそのもののこともある。

〈対策〉

- 不審なファイルは実行しない。
- ウイルス対策ソフトにより，定期的なウイルスチェックを行う。
- 専用の**ワクチンプログラム**（外部からプログラムや持ち込まれるデータがウイルスに感染していないか監視し，無効にする）をインストールする。
- ワクチンプログラムは，最新のデータ（アップデータ）を，こまめに更新する必要がある。

(2) 不正アクセス

ネットワークを経由して，他のコンピュータに許可なく侵入すること。不正アクセスされると，アクセスされたコンピュータのデータが破壊，漏洩，改ざんされたり，コンピュータが侵入者に勝手に操作されたりする。その被害を防ぐため，他人のパスワードやIDを無断で使用し，企業や政府などのコンピュータに不正にアクセスすることを禁止した**不正アクセス禁止法**が施行されている。

(3) ユーザ認証

① パスワード

通信サービスやデータベースなどを利用する際，その権利のある利用者であることを識別するための文字列。通常はユーザIDと組み合わせて入力することで，コンピュータシステムに正当な利用者であることを示す。

〈パスワードの注意事項〉

・簡単に推測されないようなパスワードを設定する。
・生年月日，名前など，自分に関連するパスワードは避ける。
・大文字と小文字，数字などを混ぜる。
・定期的に変更する。
・不用意に他人に教えない。
・他人の目にふれないよう管理する。

② パスワード以外を用いた認証

二段階認証	パスワードだけでなく，あらかじめ登録されている別の方法でも認証を行う方法。例えば，パスワードを確認後，登録しているメールアドレスに送信されたメッセージを追加で入力することで，二段階の確認をとる方法がある。
バイオメトリクス認証	利用者の指紋（指紋認証）や手のひらの静脈パターン（静脈認証），顔の画像（顔認証）を読み取らせて認証する方法。

3 インターネット用語・略語

Point Check

●HTML…Webサーバで表示されるホームページを記述するためのマークアップ言語。

●URL…インターネットにおける情報の所在を表すアドレス。

アップロード	ローカルのコンピュータから，ネットワーク上にファイルを転送し，他のユーザにそれを公開すること。
イントラネット	インターネットによる情報検索や情報提供の技術を，企業内・組織内のLANに応用したもの。プロトコルはTCP/IPを使い，インターネットで使われているものと同じソフトウェアを利用する。
クラッカー	コンピュータの技術を悪用してネットワークに侵入し，不正行為をする人のこと。ハッカーということもあるが，ハッカーの本来の意味は，コンピュータについて高度な技術をもつ人である。
サーチエンジン（検索エンジン）	インターネット上で，目的とする情報を探し出すためのデータベース的な役割を果たすサイト。
サーバ	ネットワーク上でサービスを提供するコンピュータ。WWWサーバ（Webを提供），メールサーバ（電子メールの送信，受信などを行い，各ユーザに配信），ファイルサーバ（グループで共有するファイルを提供）などがある。
シェアウェア	販売店などで購入するソフトウェアと異なり，使ってみて気に入ればユーザ登録料を支払う方式のソフトウェア。
ダウンロード	インターネットのWebサーバやパソコン通信などのホストコンピュータなどから，データを取り出す作業。アップロードと反対の意味で，すでにアップロードされているファイルに対して行う。
ファイアウォール	ネットワークを通じて外部からのコンピュータへの不正侵入を防ぐシステム。機能的には，組織内外からの通信要求をすべて捕捉し，恣意的に通過させたり禁止したりすることによって，必要なサービスだけをユーザに提供しながら，セキュリティを確保する。

フィルタリングソフト	特定のWebサイトへのアクセスを禁止するソフトウェア。学校や家庭で，子どもが有害なサイトへアクセスするのを防止する効果がある。
ブラウザ	データベース上の情報を検索・閲覧するためのソフト。また，Webページ閲覧ソフトを単にブラウザとよぶことも多い。
フリーウェア	作者が著作権を留保したまま，主にネットワーク上で自由にダウンロードして無料で使用できるソフトウェアのこと。
プロトコル	コンピュータ同士のデータ通信の際の規約。インターネットへの接続は，TCP/IPというプロトコルが主流になっている。
プロバイダ（ISP）	インターネット接続サービスを提供する通信事業者。インターネットへの接続を可能にしたり，ユーザごとに個別の電子メールアドレスを割り振ったりするなど，さまざまなサービスの提供を行う。
リンク	インターネットで，あるWebページ上から別のWebページへ接続できるようにした，ページの関連付けのこと。
CGI	Webサーバから外部プログラムを利用するための標準インタフェース。HTMLだけでは記述できないような動的なページを作成することができる。
EC（Eコマース）	電子商取引のこと。ネットワーク上で電子的に行われる商取引全般のことをさす。企業間取引をB to B（Business to Business），企業と消費者間をB to C（Business to Consumer）とよぶ。
FTP	インターネットなどを利用して，プログラムなどを含むファイルを転送するためのプロトコル。
GPS	移動体の位置，移動方向，速度を測定するシステム。カーナビゲーションで使用されているものがよく知られている。
HTML	インターネットのWebサーバで表示されるホームページを記述するためのマークアップ言語。マークアップ言語とは，文章の一部をタグで囲うことによって，文章の構造や修飾情報を文章中に記述していく言語を指し，この言語で記述された文書ファイルをインターネットブラウザソフトで読むことで，Webページとして閲覧することができる。
POP	電子メールを保存しているサーバから，メールを受信するためのプロトコル。
URL	インターネットにおける情報の所在を表すアドレス。基本的に「プロトコルの指定：//ドメイン名」という形で表記する。

WWW (World Wide Web)	インターネット上に散らばった情報に，自由にアクセスすることを可能にしたシステム。

4　情報社会の用語・略語

Point Check

- ●**デジタルデバイド**…情報技術を利用できる者と利用できない者との間の格差のこと。
- ●**DX**…情報技術があらゆる領域に浸透して，人々の生活をよりよい方向に変化させること。

チェーンメール	受信した人が他の人に，同じ内容のメールを送信することを，すすめるメールのこと。いたずら目的や不正な使用もみられ，ネットワークやメールサーバに過剰な負荷をかけることもある。
デジタルデバイド (情報格差)	インターネットの急速な普及に伴って生じる，情報技術を利用できる者とできない者との間の社会的・経済的格差のこと。将来的には一層問題になると危惧されている。
マルチメディア	デジタル技術を利用して，画像，音声など複数のメディアをミックスした複合メディアのこと。
ユビキタス	「いつでも，どこでも，何でも，誰でも」がネットワークに接続でき，情報の自在なやりとりができること。
CAI	コンピュータを活用した個別学習による教育システム。各自のペースに応じて学習が進められる。
DI (データインテグリティ)	データが完全性・整合性を保っていること。またデータが一貫していて，正しく，アクセス可能であることを保証すること。
DX (デジタルトランスフォーメーション)	情報技術があらゆる領域に浸透して，人々の生活をよりよい方向に変化させること。
IoT	モノのインターネットのこと。家電製品や自動車などのさまざまなモノをインターネットにつなぐ技術のこと。
SNS	ソーシャル・ネットワーキング・サービスのこと。交友関係をインターネット上で構築するコミュニティ型のWebサイト。

SOHO	インターネットやパーソナルコンピュータを駆使し，自宅や少人数のオフィスでビジネスに取り組む個人事業者。Small Office/Home Officeの略。
SPAM	同一メッセージのコピーを大量に特定の電子メールアドレスやニュースグループに送信すること。広告などのメッセージを不特定の相手に対して大量に発信することをいう場合もある。

5　著作権制度

Point Check

- 著作物…児童・生徒が教師の指導のもとにかいた作文や絵なども含む。
- 保護期間…著作物を創作したときから，著作者の生存年間及びその死後70年間。
- 著作物の自由利用…教育を担任する者は，授業の過程において使用するのであれば，著作物を複製できる。

(1)　著作権

著作権とは，小説や絵画，音楽，写真，ソフトウェアなどの作品（著作物）を創作した者に認められる権利である。著作権は，著作物を創作した時点で自動的に権利が発生し，登録・届出などは不要である。

(2)　著作物

著作物は著作権法により保護され，複製・転載したり，改変したりする場合は，著作権者の許諾を得る必要がある。授業の過程で，児童・生徒が教師の指導のもとにかいた作文，絵などの作品や，音楽CD，ホームページ上で公開された資料，図表，図面，映像，音声なども著作物となり，著作権法の保護を受ける。

(3)　保護期間

著作権の保護期間は，著作者が著作物を創作したときから始まり，著作者の生存年間及びその死後70年間が原則である。

(4)　定められた条件の下での自由利用

一定の条件を満たせば，著作権者等の許諾を得ずに「自由に使える」場合がある。

条件	条件の詳細	許諾が不必要な例	許諾が必要・違法な例
私的使用のための複製	自分や家族など限られた範囲内で利用するのであれば，著作物を複製することができる。	・自分や家族が聞くために音楽CDをダビングする。 ・ホームページに掲載されているファイルをダウンロードし，個人的に利用する。	・ホームページに掲載されている画像をダウンロードし，自分のホームページに掲載する場合，許諾が必要。
学校における複製	学校の教育を担任する者は，**授業の過程において使用**するのであれば，著作物を複製できる。ただし，著作権者の利益を不当に害することとなる場合を除く。	・教師がテレビで放送された教育番組を録画し，授業で児童・生徒に見せる。 ・児童・生徒が「調べ学習」のために，新聞記事をクラスの人数分コピーして配る。 ・教師が授業で資料として使うため，ホームページ上に公開されている図表をプリントアウトし，クラスの人数分コピーして配る。	・市販のワークブックを一部だけ購入し，クラスの人数分コピーして配ることは認められていない。 ・市販のプログラムを複数台のコンピュータにインストールする場合，2台目以降のインストールにつき，許諾が必要。
引用	公表された著作物は，引用して利用することができる。また，国や地方公共団体の機関が公表する広報資料，調査統計資料などは，転載することができる。	・「調べ学習」で発表する際，新聞記事の一部を出典名を明記して掲載する。 ・地方公共団体のホームページに公表された統計データを，情報源を明示して自分のホームページに掲載する。	・学校のホームページに人気漫画の主人公を掲載する場合，許諾が必要。

※**自由利用マーク**…著作者が自分の著作物の自由な使用の許可を認めるマークのことで，次の3種類がある。

① **コピーOK**　② **障害者OK**　③ **学校教育OK**

① プリントアウト，コピー，無料配布のみを認めるマーク。変更・改変・加工などは認められない。

② 障害者が使用することを目的とする場合に限り，変更・改変・加工などを含むあらゆる非営利目的利用を認める。

③ 学校の種々の活動で使用することを目的とする場合に限り，変更・改変・加工などを含むあらゆる非営利目的利用を認める。

確認問題

5 次の説明に適する用語をア～クより選べ。

(1) 企業内・学校内など比較的限られたエリア内でのコンピュータネットワーク。

(2) Webサーバから外部プログラムを利用するための標準インタフェース。

(3) インターネットにおける情報の所在を表すアドレス。

(4) インターネットのWebサーバで表示されるホームページを記述するためのマークアップ言語。

(5) 移動体の位置，移動方向，速度を測定するシステム。

ア．BBS　イ．GPS　ウ．ISP　エ．HTML
オ．CGI　カ．LAN　キ．URL　ク．WWW

6 次の説明は何についてのものか答えよ。

(1) インターネットの急速な普及に伴って生じる，情報技術を利用できる者とできない者との間の社会的・経済的格差のこと。

(2) 動画像や音楽など大容量のデジタルデータを双方向で円滑に送受信できる高速回線のこと。CATVや光回線などがある。

(3) インターネット上での所在を示すための名前のこと。電子メールアドレスでは@以下の部分のことをいう。

(4) コンピュータの中に入ると，ファイルやソフトウェアを破壊するコンピュータプログラム。

(5) ネットワークインフラの整備により,「いつでも，どこでも，何でも，誰でも」がネットワークに接続され，情報の自在なやりとりを行うことのできる社会。

7　次のうち，違法行為にあたらないものを選べ。

① 学校のホームページに，人気漫画の主人公のイラストを掲載した。

② 市販のワークブックを一部だけ購入し，クラスの人数分コピーして授業で使った。

③ 調べ学習を行うために，児童・生徒が新聞記事をクラスの人数分コピーして配布した。

④ 授業で資料として使うため，コピーOK のマークとともにホームページ上に公開されている文書を改変・加工して，クラスの人数分コピーした。

⑤ 市販のプログラムを複数のコンピュータにインストールして，授業で使った後，削除した。

確認問題
解答解説

Open Sesame

1 数学

1

(1) $\boldsymbol{-\dfrac{20}{3x^2y^2}}$

(2) $\boldsymbol{-a-10b}$

(3) $\boldsymbol{\dfrac{15a+58b}{12}}$

解説

(1) $\dfrac{5}{2}xy \div \left(-\dfrac{3}{4}x^2y\right) \div \dfrac{1}{2}xy^2$

$= -\left(\dfrac{5}{2} \div \dfrac{3}{4} \div \dfrac{1}{2}\right) x^{1-2-1}y^{1-1-2}$

$= -\left(\dfrac{5}{2} \times \dfrac{4}{3} \times 2\right) x^{-2}y^{-2}$

$= -\dfrac{20}{3x^2y^2}$

(2) $4(2a-b)-3(3a+2b) = 8a-4b-9a-6b$

$= -a-10b$

(3) $\dfrac{2(3a+5b)}{3} - \dfrac{3(a-2b)}{4}$

$= \dfrac{8(3a+5b)-9(a-2b)}{12}$

$= \dfrac{24a+40b-9a+18b}{12}$

$= \dfrac{15a+58b}{12}$

2

(1) $\boldsymbol{6x^2+5x+3}$

(2) $\boldsymbol{-16x+97}$

解説

(1) $4x(x+3)+(2x-1)(x-3)$

$= 4x^2+12x+2x^2-7x+3$

$= 6x^2+5x+3$

(2) $(x-7)^2-(x-6)(x+8)$

$= x^2-14x+49-x^2-2x+48$

$= -16x+97$

3

(1) $\boldsymbol{x^2(3y-2x)^2}$

(2) $\boldsymbol{(x-2y)(2x+y)}$

解説

(1) $9x^2y^2-12x^3y+4x^4$

$= x^2(9y^2-12xy+4x^2)$

$= x^2\{(3y)^2-2\times 3y\times 2x+(2x)^2\}$

$= x^2(3y-2x)^2$

(2) $x(x-2y)+(x+y)(x-2y)$

$= (x-2y)\{x+(x+y)\}$

$= (x-2y)(2x+y)$

4

12個

解説

108を素因数分解すると，$108 = 2^2 \times 3^3$

2^2の正の約数は，1，2，2^2の3個

3^3の正の約数は，1，3，3^2，3^3の4個

よって，$3 \times 4 = 12$〔個〕

5

14

解説

$x = \dfrac{2-\sqrt{3}}{(2+\sqrt{3})(2-\sqrt{3})} = 2-\sqrt{3}$

$y = \dfrac{2+\sqrt{3}}{(2-\sqrt{3})(2+\sqrt{3})} = 2+\sqrt{3}$

であるから，

$x+y = (2-\sqrt{3})+(2+\sqrt{3}) = 4$

$xy = (2-\sqrt{3})(2+\sqrt{3}) = 1$

$x^2+y^2 = (x+y)^2-2xy$

$= 4^2-2\times 1$

$= 14$

6

(1) **67個**　(2) **34個**

解説

1から100までの整数のうち，2，3で割り切れる数の集合をそれぞれA，Bとする。

$$A=\{2\times1,\ 2\times2,\ 2\times3,\ \cdots2\times50\}$$
$$\therefore n(A)=50$$
$$B=\{3\times1,\ 3\times2,\ 3\times3,\ \cdots3\times33\}$$
$$\therefore n(B)=33$$
$$A\cap B=\{6\times1,\ 6\times2,\ 6\times3,\cdots6\times16\}$$
$$\therefore n(A\cap B)=16$$

(1) 2または3で割り切れる数の集合は$A\cup B$であるから，

$$n(A\cup B)=n(A)+n(B)-n(A\cap B)$$
$$=50+33-16$$
$$=67〔個〕$$

(2) 2で割り切れるが，3で割り切れない数の集合は$A\cap\overline{B}$であるから，

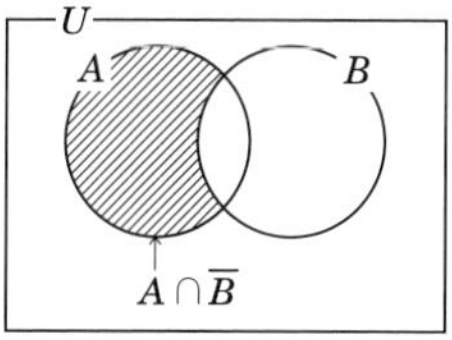

$$n(A\cap\overline{B})=n(A)-n(A\cap B)$$
$$=50-16$$
$$=34〔個〕$$

7

(1) $\boldsymbol{x=5}$

(2) $\boldsymbol{(x,\ y)=(4,\ -2)}$

(3) $\boldsymbol{x=-\frac{5}{3},\ \frac{2}{3}}$

(4) $\boldsymbol{x=\frac{3\pm\sqrt{41}}{4}}$

(5) $\boldsymbol{1\leqq x\leqq2}$

(6) $\boldsymbol{1<x<5}$

解説

(1) $4(x-3)=6-(3-x)$
$$4x-12=6-3+x$$
$$3x=15$$
$$x=5$$

(2) $\begin{cases}2x+3y=2 & \cdots① \\ 5x-2y=24 & \cdots②\end{cases}$

①×2　$4x+6y=4$　…①′

②×3　$15x-6y=72$　…②′

①′＋②′より，$19x=76$
$$x=4$$

これを①に代入して，
$$8+3y=2$$
$$3y=-6$$
$$y=-2$$

よって，$(x,\ y)=(4,\ -2)$

(3) $9x^2+9x-10=0$
$$(3x+5)(3x-2)=0$$
よって，$x=-\frac{5}{3},\ \frac{2}{3}$

(4) 解の公式より，
$$x=\frac{-(-3)\pm\sqrt{(-3)^2-4\times2\times(-4)}}{2\times2}$$
$$=\frac{3\pm\sqrt{41}}{4}$$

(5) $x^2-3x+2\leqq0$
$$(x-1)(x-2)\leqq0$$
よって，$1\leqq x\leqq2$

(6) (i) $2x-4\geqq0$　つまり，$x\geqq2$のとき
$$2x-4<x+1\qquad x<5$$
したがって，$x\geqq2$より，$2\leqq x<5$

(ii) $2x-4<0$　つまり，$x<2$のとき
$$-(2x-4)<x+1\qquad x>1$$

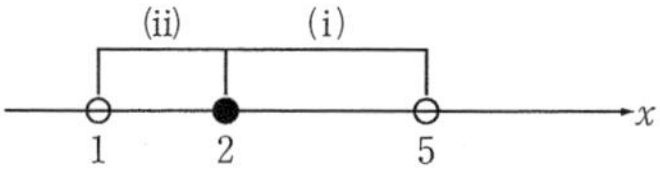

したがって，$x<2$より，$1<x<2$

よって，(i)，(ii)より，$1<x<5$

8

5 km

解説

AC間の距離をx kmとして，時間に着目して式をたてる。

$$\frac{x}{10}+\frac{7-x}{4}=1$$
$$2x+5(7-x)=20$$
$$-3x=-15$$
$$x=5〔\mathrm{km}〕$$

9

A管…14 L　B管…16 L

解説

1分間に入れることのできる水の量を，A管ではxL，B管ではyLとする。

$$\begin{cases}7x+7y=210 & \cdots①\\ 9x+4y=190 & \cdots②\end{cases}$$

①÷7　$x+y=30$　…③

③×4　$4x+4y=120$　…④

②−④　$5x=70$

$x=14$　…⑤

⑤を③に代入して，

$y=16$

10

20

解説

(原価)×{1+(利益率)}=(定価)

(定価)×{1−(割引率)}=(売価)

を利用して，等式をつくる。

$$1500\left(1+\frac{a}{100}\right)\left(1-\frac{a}{100}\right)=1440$$
$$1500\left(1-\frac{a^2}{10000}\right)=1440$$
$$1500-0.15a^2=1440$$
$$0.15a^2=60$$
$$a^2=\frac{60}{0.15}=400$$

よって，$a=\pm\sqrt{400}=\pm20$

$a>0$より，$a=20$

11

$k<2$，$10<k$

解説

$x^2-kx+3k-5=0$の判別式をDとすると，異なる2つの実数解をもつので，$D>0$である。

よって，$D=(-k)^2-4(3k-5)>0$

$k^2-12k+20>0$

$(k-2)(k-10)>0$

したがって，求めるkの値の範囲は，

$k<2$，$10<k$

12

$$\boldsymbol{y=-\frac{2}{3}x+\frac{1}{3}}$$

解説

直線の式$y=ax+b$に2点(2，−1)，(5，−3)の座標をそれぞれ代入して連立方程式をつくると，

$$\begin{cases}-1=2a+b\\ -3=5a+b\end{cases}$$

これを解いて，$a=-\frac{2}{3}$，$b=\frac{1}{3}$

よって，直線の式は，$y=-\frac{2}{3}x+\frac{1}{3}$

13

$(x,\ y)=(-2,\ 4)$，$(7,\ 49)$

解説

$y=x^2$と$y=5x+14$のグラフの交点は，

$x^2=5x+14$

$x^2-5x-14=0$

$(x-7)(x+2)=0$

$x=-2$，7

よって，$(x,\ y)=(-2,\ 4)$，$(7,\ 49)$

14

$y=2x^2-4x$　または，

$y=2(x-1)^2-2$

解説

頂点が$(1,\ -2)$であるから，求める2次関数は，

$$y=a(x-1)^2-2$$

とおける。

この関数のグラフが点$(3,\ 6)$を通るから，

$6=a(3-1)^2-2$　より，$a=2$

よって，求める2次関数は，

$$y=2(x-1)^2-2$$

$$y=2x^2-4x$$

15

(1)　$\boldsymbol{y=-x^2+4x-5}$

(2)　$\boldsymbol{y=-x^2-4x-5}$

解説

(1)　x軸に関して対称移動した放物線の方程式は，yに$-y$を代入すればよいから，

$$-y=x^2-4x+5$$

よって，$y=-x^2+4x-5$

(2)　原点に関して対称移動した放物線の方程式は，xに$-x$，yに$-y$を代入すればよいから，

$$-y=(-x)^2-4(-x)+5$$

よって，$y=-x^2-4x-5$

16

(1)　**$\boldsymbol{x=0}$のとき　最大値 2**
$\boldsymbol{x=2}$のとき　最小値 $\boldsymbol{-2}$

(2)　**$\boldsymbol{x=4}$のとき　最大値 2**
$\boldsymbol{x=3}$のとき　最小値$\boldsymbol{-1}$

解説

$$y=x^2-4x+2$$
$$=\{(x-2)^2-4\}+2$$
$$=(x-2)^2-2$$

よって，そのグラフは，頂点$(2,\ -2)$，軸$x=2$，下に凸の放物線である。

(1)　$x=0$のとき　$y=2$，
$x=3$のとき　$y=-1$　であるから，
$0\leqq x\leqq 3$のとき，グラフは右の図のようになる。

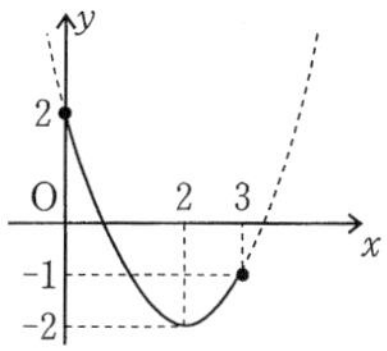

よって，グラフより，

$x=0$のとき　最大値 2
$x=2$ のとき　最小値-2

(2)　$x=3$のとき　$y=-1$，
$x=4$のとき　$y=2$　であるから，
$3\leqq x\leqq 4$のとき，グラフは右の図のようになる。

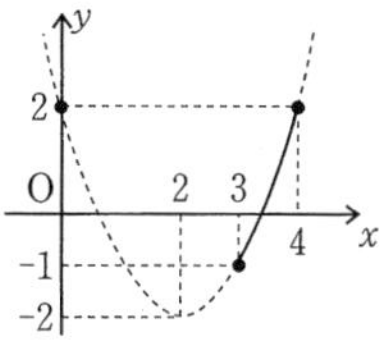

よって，グラフより，

$x=4$ のとき　最大値 2
$x=3$ のとき　最小値-1

17

$\boldsymbol{k=3}$

接点の座標　$\boldsymbol{(3,\ -2)}$

解説

$y=x^2-6x+2k+1$と$y=-k+1$からyを消去して，

$$x^2-6x+2k+1=-k+1$$
$$x^2-6x+2k+1+k-1=0$$
$$x^2-6x+3k=0\quad\cdots①$$

放物線と直線が接するには，①の判別式Dが$D=0$であればよい。

$$D=(-6)^2-4\cdot 3k=36-12k=0$$

したがって，$k=3$

$k=3$を①に代入して，

$$x^2-6x+9=0$$
$$(x-3)^2=0$$
$$x=3$$

また，$y=-k+1$に$k=3$を代入すると，

$$y=-3+1=-2$$

よって，接点の座標は，$(3,\ -2)$

18

(1) $\dfrac{\pi a}{3}$　(2) $\dfrac{\pi a^2}{8}$

解説

求める弧の中心角は何度かを考える。

(1) △BPCで，BP＝BC＝CPだから，△BPCは正三角形である。

よって，∠BCP＝60°

弧BPは，半径a，中心角60°の扇形の弧であるから，

$$\overset{\frown}{BP}=2\pi a\times\frac{60}{360}=\frac{\pi a}{3}$$

(2) BDは正方形の対角線だから，

∠DBC＝45°

よって，扇形BQCの半径はa，中心角は45°であるから，その面積は，

$$\pi a^2\times\frac{45}{360}=\frac{\pi a^2}{8}$$

19

$x=30°$

解説

円周角は中心角の半分であるから，

$$\angle BAD=\frac{1}{2}\angle BOD=55°$$

円に内接する四角形の向かい合う内角の和は180°であるから，

∠BCD＝180°－55°＝125°

したがって，

∠FCD＝180°－125°＝55°

（または∠FCD＝∠BAD＝55°）

また，△ADEにおいて，∠EDFは∠EDAの外角なので，

∠EDF＝∠DEA＋∠DAE

＝40°＋55°＝95°

△CFDにおいて，内角の和が180°より，

x＋55°＋95°＝180°

x＝30°

20

12倍

解説

△FAEと△FBCにおいて，AE∥BCより，

△FAE∽△FBC

AE：BC＝1：3であるから，

△FAE：△FBC＝1^2：3^2＝1：9

よって，

台形ABCE＝△FBC－△FAE

＝9×△FAE－△FAE

＝8×△FAE　…①

また，△FAEと△CDEにおいても，AF∥CDより，

△FAE∽△CDE

AE：DE＝1：2であるから，

△FAE：△CDE＝1^2：2^2＝1：4

∴△CDE＝4×△FAE　…②

①，②より，

平行四辺形ABCD

＝台形ABCE＋△CDE

＝8×△FAE＋4×△FAE

＝12×△FAE

よって，12倍となる。

21

$2\sqrt{6}$ cm

解説

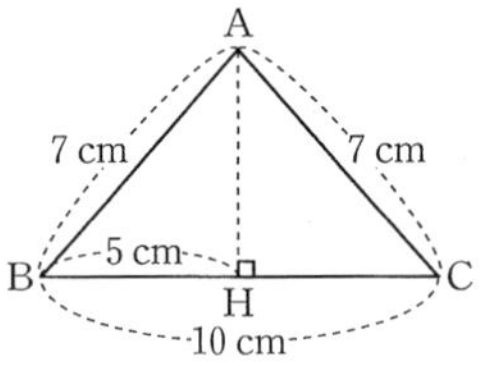

二等辺三角形ABCの頂点Aから底辺BCに引いた垂線AHは，底辺の中点を通るから，

BH＝5〔cm〕

△ABHで，三平方の定理を利用すると，

$AH^2=7^2-5^2=24$

AH＞0だから，$AH = 2\sqrt{6}$〔cm〕

22

12π cm^3

解説

底面の円周の長さと扇形の弧の長さは等しいので，底面の円の半径を$r$cmとすると，

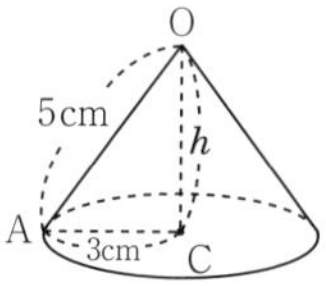

$$2\pi r = 2\pi \times 5 \times \frac{216}{360}$$

$$r = 3 〔cm〕$$

円すいの高さを$h$cmとすると，

$$h^2 = 5^2 - 3^2 = 16 \qquad h = 4 〔cm〕$$

体積は，$\frac{1}{3}\pi \times 3^2 \times 4 = 12\pi$〔cm^3〕

23

3桁の整数…100個

3桁の偶数…52個

解説

① 3桁の整数

百の位は0以外の数字の5通り。

十と一の位は百の位以外の5個の数字から2個選んで並べればよいので，

$_5P_2 = 5 \times 4 = 20$〔通り〕

よって，3桁の整数は$5 \times 20 = 100$〔個〕

② 3桁の偶数

一の位が偶数になるのは，0，2，4の場合である。

(ア) 一の位が0のとき

十の位と百の位は，残りの5枚のカードから2枚とって並べる。

よって，求める個数は，

$_5P_2 = 5 \times 4 = 20$〔個〕

(イ) 一の位が2または4のとき

百の位に0は使わないので，4通り。十の位は百と一の位以外の数字がくればよいので4通り。これがそれぞれ2，4の場合の2通りある。

よって，求める個数は，

$4 \times 4 \times 2 = 32$〔個〕

(ア)，(イ)より，求める個数は，

$20 + 32 = 52$〔個〕

24

144通り

解説

男子3人の並び方は，

$3! = 3 \times 2 \times 1 = 6$〔通り〕

男子の間と両端の4ヵ所に，女子4人が入ればよいから，その並び方は，

$4! = 4 \times 3 \times 2 \times 1 = 24$

よって，$6 \times 24 = 144$〔通り〕

25

(1) **210通り**　(2) **54通り**

解説

(1) 6個の→と4個の↑の順列であるから，

$$\frac{10!}{6!4!} = \frac{10 \times 9 \times 8 \times 7}{4 \times 3 \times 2 \times 1} = 210 〔通り〕$$

(2) AからPまでの道順は，2個の→と1個の↑の順列であるから，

$$\frac{3!}{2!1!} = 3 〔通り〕$$

PからQまでの道順は，AからPまでの道順と同様で3通り。

QからBまでの道順は，2個の→と2個の↑の順列であるから，

$$\frac{4!}{2!2!} = \frac{4 \times 3}{2 \times 1} = 6 〔通り〕$$

よって，AからP，Qを通ってBに行く最短経路は，

$3 \times 3 \times 6 = 54$〔通り〕

26

(1) $\dfrac{1}{36}$　(2) $\dfrac{8}{27}$

解説

3つのサイコロを投げるときの出る目の総数は，

$$6^3 = 216〔通り〕$$

(1) 3つのサイコロの出る目が同じになるのは，
(1, 1, 1)，(2, 2, 2)，(3, 3, 3)，(4, 4, 4)，(5, 5, 5)，(6, 6, 6)
の6通り。

よって，求める確率は，$\dfrac{6}{216} = \dfrac{1}{36}$

(2) 1つのサイコロの出る目が4以下となるのは，4通りであるから，3つのサイコロの出る目がすべて4以下となるのは，

$$4^3 = 64〔通り〕$$

よって，求める確率は，$\dfrac{64}{216} = \dfrac{8}{27}$

27

$\dfrac{4}{7}$

解説

2個の球を取り出す場合の数は，

$${}_7C_2 = \frac{7\times6}{2\times1} = 21〔通り〕$$

赤球4個から1個を取り出す場合の数は，${}_4C_1$通り。

そのそれぞれに対して青球3個から1個を取り出す場合の数が${}_3C_1$通りであるから，赤球と青球が1個ずつ取り出される場合の数は，

$${}_4C_1 \times {}_3C_1 = 4\times3 = 12〔通り〕$$

したがって，赤球と青球が1個ずつ出る確率は，$\dfrac{12}{21} = \dfrac{4}{7}$

28

$\dfrac{7}{8}$

解説

3枚の硬貨の表，裏の出方は，全部で

$$2^3 = 8〔通り〕$$

そのうち，1枚も裏が出ない，つまり全部表が出る確率は，$\dfrac{1}{8}$

したがって，少なくとも1枚は裏が出る確率は，

$$P(A) = 1 - P(\overline{A}) = 1 - \frac{1}{8} = \frac{7}{8}$$

29

(1) **85点**　(2) $x=8$　(3) **0.35**

解説

(1) 80点以上90点未満の階級の中央の値が階級値となるので，

$$\frac{80+90}{2} = 85〔点〕$$

(2) $1+3+4+6+7+x+5+3+3 = 40$

$$x = 8$$

(3) 50点未満の人数は，

$$1+3+4+6 = 14〔人〕$$

よって，相対度数は，

$$\frac{14}{40} = 0.35$$

30

(1) **14.65℃**　(2) **14.9℃**

解説

(1) $\dfrac{1}{10}(15.5+14.2+4.0+10.5+14.3+17.6+19.0+21.4+19.0+11.0)$
$= 14.65$〔℃〕

(別解)

仮の平均を15℃とすると，「(データ)－(仮の平均)」の値は，

+0.5　−0.8　−11.0　−4.5　−0.7
+2.6　+4.0　+6.4　+4.0　−4.0

となり，平均値は，

$$15+\frac{1}{10}(+0.5-0.8-11.0-4.5-0.7+2.6+4.0+6.4+4.0-4.0)$$

$$=15-0.35$$

$$=14.65〔℃〕$$

(2)　10個のデータを小さい順に並べると，

4.0　10.5　11.0　14.2　14.3
15.5　17.6　19.0　19.0　21.4

中央値は，小さい順に並べたときの5番目の値と6番目の値の平均値になるから，

$$\frac{14.3+15.5}{2}=14.9〔℃〕$$

31

(1)　**0.45**　　(2)　**48kg**

(3)　**44kg以上48kg以下**

(4)　**46kg**

解説

(1)　48kg以上の人数は，

$$4+3+2=9〔人〕$$

よって，相対度数は，

$$\frac{9}{20}=0.45$$

(2)　階級値は，小さい順に

38　42　46　50　54　58

となるので，平均値は，

$$\frac{1}{20}(38\times1+42\times4+46\times6+50\times4+54\times3+58\times2)=\frac{960}{20}$$

$$=48〔kg〕$$

(別解)

仮の平均を46kgとすると，「(階級値)−(仮の平均)」の値は，

−8　−4　0　+4　+8　+12

となり，平均値は，

$$46+\frac{1}{20}\{(-8)\times1+(-4)\times4+0\times6+(+4)\times4+(+8)\times3+(+12)\times2\}=46+2$$

$$=48〔kg〕$$

(3)　中央値は，小さい方から順に並べたときの10番目の値と11番目の値の平均値となる。10番目の値も11番目の値も44kg以上48kg以下の階級となるので，中央値も44kg以上48kg以下に含まれる。

(4)　最頻値は最も人数の多い階級の階級値だから，46kgである。

32

③

解説

10個のデータを小さい順に並べると次のようになる。

163　163　164　165　165　167
168　170　172　176

最小値は163cm，最大値は176cmである。

中央値(第2四分位数)は，5番目の値と6番目の値の平均値なので，

$$\frac{165+167}{2}=166〔cm〕$$

第1四分位数は下位5個のデータの中央値なので3番目の値の164cm，第3四分位数は上位5個のデータの中央値なので8番目の値の170cmである。

よって，箱ひげ図は③となる。

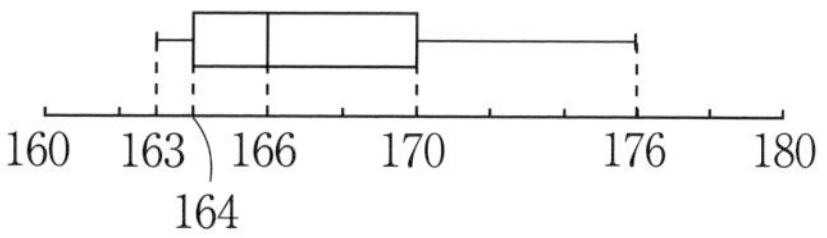

33

分散：12　　**標準偏差：$2\sqrt{3}$**

解説

7個のデータの平均値は,

$$\frac{1}{7}(8+4+5+10+13+2+7)$$

$$=\frac{49}{7}=7$$

分散は,

$$\frac{1}{7}\{(8-7)^2+(4-7)^2+(5-7)^2+(10-7)^2$$

$$+(13-7)^2+(2-7)^2+(7-7)^2\}$$

$$=\frac{1}{7}\{1^2+(-3)^2+(-2)^2+3^2+6^2+(-5)^2\}$$

$$=\frac{1}{7}(1+9+4+9+36+25)$$

$$=\frac{84}{7}=12$$

標準偏差は,

$$\sqrt{12}=2\sqrt{3}$$

34

②

解説

この散布図のデータは右下がりに分布しているので負の相関がある。相関係数は－１～1までの値を取るから，答は②の－0.8となる。

35

121個

解説

立体A_1に用いられる立方体の個数は1個。

立体A_2に用いられる立方体の個数は，上から1段目に1個，2段目に3個であるから，

$$1+3=4〔個〕$$

同様にして，A_nに用いられる立方体の個数は，上段から順に1，3，5，7，9，…$(2n-1)$となり，これらの和は，n番目の四角数となる。

ここでは，11番目の四角数であるから，

$$1+3+5+\cdots\cdots+(2\times11-1)$$

$$=11^2=121〔個〕$$

36

119

解説

3，7，11，15，…の等差数列$\{a_n\}$は，初項が3，公差が4であるから，

一般項a_nは，

$$a_n=3+4(n-1)=4n-1$$

$n=30$を代入すると，求める第30項は，

$$a_{30}=4\times30-1=119$$

37

820

解説

1からnまでの自然数の和は，

$$S_n=1+2+3+\cdots\cdots+n=\frac{1}{2}n(n+1)$$

で求められるから，これに$n=40$を当てはめる。

$$S_{40}=1+2+3+\cdots\cdots+40$$

$$=\frac{1}{2}\times40\times(40+1)=820$$

38

345

解説

この数列の初項をa，公差をdとすると，一般項a_nは，

$$a_n=a+(n-1)d$$

第2項が10であるから，

$$a_2=a+d=10 \quad \cdots①$$

第5項が31であるから，

$$a_5=a+4d=31 \quad \cdots②$$

①，②を連立して解くと，

$a=3,\qquad d=7$

数列の和は，

$$S_n=\frac{1}{2}n\{2a+(n-1)d\}$$

で求められるから，これに$a=3$，$d=7$，$n=10$を代入して計算する。

$$S_{10}=\frac{1}{2}\times10\times\{2\times3+(10-1)\times7\}$$
$$=5\times69=345$$

2 物理

1

糸A：10.4N，糸B：10.4N

解説

天井と糸との角度が同じであるから，糸にかかる張力はA，Bとも同じである。糸にかかる張力をTとして平行四辺形をつくると，力の三角関係は，下の図のように表される。三角形の辺の比を利用して，

$$\sqrt{3}:2=9.0:T$$

$$T=\frac{18.0}{\sqrt{3}}=\frac{18\sqrt{3}}{3}=6\sqrt{3}$$

$$\fallingdotseq 10.4〔\mathrm{N}〕$$

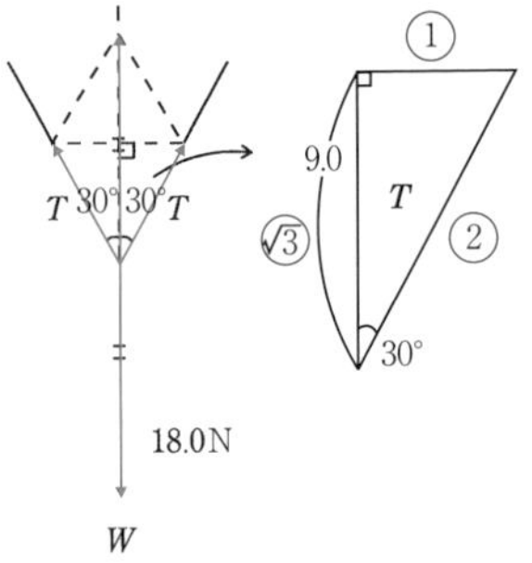

2

(1)　**6cm**　　(2)　**8cm**

解説

(1)　バネは直列つなぎなので，上下のバネにそれぞれ200gのおもりの重力がかかる。

200gのおもりの重力がかかったとき，グラフより，Aの伸びは2cm，Bの伸びは4cmであるから，合わせて6cm伸びる。

(2)　バネは両端から400gのおもりの重力で引かれている。バネBは，100gのおもりにつき2cm伸びるので，

$$2〔\mathrm{cm}〕\times 4=8〔\mathrm{cm}〕$$

3

1.5倍

解説

圧力は，面積に反比例するので，

$4〔\mathrm{cm}〕\times 5〔\mathrm{cm}〕=20〔\mathrm{cm}^2〕$のとき圧力は最大になる。

$5〔\mathrm{cm}〕\times 6〔\mathrm{cm}〕=30〔\mathrm{cm}^2〕$のとき圧力は最小になる。

よって，$\dfrac{30}{20}=1.5$〔倍〕

4

(1)　**2N**　　(2)　**12N**

解説

(1)　200g（＝0.2kg）のおもりにはたらく重力は，

$$0.2\times 10=2〔\mathrm{N}〕$$

水中に500gのおもりを入れたとき，バネの伸びは15cmであるから，このバネに加えられた力をx〔N〕とすると，

$$2:10=x:15$$

$$x=3〔\mathrm{N}〕$$

浮力の大きさ

＝空気中での重さ－水中での重さ

で，求められる。空気中での500gのおもりの重さは，

$$0.5\times 10=5〔\mathrm{N}〕$$

より，浮力の大きさは，

$$5-3=2〔\mathrm{N}〕$$

(2)　容器の底を押す力は，水の重さに浮力の反作用力を加えたものであるから，

$$1\times 10+2=12〔\mathrm{N}〕$$

5

150 m

解説

$v = v_0 + at$ より，

$$a = \frac{v - v_0}{t} = \frac{25 - 5}{10} = 2 \text{〔m/s}^2\text{〕}$$

$x = v_0 t + \frac{1}{2}at^2$ より，

$$x = 5 \times 10 + \frac{1}{2} \times 2 \times 10^2 = 150 \text{〔m〕}$$

6

(1) **19.6 m/s**　(2) **19.6 m**
(3) **4秒後**

解説

(1) $v = gt$ より，

$$v = 9.8 \times 2 = 19.6 \text{〔m/s〕}$$

(2) $y = \frac{1}{2}gt^2$ より，

$$y = \frac{1}{2} \times 9.8 \times 2^2 = 19.6 \text{〔m〕}$$

(3) $y = \frac{1}{2}gt^2$ より，

$$78.4 = \frac{1}{2} \times 9.8 \times t^2$$

$$\therefore t = 4 \text{〔秒〕}$$

7

(1) **44.1 m**　(2) **4秒後**
(3) **5秒後**

解説

(1) $v = 0$ であるから，

$v^2 - v_0{}^2 = -2gy$ より，

$$0^2 - 19.6^2 = -2 \times 9.8 \times y$$

$$\therefore y = 19.6 \text{〔m〕}$$

この値はビルの屋上から最高点までの高さであるから，地面からの高さは，

$$24.5 + 19.6 = 44.1 \text{〔m〕}$$

(2) $y = 0$ であるから，$y = v_0 t - \frac{1}{2}gt^2$ より，

$$0 = 19.6 \times t - \frac{1}{2} \times 9.8 \times t^2$$

$$\therefore t = 0,\ 4$$

$t > 0$ であるから，$t = 4$〔秒〕

(3) $y = -24.5$ であるから，

$y = v_0 t - \frac{1}{2}gt^2$ より，

$$-24.5 = 19.6 \times t - \frac{1}{2} \times 9.8 \times t^2$$

$$\therefore t = -1,\ 5$$

$t > 0$ であるから，$t = 5$〔秒〕

8

(1) **鉛直成分　49 m/s**
速さ　175 m/s
(2) **10秒後**　(3) **1680 m**
(4) **1680 m**

解説

(1) 小球の運動は水平投射なので，鉛直方向には自由落下をする。よって，

$$v_y = gt = 9.8 \times 5.0 = 49 \text{〔m/s〕}$$

水平方向には等速直線運動をするので，小球の水平成分は常に168m/sである。よって，

$$\sqrt{v_x{}^2 + v_y{}^2} = \sqrt{168^2 + 49^2}$$

$$= 175 \text{〔m/s〕}$$

(2) $y = \frac{1}{2}gt^2$ より，

$$t = \sqrt{\frac{2y}{g}} = \sqrt{2 \times \frac{490}{9.8}} = 10 \text{〔秒〕}$$

(3) $x = v_0 t = 168 \times 10 = 1680$〔m〕

(4) 飛行機も小球と同じ距離を進むから，

1680〔m〕

9

30 J

解説

$W = Fs$ より，

$W = 15 \times 2.0 = 30$〔N·m〕$= 30$〔J〕

10

(1) **800J**　(2) **4m**

(3) **200N**　(4) **80W**

解説

(1) 物体がされた仕事は，

400〔N〕×2〔m〕=800〔J〕

(2) 動滑車を使うと，ひもを引き下げる長さは物体が持ち上がった高さの2倍になる。

(3) 物体の重さの半分の力が必要。

(4) $P = \dfrac{800〔J〕}{10〔秒〕} = 80$〔W〕

11

力：200N　仕事：1600J

解説

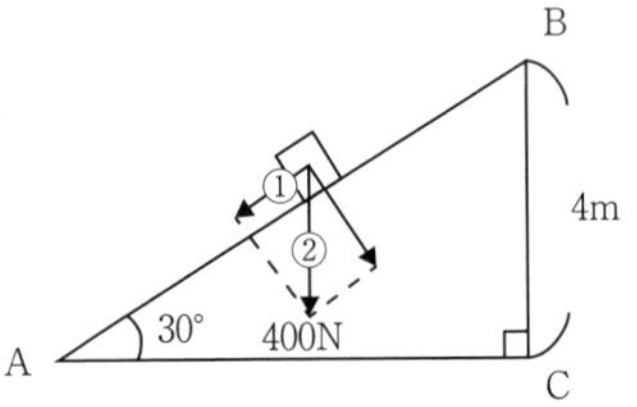

重力の分力は，斜面の傾きから，

$400 \times \dfrac{1}{2} = 200$〔N〕

力Fのした仕事は，

$W = 400 \times 4 = 1600$〔J〕

12

(1) **B**

(2) **a：運動エネルギー**

b：位置エネルギー

(3) **力学的エネルギー**

解説

(1) おもりの速さは，AとCでは0になり，Bで最大になる。

(2) aは，AとCでは0になっているので，運動エネルギー。bはA，Cで最大になり，Bで0になっているので，位置エネルギー。

(3) aとbとの総和は，力学的エネルギーで，一定である。

13

250g

解説

求める水の量をx〔g〕とすると，

20℃の水x〔g〕が吸収する熱量

=80℃の水500gが放出する熱量

が成り立つので，

$4.2 \times x \times (60 - 20)$

$= 4.2 \times 500 \times (80 - 60)$

$\therefore x = 250$〔g〕

14

A．**屈折**　B．**小さ**

C．**虫めがね，ルーペなど**　D．**反射**

15

(1) **カ，ス**　(2) **ウ**

(3) **実物より大きな正立の虚像**

解説

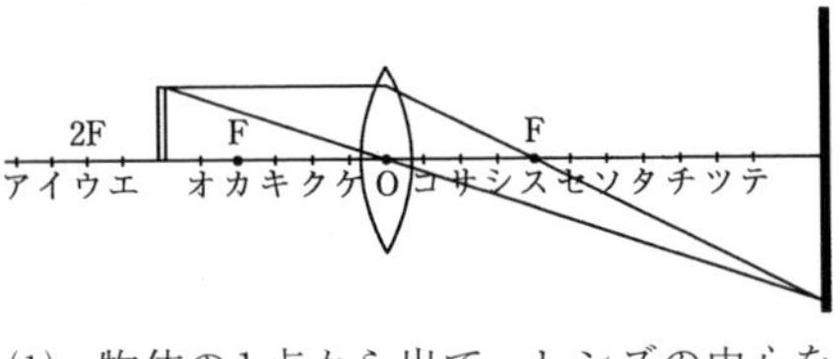

(1) 物体の1点から出て，レンズの中心を通る直線とスクリーンとの交点が，その物体の1点の像の位置である。一方，物体の同じ点から出て，レンズの軸に平行

な光線は，レンズを通過するとき屈折して，スクリーン上の像の位置に進む。この直線がレンズの軸と交わる点が焦点になる。

(2) 物体と同じ大きさの実像を写し出すには，物体を焦点距離の2倍の位置に置けばよい。

16

340m

解説

スピーカーから音を発してから校舎に伝わるまでに1秒かかったので，

音源からの距離 $=340〔\mathrm{m/s}〕\times 1〔\mathrm{s}〕$
$=340〔\mathrm{m}〕$

17

③

解説

③ 音の伝わる速さは，空気中より水中の方が速い。

18

電流：3.6A　抵抗：2.5Ω

解説

並列つなぎでは，各抵抗にかかる電圧の大きさは等しいから，10Ωの抵抗を流れる電流は，オームの法則 $R=\dfrac{V}{I}$ より，

$$I=\frac{9}{10}=0.9〔\mathrm{A}〕$$

また，並列つなぎでは，回路全体に流れる電流の大きさは，各抵抗に流れる電流の和になるから，点Bを流れる電流は，

$$4.5-0.9=3.6〔\mathrm{A}〕$$

R の抵抗は，オームの法則より，

$$R=\frac{9}{3.6}=2.5〔\Omega〕$$

19

(1) **1.2V**　(2) **1.8V**
(3) **0.06A**　(4) **20Ω**

解説

(1) AB間では，抵抗が8Ωで0.15Aの電流が流れているので，オームの法則 $V=RI$ より，

$$V=8\times 0.15=1.2〔\mathrm{V}〕$$

(2) AB間とBE間の直列つなぎとして考えると，各抵抗にかかる電圧の和は電源の電圧と等しい。よって，BE間の電圧は，3.0VからAB間の電圧を引いたものである。

$$3.0-1.2=1.8〔\mathrm{V}〕$$

(3) CとDとの並列つなぎでは，各抵抗にかかる電圧の大きさは等しいから，30Ωの抵抗にかかる電圧は，1.8Vである。

オームの法則より，

$$1.8=30\times I$$

$$I=\frac{1.8}{30}=0.06〔\mathrm{A}〕$$

(4) 並列つなぎでは，回路全体に流れる電流の大きさは，各抵抗に流れる電流の和になるから，Cを流れる電流とDを流れる電流をたして，0.15になればよい。

よって，Cを流れる電流は，

$$0.15-0.06=0.09〔\mathrm{A}〕$$

抵抗 R では，電圧が1.8Vで0.09Aの電流が流れているから，オームの法則より，

$$1.8=R\times 0.09$$

$$R=\frac{1.8}{0.09}=20〔\Omega〕$$

20

10W

解説

$P=VI$ より，

$$P=5.0\times 2.0=10〔\mathrm{W}〕$$

21

(1) **200 Ω**

(2) **消費電力：12.5 W**

電力量：37.5 Wh

解説

(1) $P = VI$ より，$I = \dfrac{P}{V}$

よって，この電球を流れる電流は，

$$I = \frac{P}{V} = \frac{50}{100} = 0.5 \text{〔A〕}$$

電球の抵抗はオームの法則より，

$$100 = R \times 0.5$$

$$R = \frac{100}{0.5} = 200 \text{〔Ω〕}$$

(2) この電球を50Vの電源につないだときに流れる電流は，オームの法則より，

$$50 = 200 \times I$$

$$I = \frac{50}{200} = 0.25 \text{〔A〕}$$

電力 $P = VI$ より，

$$P = 50 \times 0.25 = 12.5 \text{〔W〕}$$

また，電力量 W〔Wh〕$= Pt$ より，

$$W = 12.5 \times 3 = 37.5 \text{〔Wh〕}$$

22

480 J

解説

$Q = VIt$ に，$I = \dfrac{V}{R}$ を代入すると，

$$Q = \frac{V^2}{R}t$$

$$= \frac{4^2}{10} \times 5 \times 60 = 480 \text{〔J〕}$$

3 化学

1

③，④，⑥

解説

①の空気は混合物，②，⑤は単体である。

2

(1) ウ　(2) イ　(3) ア

解説

(1) 空気を低温で液化して温度を上げていくと，沸点の差を利用して低沸点の成分から順に分離することができる。この方法を分留という。

(2) 泥水に含まれる土や砂の小さな粒子は，ろ過によって分離できる。

(3) 水を蒸発させると，食塩（塩化ナトリウム）の結晶が残る。

3

(1) 5.6L　(2) 1.8×10^{23}個

(3) 8.5g　(4) 5.0×10^{-23} g

解説

質量，体積，分子数を，まず物質量〔mol〕に換算し，(1)は22.4L，(2)はアボガドロ数，(3)はアンモニアの分子量をかける。

(1) $\dfrac{1.5\times10^{23}}{6.0\times10^{23}}=0.25$〔mol〕

1モルでは22.4Lであるから，

$22.4\times0.25=5.6$〔L〕

(2) $\dfrac{8.4}{28}=0.30$〔mol〕

1モルには6.0×10^{23}個の分子が含まれているから，

$6.0\times10^{23}\times0.30=1.8\times10^{23}$〔個〕

(3) $\dfrac{11.2}{22.4}=0.50$〔mol〕

アンモニアNH_3の分子量は，

$14.0+1.0\times3=17$であるから，

$17\times0.50=8.5$〔g〕

(4) エタンC_2H_6の分子量は，

$12.0\times2+1.0\times6=30$であるから，

6.0×10^{23}個の集団が30gである。

よって，分子1個の質量は，

$\dfrac{30}{6.0\times10^{23}}=5.0\times10^{-23}$〔g〕

4

(1) $2H_2O_2 \longrightarrow 2H_2O+O_2$

(2) $4Al+3O_2 \longrightarrow 2Al_2O_3$

(3) $4NH_3+5O_2 \longrightarrow 4NO+6H_2O$

解説

(1) $aH_2O_2 \longrightarrow bH_2O+cO_2$とおくと，

$H：2a=2b$

$O：2a=b+2c$

ここで，$a=1$とおくと，$b=1$，$c=\dfrac{1}{2}$

よって，$a：b：c$

$=1：1：\dfrac{1}{2}=2：2：1$

$2H_2O_2 \longrightarrow 2H_2O+O_2$

(2) $aAl+bO_2 \longrightarrow cAl_2O_3$とおくと，

$Al：a=2c$

$O：2b=3c$

ここで，$a=1$とおくと，$c=\dfrac{1}{2}$，$b=\dfrac{3}{4}$

よって，$a：b：c$

$=1：\dfrac{3}{4}：\dfrac{1}{2}=4：3：2$

$4Al+3O_2 \longrightarrow 2Al_2O_3$

(3) $aNH_3+bO_2 \longrightarrow cNO+dH_2O$とおくと，

$N：a=c$

$\mathrm{H}: 3a = 2d$

$\mathrm{O}: 2b = c + d$

ここで，$a = 1$とおくと，

$$c = 1,\ d = \frac{3}{2},\ b = \frac{5}{4}$$

よって，$a : b : c : d$

$$= 1 : \frac{5}{4} : 1 : \frac{3}{2} = 4 : 5 : 4 : 6$$

$$4NH_3 + 5O_2 \longrightarrow 4NO + 6H_2O$$

5

(1)　**質量：4g　体積：2.8L**

(2)　**10g**

解説

この反応の化学反応式は，

$$2Mg + O_2 \longrightarrow 2MgO$$

Mg1モルの質量は24gであるから，6.0gの物質量は，

$$\frac{6.0〔g〕}{24.0} = 0.25〔mol〕$$

(1)　化学反応式の係数は物質量の関係を表すから，Mgが0.25モルのとき，O_2は0.125モルである。O_2 1モルの質量は32gであるから，酸素の質量は，

$$32.0 \times 0.125 = 4.0〔g〕$$

また，0℃，1.0×10^5Paでの酸素の1モルの体積は22.4Lであるから，酸素の体積は，

$$22.4 \times 0.125 = 2.8〔L〕$$

(2)　MgOの1モルの質量は40gであり，生じるのは0.25モルであるから，その質量は，

$$40.0 \times 0.25 = 10.0〔g〕$$

または，Mg6.0gと化合するOは，4.0gであるから，生じるMgOの質量は，

$$6.0 + 4.0 = 10.0〔g〕$$

6

⑤

解説

①　アボガドロの法則は，「同温同圧のもとで，同体積の気体はすべて同数個の分子を含む」というものである。

②　ヘンリーの法則は，「気体の溶解の場合，一定温度で一定量の溶媒に溶ける気体の質量は，その圧力に比例する」というものである。

③　ヘスの法則は，「化学変化によって発生または吸収する熱量は，反応のはじめと終わりの物質が同じであれば，反応がどのような経路をとっても同じである」というものである。

④　ドルトンの法則は，正式にはドルトンの分圧の法則といい，「混合気体の全圧は，その各成分気体の分圧の和に等しい」というものである。

7

629mL

解説

求める体積をx mLとすると，

ボイル・シャルルの法則$\dfrac{P_1V_1}{T_1} = \dfrac{P_2V_2}{T_2}$より，

$$\frac{760 \times 10.0}{273 + 17} = \frac{10 \times x}{273 - 33}$$

$$\therefore x \fallingdotseq 629〔mL〕$$

8

16%

解説

40%の砂糖水であるから，砂糖の質量は，

$$200 \times \frac{40}{100} = 80〔g〕$$

水300gを加えたあとの砂糖水の質量は，

$$200+300=500〔g〕$$

砂糖水の濃度は，

$$\frac{80}{500}\times 100=16〔\%〕$$

9

44.4g

解説

60℃における飽和水溶液（100＋109）〔g〕を20℃まで冷却すると，（109－31.6）〔g〕の結晶が析出することから，60℃の硝酸カリウムの飽和水溶液120gを20℃まで冷却したときに析出する結晶の量x〔g〕は，

$$x=\frac{109-31.6}{100+109}\times 120$$

$$\fallingdotseq 44.4〔g〕$$

10

②，③，⑤

解説

赤色リトマス紙をつけても変化しないということは，酸性か中性の水溶液を選べばよい。

①のアンモニア水，④の石灰水は，アルカリ性なので，赤色リトマス紙をつけると青色になる。

11

硫酸バリウム

解説

$$H_2SO_4+Ba(OH)_2 \longrightarrow BaSO_4+2H_2O$$

（硫酸＋水酸化バリウム

$\longrightarrow$ 硫酸バリウム＋水）

12

(1) **2.5g**　(2) **1.2g**

解説

(1) 図2より，銅粉0.8gから酸化銅1.0gが生成するから，

銅：酸化銅＝0.8：1.0

＝4：5

求める酸化銅の質量をx〔g〕とおくと，

$2.0:x=4:5$

$\therefore x=2.5$〔g〕

(2) (1)より，

酸化銅：酸素＝5：(5－4)＝5：1

求める酸素の質量をy〔g〕とおくと，

$6.0:y=5:1$

$\therefore y=1.2$〔g〕

13

(1) **銅**　(2) **＋極**　(3) **塩素**

解説

塩化銅の電気分解であり，化学反応式で表すと，

$$CuCl_2 \longrightarrow Cu+Cl_2$$

陰極には銅が付着し，陽極からは塩素が発生する。

14

(1) **気体：酸素**
水溶液：オキシドール（過酸化水素水）

(2) **水素**

(3) **石灰水**

(4) **集め方：上方置換法**
性質：水に溶けやすい。空気より軽い。

解説

(1) 酸素には，ものを燃やすのを助ける働き（助燃性）があるため，線香が激しく燃えた。

(2) 水素は自身が燃える性質（可燃性）があるため，点火するとうすい炎をあげて燃える。

(3) 気体Cは二酸化炭素である。石灰水に通すと，炭酸カルシウム$CaCO_3$の白色沈殿を生じる。

(4) 気体Dはアンモニアである。アンモニアは水に非常に溶けやすく，空気より軽いので，上方置換法で集める。

15

①，⑤

解説

③，④　バリウムBaとカルシウムCaはアルカリ土類金属である。

16

(1) **黄緑**　(2) **橙赤**　(3) **深赤**
(4) **赤紫**　(5) **黄**　(6) **青緑**

4 生物

1

カ→ウ→オ→ア→イ→エ

解説

対物レンズを先につけると，鏡筒の上部の穴から，対物レンズにゴミが入ることがある。

接眼レンズをのぞいたまま対物レンズを下げていくと，レンズとプレパラートがぶつかり破損することがある。

2

(1)　E　　(2)　F

解説

Eは子房，Fは胚珠である。受粉すると，めしべのもとにある子房は成熟して果実になり，子房の中にある胚珠は成熟して種子になる。

3

②

解説

裸子植物を選ぶ。①，③，④は胚珠が子房に包まれている被子植物，⑤は胞子でふえるシダ植物である。

4

(1)　A．二酸化炭素　　B．酸素
(2)　蒸散　　(3)　師管

解説

(1)　光合成は，二酸化炭素と水を原料とし，光エネルギーによってデンプンなどの栄養分が合成されるしくみである。その際，酸素が発生する。

(3)　栄養分の通り道である師管に対し，道管は根で吸収した水や養分を運ぶ。

5

A．種子植物　　B．被子植物
C．単子葉類　　D．双子葉類
E．シダ植物

解説

植物は，花が咲く種子植物と，花が咲かない植物の2つに大きく分類される。種子植物は子房があるかないかで被子植物と裸子植物に，被子植物は子葉が1枚か2枚かで単子葉類と双子葉類に，さらに双子葉類は花びらが離れているかくっついているかで離弁花類と合弁花類に分けられる。

6

(1)　C，赤血球　　(2)　B，血小板
(3)　D，血しょう　　(4)　A，白血球

7

(1)　右心房　　(2)　C

解説

(1)　Aは右心房，Bは右心室，Cは左心房，Dは左心室である。

(2)　肺循環では，右心室→肺動脈→肺の毛細血管→肺静脈→左心房へと血液は流れる。肺静脈には動脈血が流れている。

8

④

解説

①は脂肪を脂肪酸とモノグリセリドに分

解する酵素，②はデンプンをマルトースに分解する酵素，③はマルトースをグルコースに分解する酵素である。

9

大脳：エ　小脳：イ

解説

アは延髄，ウは間脳の働きである。

10

⑤

解説

①のイモリは両生類，②のヤモリはは虫類，③のサンショウウオは両生類，④のコウモリは哺乳類である。

11

(1)　黄色　(2)　黄色：緑色＝3：1
(3)　Aa

解説

(1)　親として対立形質を交雑すると，F_1に現れた形質が顕性形質，F_1に現れなかった形質が潜性形質である。

(2)
P　黄色 AA × 緑色 aa
F_1　黄色 Aa
F_2　AA　Aa　Aa　aa
黄色：緑色
3：1

(3)　子に緑色aaが現れるためには，両親から遺伝子aを受け継がなければならない。したがって，親の黄色の個体の遺伝子型はAaである。

12

25％

解説

A型の遺伝子型には，AAとAOの2つがあり，AA：AO＝1：1で現れると考える。

OO×AA → 2AO　　OO×AO → AO　OO

よって，遺伝子型OOのO型である確率は，

$$\frac{1}{4} \times 100 = 25〔\%〕$$

13

(1)　食物連鎖　(2)　生物濃縮

14

(1)　太い線：炭素　細い線：窒素
(2)　D→E
(3)　A．エ　B．ウ　C．イ
D．ア　E．カ　F．キ

解説

(1)・(3)　食物連鎖の順番から，Aは緑色植物，Bは草食動物，Cは肉食動物であることが分かる。A，B，Cのすべてから Dに矢印がきていることから，Dは死がいなどを分解する分解者である。A～Cの生物が放出することから，Eが二酸化炭素で，分解者によってつくり出されるFはアンモニアなどの窒素化合物である。

(2)　分解者も呼吸により二酸化炭素を放出する。

5 地学

1

⑤

解説

①・② 富士山と浅間山は，成層火山である。

③ 昭和新山は，溶岩円頂丘である。

④ キラウェア山は盾状火山である。

2

①，②，⑤

解説

③の花こう岩，④の斑れい岩は深成岩である。

3

(1) **6.7 km/秒**

(2) **8時15分40秒**

解説

(1) 地震波の到着時刻が早い方がP波のグラフである。地震波の速度＝震源からの距離÷所要時間だから，グラフより，

$$\frac{400-200}{30} \fallingdotseq 6.7 \text{〔km/秒〕}$$

(2) P波は30秒で200km伝わっている。P波は8時16分10秒には震源から200kmの地点に伝わっているので，地震が発生した時刻はこれより30秒前である。

4

①，③

解説

②，④，⑤は示相化石である。

5

約60％

解説

17℃における飽和水蒸気量は$14.5\,\mathrm{g/m^3}$なので，湿度80％の水蒸気量は，

$$14.5 \times \frac{80}{100} = 11.6 \text{〔}\mathrm{g/m^3}\text{〕}$$

22℃における飽和水蒸気量は$19.4\,\mathrm{g/m^3}$なので，湿度は，

$$\frac{11.6}{19.4} \times 100 \fallingdotseq 60 \text{〔％〕}$$

6

A．シベリア気団，ウ

B．オホーツク海気団，イ

C．小笠原気団，ア

7

冬

解説

中国大陸に高気圧があり，西高東低の気圧配置で，日本付近の等圧線が南北方向に走り，間隔が狭いことから冬だと分かる。

8

④

解説

A地点は，温暖前線が通過した後だから天気は回復しているが，しばらくすると寒冷前線が近づいてくる。寒冷前線の付近では，寒気が暖気を押し上げるので積乱雲が発生し，強い雨が狭い範囲で短時間降るが，比較的早くやむ。寒冷前線が通過する

と，寒気に覆われるため，気温は低くなる。

9

③

解説

③　台風は，前線を伴わない。

10

(1)　**12時28分**　　(2)　**30.6°**

解説

(1)　太陽の南中時刻は，西へいくほど経度15°につき1時間ずつ遅くなる。

$135° - 128° = 7°$ より，

名護市では，

$60 \times \frac{7°}{15°} = 28$〔分〕遅くなる。

(2)　冬至の日の南中高度は，

90° − 観測地の緯度 − 23.4° より，

$90° - 36.0° - 23.4° = 30.6°$

11

(1)　E　　(2)　F　　(3)　C

解説

(1)　北極星を中心として反時計回りに1時間に15°ずつ動くから，8時間では120°動く。

(2)　カシオペア座の20時の位置は，北極星を中心として反時計回りに1ヵ月で30°ずつ動くから，2ヵ月では60°動く。

(3)　カシオペア座は，6ヵ月後の6月1日20時には，180°回ったDの位置に見える。それから4時間後には，さらに60°回ったCの位置に見える。

12

②，③

解説

はくちょう座のデネブ，こと座のベガ，そして，わし座のアルタイルで「夏の大三角」を構成している。

13

(1)　ア　　(2)　エ

(3)　イ，オ　　(4)　ウ

解説

水星と金星は内惑星である。水星は常に太陽のすぐ近くに公転軌道があるため観測するのは難しく，金星は真夜中には観測できず，日の出前か日没直後の短い時間しか見られない。

14

④

解説

①　コペルニクスは，天体観測に基づき，地球が自転しながら1年に1回太陽の周りを回っているという「地動説」を発表した。

②　ガリレイは，望遠鏡で木星の衛星を観測し，地動説を確信した。

③　アルキメデスは，液体中の物体にはたらく浮力の大きさについての原理を発見した。

⑤　プトレマイオスは，太陽が地球の周りを回っているという「天動説」を創始した。

6 コンピュータ・情報社会

1

A．**10**　　B．**8**　　C．**1,000**

2

43

解説

$$
\begin{aligned}
101011_{(2)} &= 1\times2^5+0\times2^4+1\times2^3 \\
&\quad +0\times2^2+1\times2^1+1\times2^0 \\
&= 32+8+2+1 \\
&= 43
\end{aligned}
$$

3

ウ

解説

ア．中央処理（演算制御）装置

イ．コンピュータの操作に，アイコンやメニューなどの視覚情報を利用するインタフェース

エ．読み出し専用の半導体メモリ

4

(1)　**イ**　(2)　**エ**　(3)　**キ**

(4)　**ケ**　(5)　**カ**

5

(1)　**カ**　(2)　**オ**　(3)　**キ**

(4)　**エ**　(5)　**イ**

6

(1)　**デジタルデバイド**

(2)　**ブロードバンド**

(3)　**ドメイン名**

(4)　**マルウェア**

(5)　**ユビキタス社会**

7

③

解説

①　「授業の過程」における複製ではないため，著作権者の許諾が必要。

②　著作権者の利益を不当に害することとなるため，認められていない。

④　設問の自由利用マークは，プリントアウト，コピー，無料配布のみを認めるものであり，変更・改変・加工などをすることはできない。

⑤　市販のプログラムを複数台のコンピュータにインストールする場合，2台目以降のインストールについての許諾が必要である。

教員採用試験対策　オープンセサミシリーズ
参考書　一般教養Ⅲ［自然科学］

発　行　2023年10月20日　第1版第1刷

編　著　東京アカデミー
発行人　佐川泰宏
発行所　株式会社ティーエーネットワーク
〒450-6306 名古屋市中村区名駅1-1-1
ＪＰタワー名古屋６Ｆ
電話：052-586-7805㈹
FAX：052-563-2109
発売元　東京アカデミー七賢出版株式会社
〒171-0021 東京都豊島区西池袋1-11-1
メトロポリタンプラザビル13F
電話：03-6852-0803
FAX：03-6852-0180

ISBN978-4-86455-613-2　C7337

●出版案内，テキストの追補等の情報については東京アカデミー七賢出版のホームページをご覧ください。

https://www.shichiken.co.jp